Cyflwynedig i Rhydian Llŷr,
a fu'n bolaheulo'n borcyn ar lan Llyn Kelowna
yn bedwar mis oed,
ac i'w frawd iau, Osian Rhun,
nad oedd ar y pryd wedi gweld golau ddydd.

27 APR 1995		
28 SEP 1996		

This book must be returned or renewed on or before the latest date above, otherwise a fine will be charged.
Rhaid dychwelyd neu adnewyddu y llyfr hwn erbyn y dyddiad diweddaraf uchod, neu bydd dirwy i'w thalu.

Overdue books are not normally renewed by telephone.
Fel arfer, ni ellir adnewyddu dros y ffôn lyfrau sydd dros yr amser.

19SG/13

PWY BIAU'R DDEILEN?

HEFIN WYN

GOMER

Argraffiad cyntaf—Tachwedd 1994

ISBN 1 85902 137 9

ⓗ Hefin Wyn

Dymuna'r cyhoeddwyr gydnabod cymorth Adrannau'r Cyngor Llyfrau Cymraeg.

Argraffwyd gan
J. D. Lewis a'i Feibion Cyf., Gwasg Gomer, Llandysul, Dyfed

Diolchiadau

Diolch yn arbennig i Robert Paterson am ei luniau, ei gyfeillgarwch a'i amynedd. Diolch i Rhodri a Gaynor Samuel am eu lletygarwch a'r un modd Guy a Catrin Provost. Diolch i Aldon Rees, i'r Parch. Cerwyn Davies ac aelodau Eglwys Dewi Sant, Toronto, am eu hamser. Diolch i Frodorion Cyntaf megis Elijah Harper, Joe David, Denise David Tolley, Alwyn Morris, Rita Phillips, Charlie Patten, Alex Jacobs a Joe Miskokomon am rannu eu profiadau a phob dymuniad da iddyn nhw wrth gynnau baco'r bore. Diolch i gynrychiolwyr llywodraethau ffederal a thaleithiol megis Monique Landry a Bud Wildman. Lluniwyd y llyfr ar sail cyfran helaeth o ddau haf a dreuliwyd yng Nghanada. Am un o'r ymweliadau rhaid diolch i adran 'Y Byd ar Bedwar' HTV am y cyfle.

Pam ddylen ni fod â chymaint o awch i lwyddo, a hynny mewn mentrau mor rhyfedd? Os nad yw dyn mewn cytgord â'i gymdeithion, efallai fod hynny oherwydd ei fod yn clywed sŵn drymiwr gwahanol.

Thoreau

1

Mae'r sawl nad yw'n arddangos slogan ar ei grys T yn colli cyfle i greu argraff ar ddieithriaid byd a betws. Wedi'r cyfan, pa ddiben sydd i grys o'r fath oni wneir datganiad ynghylch cyflwr hunan neu gyflwr bydysawd? Mae addurno crysau T â geiriau a symbolau yn un o'r dulliau mwyaf effeithiol o ymgyrchu ac o dynnu sylw. Dyma ddilledyn sydd, o'i iawn ddefnyddio, yn gyfathrebwr uniongyrchol.

Roedd Robert Paterson yn ymwybodol o bŵer crys T. Yr hyn a'm hwynebai wrth iddo fy nghyfarch oedd y geiriau 'Coed anferth nid boncyffion anferth', wedi eu hargraffu ar draws amlinelliad o fap, a'r gair 'Carmanah' mewn llythrennau breision.

Esboniodd ei fod yn ei uniaethu ei hun â mudiad oedd wedi tynghedu i ddiogelu coed ar ddarn o Ynys Vancouver rhag rhaib cwmnïau â'u gwanc ar gyflenwi'r farchnad bapur a chelfi.

'Yn Carmanah mae 'na goeden sbriws sitka sy'n 312 troedfedd o daldra—dyma'r fwyaf o'i bath yng Nghanada. Mae'r goeden hon yn symbol o gadernid coedwigoedd y wlad, a phe bai hon, a'i thebyg, yn cael eu torri, fe fyddai rhan o hanfod y wlad yn cael ei sbaddu.

'Mae'r mudiad gwyrdd, ynghyd â'r llwythau Indiaidd lleol, yn brwydro i ddiogelu'r coedwigoedd. Mae'r carfanau sydd wedi sylweddoli arwyddocâd fforestydd o goed, trwy ymwybyddiaeth ecolegol, yn gweithio ysgwydd wrth ysgwydd gyda phobol nad ydyn nhw erioed wedi amau'r angen i barchu llonyddwch y gelltydd. Mae amgylchfydwyr yr aileni a gwarchodwyr oesol Mam Ddaear yn unol,' meddai.

Roedd yn amlwg fod Robert Paterson yn ŵr i seiadu yn ei gwmni. Awgrymai ei osgo lletchwith nad ein man cyfarfod, sef derbynfa eang Gwesty'r Sheraton yng nghanol Toronto, oedd ei hoff gyrchfan. O ran corffolaeth medrai'n hawdd, fe dybiwn, fod yn aelod o'r RCMP, neu hyd yn oed yn swyddog ym myddin

Canada, ond roedd yr olwg chwareus o amgylch ei wefusau yn dynodi nad swyddog milwrol nodweddiadol Brydeinig mohono, yn cyfarth gorchmynion ac yn plagio aelodau'r rhengoedd distadlaf yn ddidrugaredd. Mwy o Radar nag o Robin Sowldiwr, ddwedwn i.

Y rhyfeddod pennaf yn ei gylch oedd ei Gymraeg rhugl, a hwnnw'n Gymraeg Sir Aberteifi. Esboniodd ei fod yn gyfarwydd ag ardal Rhydlewis a hynny ar gownt ei gyfnod yng Ngholeg Prifysgol Abertawe, yn astudio bywyd a gwaith Caradog Evans ar gyfer gradd uwch. Ond doedd dim rhithyn o addoliaeth o'r sgadenyn hwnnw yn perthyn i Robert Paterson.

Yn wir, roedd y gŵr o dras Albanaidd wedi manteisio ar ei bedair blynedd yng Nghymru i ddod i adnabod hynodrwydd cyfoes y wlad. Mesurodd ei phyls yn ddigon trylwyr i fedru tynnu cymariaethau dilys ag agweddau o fywyd Canada. Doedd dim angen esbonio iddo pwy oedd pwy ym mywyd cyhoeddus Cymru, boed yn trafod y byd gwleidyddol neu drigolion Cwmderi, a phan fyddai'n siarad Saesneg, fe fyddai, yn ddiarwybod iddo'i hun, yn cyfnewid ei acen Ganadaidd am acen y Cymoedd.

Buan y deuthum i sylweddoli fod y modd y cydiai yng nghornel ei sbectol ac ebychu 'wel' ar ôl i mi wneud sylw neu ofyn cwestiwn, yn baratoad ar gyfer traethiad croyw a chynhwysfawr a fyddai'n gyfuniad o wybodaeth berthnasol a dadansoddiad cytbwys. Weithiau fe derfynai â chwerthiniad byr, gyddfol, a hynny yn arbennig pan fyddai'n trin a thrafod gwleidydd. Byddai'r chwerthiniad yn tanlinellu rhyw agwedd o bersonoliaeth y gwleidydd a awgrymai ei fod, os nad yn agored ddauwynebog, o leiaf yn ei chael hi'n anodd cynnal cysondeb yn ei fywyd cyhoeddus. Roedd Robert yn gynnil ei awgrymiadau o lygredd moesol.

Gyda llaw, medrwn yn hawdd ei ddychmygu yn gwisgo cilt ac yn hyrddio boncyff praff o ben grisiau symudol y Sheraton. Byddai gweithred Pythonaidd felly, a'r rhialtwch a ddeilliai o hynny, yn gydnaws â synnwyr digrifwch Robert Paterson.

2

O ran naws ac awyrgylch, doedd y gwesty'n ddim gwahanol i westyau eraill y cwmni, boed yn Dubai neu Singapore. Cynnig safon uchel o foethusrwydd a sicrhau cyfle i'r cyfoethog wario eu cyfoeth oedd y nod. Doedd hi ddim yn ormod i staff y gegin baratoi brechdanau cig eidion, neu omled, a darparu potel o win i'w golchi i lawr, am dri o'r gloch y bore. Ac erbyn cyrraedd gwaddod y botel fe fyddai yna gopi o'r *Globe & Mail*, y papur dyddiol safonol, wedi ei ollwng wrth y drws.

Roedd yr ystafelloedd yn fwy o faint na chartrefi llawer o deuluoedd mewn rhai rhannau o'r byd ac roedd y defnyddiau a ddarperid yn yr ystafell faddon yn helaethach na'r hyn a wêl rhai trueiniaid mewn oes. Trwy gyfrwng y ffôn, y radio a'r teledu, fe ddeuai'r byd i'r ystafell. Roedd yna ddewis helaeth o fideos, gan gynnwys rhai a ddisgrifid 'yn addas i oedolion', ar gael i'w harchebu. Am fod y waliau mor drwchus doedd 'na ddim smic na siw i'w glywed o ystafelloedd cymdogion. Hawdd fyddai tynnu'r llenni a'ch cloi eich hun mewn gwagle yng nghwmni ffantasïau.

Mae'r deunydd darllen yn yr ystafelloedd a'r lolfeydd yn sgleiniog, a'r erthyglau wedi eu teilwrio i wneud i'r darllenydd deimlo ei fod yn breswylydd yn un o'r dinasoedd mwyaf blaengar. Ar y modern mae'r pwyslais. Ceir tai bwyta amrywiol, a siopau dillad yn llawn creadigaethau diweddaraf cynllunwyr o fri. Cyfrifir siop recordiau Sam yr orau a'r fwyaf yn y byd, ac wedi'r cyfan, a chymerwch sylw, mae tri o'r pedwar biliwnydd sydd yng Nghanada yn byw yn Nhoronto. Mewn dinas soffistigedig, nad oedd namyn cyrchfan i fasnachwyr ffwr bedair canrif 'nôl, mae symiau anferthol o arian yn cyfnewid dwylo.

Ac ymddengys mai dilyn hynt y felin arian yw prif orchwyl yr heidiau o fewnfudwyr, yn arbennig y rhai hynny o dras Eidalaidd, sydd wedi symud o ddinasoedd yr Unol Daleithiau ar ôl gwneud eu ffortiwn mewn dulliau na fyddai'r gyfraith, yn ôl pob tebyg, yn eu cymeradwyo. Yn ieithwedd y farchnad arian, does yna unlle fel Toronto os am adael i arian ori.

Ond nid oddi mewn i dudalennau cylchgronau mae adnabod Toronto. Rhaid camu trwy ddrysau cylchynol y Sheraton ac anadlu awyr drymaidd y ddinas. Mae yna strydoedd megis Bloor, Yonge, Queen a Spedina sy'n dirwyn am filltiroedd. Mae'r heolydd yn llydan a'r adeiladau'n fodern a mawreddog. Ceir digon o ehangder i fedru gweld yr awyr las fry uwchben a dyw'r adeiladau uchel ddim yn cyniwair ymdeimlad o wasgu na gormesu. Glân a thrwsiadus yw gwedd y cyfan.

Mae Twr CN i'w weld yn ymorchestu uwchben pob dim. Dyma'r adeilad uchaf yn y byd, yn ymestyn i uchder o 1,815 o droedfeddi a phum modfedd bigfain. Gellir esgyn i'w entrychion er mwyn gweld Rhaeadrau Niagara yn y pellter yng ngolau dydd, ac i ryfeddu at y caleidosgop o oleuadau obry yn nhrymder nos. Mae'r twr hefyd yn brolio'r disgo uchaf yn y byd. Ond dyw hi ddim yn anodd ymwrthod â'r demtasiwn o ddilyn y miloedd sydd wedi aros eu tro i gael eu cludo i ben eithaf y pigyn main, a hynny yn unig er mwyn gallu dweud iddyn nhw wneud y siwrnai. Mae'n ddiléit digon rhesymol ar gyfer y twristiaid hynny na wyddon nhw pam yn gwmws eu bod wedi dewis ymweld â'r wlad. O leiaf fe fyddan nhw'n medru cyfeirio at y cardiau post cyfarwydd sy'n darlunio'r twr, a dweud iddyn nhw edrych i lawr ar y ddinas o uchder o dros filltir.

Ond arall yw fy niléit i. Mae chwilio am fywyd nos dinas bob amser yn ddull effeithiol o fesur curiad ei chalon oherwydd mae'r hyn a welir wrth droedio palmentydd dinas liw nos yn dra gwahanol i'r hyn a welir o droedio'r un palmentydd liw dydd. Os gwir yr honiad yng nghylchgrawn y gwesty fod Eric Clapton a Rod Stewart yn prynu dillad yn siop Gianni Versace, yna mae'n rhaid eu bod i'w gweld yn rhai o glybiau drudfawr y ddinas gyda'r nos. Ond rhwydd hynt iddynt. Tebyg y medrai aml i yrrwr tacsi fy nhywys i glybiau lle medrwn seboni'r adnabyddus a'r cyfoethog. Ond a fyddai hynny yn debyg o'm galluogi i fesur pyls y ddinas? Gwell gennyf ddilyn fy nhrwyn.

Daw sawr bwydydd blasus yn donnau o'r tai bwyta, a'r un modd swn a swae o ddrysau'r tafarndai. Gwelir pobl yn cerdded ling-dilong gan oedi i fwrw golwg ar fwydlenni tai bwyta; rhai yn loetran yn glystyrau ac eraill yn cerdded yn dalog tuag at eu cyrchfannau. Mae eu pryd a'u gwedd yn amrywio. Edrych y sawl sy'n cael eu hebrwng mewn cerbydau sgleiniog i ddrysau'r gwestyau a'r tai bwyta crand yn borthiannus a swanc. Gwelir cyplau fraich ym mraich mewn dillad ymlacio trwsiadus—tebyg fod y mwyafrif o dras Ewropeaidd. Gwisgo dillad lledr, jîns a chrysau T, gan roi'r argraff nad ar ymarweddiad y mae eu bri, a wna'r ieuenctid. Ac yng nghanol y bwrlwm, mae ambell un i'w weld yn crymu yn y cysgodion fel pe bai'n ddall ac yn fyddar i fywyd y stryd.

Mentraf i dafarn gyffredin yr olwg. Uwchben y bar hirgul mae set deledu yn chwyrnu, ac ar fwrdd wrth y wal mae gêm debyg i 'wthio dimai' ar y gweill. Am nad yw'r un cwrw yn gryfach na'i gilydd yng Nghanada, a hynny yn ôl gofynion y ddeddf, dyw hi fawr o bwys beth a archebaf, ond potel o 'Blue' yw'r ddiod gyffredin. Am eiliad, teflir y farforwyn oddi ar ei hechel gan fy acen, ond does dim angen i mi fy ailadrodd fy hun. Mae'n cydio yn y botel, yn agor ei chaead, ac yn ei rhoi ar y bar o fy mlaen mewn un symudiad chwimwth. Cymer y tâl ac estyn y newid yr un mor ddiseremoni.

Roedd un neu ddau wrth y bar wedi crychu eu haeliau o glywed fy acen, ond wrth i mi godi'r 'Blue' at fy ngwefusau roedd yn amlwg nad oedd eu chwilfrydedd wedi ei danio i'r fath raddau ag i ddymuno tynnu sgwrs. Ymataliais rhag dymuno 'iechyd da'. Roedden nhw wedi ailafael yn eu pendroni ac yn ddihidiol o'm presenoldeb. O edrych o gwmpas gwelwn mai prin oedd y dodrefn a phrinnach yr addurniadau. Llwydaidd oedd yr awyrgylch. Tafarn i foddi gofidiau neu i stiwio rhwystredigaethau ynddi oedd hon. Yfais y botel yn ddiseremoni a mentro'n ôl i'r stryd.

Doedd dim amheuaeth fod yna fywyd mewn tafarn tua chanllath i lawr y stryd, am fod y clindarddach i'w glywed cyn croesi'r heol lydan. Ystafell hirgul eto, ond y tro hwn roedd canfod lle yn anos. O gyfeiriad llwyfan bychan ym mhen draw'r ystafell y deuai'r sŵn byddarol. Roedd y ddau gitarydd a'r drymiwr yn chwys drabŵd. Ond doedd fiw iddyn nhw brancio na neidio neu fe fydden nhw'n

15

syrthio dros yr ymyl, neu'n taro'u penglogau yn erbyn y nenfwd. Roedd y drymiwr wedi tynnu ei grys ac yn foddfa o chwys wrth iddo ymollwng i'r dasg o gledro'r drymiau. Roc trwm oedd yr arlwy. Ac os oedd gan y gitarau eneidiau, roedd y ddau yn benderfynol o'u gwasgu o'r tannau. Gorau po uchaf, oedd yr arwyddair.

Clywid sawr mwg melys yn dew yn yr awyr a doedd pawb ddim fel petaent yn sicr o'u lleoliad. Awgrymai golwg rhai na wyddent ar ba blaned roedden nhw wedi glanio, os yn wir roedden nhw wedi rhoi'r gorau i gylchdroi o gwbl. Ymdrechai ambell un aflonydd i waredu'r can o'i fwng i gyfeiliant y sŵn. Sernid diodydd gan eraill, ac roedd hi'n gymaint ag y medrai'r gweinyddesau ei wneud i glirio'r poteli gweigion, a hynny, dybiwn i, rhag iddyn nhw gael eu defnyddio fel arfau pe digwyddai ffrwydriad emosiynol. Mewn awyrgylch o'r fath gallai'r sylw mwyaf diniwed gael ei gamddehongli ac arwain at glatsho parod. Rhag i'r gwaethaf ddigwydd, ymlwybrais yn ddarbodus o'r gehenna.

O fewn tafliad carreg roedd yna dafarn a chasgliad o feiciau pwerus Harley Davidson wedi eu parcio mewn rhes yn ei hymyl. Roedd eu perchenogion y tu mewn, oll yn eu gwisgoedd lledr. Trwy'r ffenestri llydan gellid gweld cymylau o fwg yn chwyrlïo tua'r nenfwd, ac o'r stryd edrychai'r dafarn yn fangre ddeniadol. Roedd yna egni a chyffro a pherygl o dan reolaeth yno. Doeddwn i ddim am edrych i fyw llygad yr un o'r llymeitwyr wrth anelu am y bar crwn yng nghanol yr ystafell.

Doedd gan y gweinydd ddim amynedd â'r sawl oedd yn gogordroi ynghylch ei archeb. Os na châi ateb sydyn amneidiai ar bwy bynnag arall oedd yn aros ei dro. Roedd fel petai wedi ei weindio.

Symudai ar gyflymder cath yn neidio ar brae. Agorai ddrws oergell â'i law dde a thynnu potel oddi yno â'i law chwith, a thra oedd yn ei tharo ar declyn i dynnu'r caead, byddai'n cicio drws yr oergell ynghau â sawdl ei droed dde, ac yn estyn am wydr â'i law dde. Tra arllwysai'r ddiod â'i law chwith byddai'n defnyddio'r dde i ddelio â'r tâl. Yna, wrth estyn y gwydr llawn i'r cwsmer â'i law dde, defnyddiai'r chwith i daflu'r botel wag dros ei ysgwydd i gafn dwfn. Defnyddiai ei droed chwith i sefyll arni. A dim ond archeb syml oedd honna.

Pan fyddai gofyn, fe ddeliai â mwy nag un archeb ar y tro. Neidiai i bob cyfeiriad a hynny heb unwaith ollwng na thorri gwydr na photel. Roedd pob dim o fewn pellter naid o'i amgylch, ac am wn i roedd ei gyfrif yn ddi-fai wrth bennu prisoedd yr archebion gan droi mewn cylch di-baid.

Roedd hi'n anodd deall sut y medrai rhai o'r cwsmeriaid eistedd mor ddigywilydd ddigyffro wrth y bar yng ngŵydd y sioncyn gwair o weinydd, ond fel ymhob sefyllfa o'r fath roedd yna un a geisiai ei ddrysu. I bob golwg, ni chymerai fawr o sylw o'r ddynes uchel ei chloch ym mhen pella'r bar. Rhaid ei bod yn ei deugeiniau, a phan oedd yn iau mae'n sicr ei bod yn ysblennydd o brydferth. Pwy bynnag a ddaliai ei sylw fe fyddai yn ei ymyl ymhen fawr o dro, yn tynnu sgwrs ac yn amneidio am ddiod.

'Hei, Charlie, pryd wyt ti'n mynd i weini diod i mi—mae "hwn a hwn" wedi addo talu ers meitin. 'Sdim tafarn sy mor araf yn gweini ei chwsmeriaid yn yr holl wlad ddiawl yma. Hei Charlie, dwi wedi anghofio sut flas sy ar ddiod. Mae syched y Sahara arna i . . .'

Doedd dim pall ar ei pharablu yn bigitan Charlie. Trôi at rai o'r cwsmeriaid gan barhau i bardduo Charlie druan drwy eu holi a oedden nhw wedi bod yn disgwyl cael eu gweini er y Nadolig, ac yna ychwanegu 'pa Nadolig?' Chwarae teg, doedd Charlie ddim yn cynhyrfu yr un iot, a fel petai'n arwerthwr ym mart Tregaron, roedd yn hyddysg yn yr arfer o ddarllen arwyddion wrth fwrw golwg ar 'hwn a hwn'. Yng nghanol ei brysurdeb fe sleifiai ambell ddiod i gyfeiriad y ddynes, ac ni fu'n ofynnol iddi hi ymestyn i'w phwrs yr un tro.

Yn gefndir i hyn oll roedd yna amrywiaeth o gerddoriaeth canu gwlad a roc trwm. Ar ôl dos o Waylon Jennings dechreuodd Meatloaf daranu. Fyddai hi ddim yn anodd dychmygu'r 'ddynes uchel ei chloch' yn ail-fyw fideo'r 'Dead Ringer for Love' petai Marvin Aday yn cerdded at y bar. Ond roedd hi'n bryd i mi adael cwmni'r beicwyr a'r gweinydd acrobataidd. Fe fyddai gweld Charlie yn cymryd hoe, neu yn chwythu ei blwc, yn difetha'r darlun ohono oedd eisoes wedi ei sefydlu yn fy meddwl.

Er ei bod yn tynnu am hanner nos doedd 'na ddim pall ar y mynd a dod trwy ddrysau'r tafarndai a'r tai bwyta. Roedd y Torontoiaid yn cymryd mantais o'r hin gynnes cyn dyfodiad yr eira a'r misoedd o oerni rhewllyd. Deuai seiniau disgo nwyfus o adeilad llawn goleuadau llachar ychydig islaw'r palmant, ac ar hyd muriau'r cyntedd roedd yna luniau di-ri o'r perchennog, Pete, yng nghwmni ymwelwyr adnabyddus o fyd y campau. Roedd y mwyafrif ohonyn nhw'n arwyr y byd hwnnw ac yn chwaraewyr pêl-fas yn bennaf.

Ymgordeddai'r dawnswyr blith draphlith ar lwyfan bychan. Archebais y 'Blue' a chadw'n ddigon pell i ffwrdd nes i mi gael cyfle i fwrw llinyn mesur dros y mynychwyr. Safai dwy ferch yn fy ymyl yn sipian eu diodydd gan edrych i bobman heb edrych i'r unlle'n benodol. Mentrais dynnu sgwrs. Deallais fod y ddwy wedi eu magu yn Nhoronto ond bod eu rhieni wedi ymfudo o'r Eidal. Roedden nhw'n byw mewn fflat wedi ei rentu ac yn ymweld â'u rhieni'n rheolaidd. O ddeall fy mod yn ddieithryn roedd yr oleuaf o'r ddwy yn barod i adrodd ei hanes.

'Er i mi basio'n ddigon da i barhau â chwrs addysg,' meddai, 'fe adewais yr ysgol i fynd i weithio gyda chyngor y ddinas. Roeddwn yn rhagori mewn mathemateg a chan fy mod yn alluog fe allen i fod wedi gwneud yn wirioneddol dda. Dwi'n dda yn fy ngwaith ac yn ddigon parod i achub fy ngham fy hun pan fydd pennaeth yr adran yn dechrau dannod. Dyw e ddim yn gwybod sut i drin merched.'

Ni fedrwn ymatal rhag gofyn iddi ymhelaethu.

'Wel, dyw e ddim yn credu fod barn merched yn cyfrif. Mae e'n disgwyl i ni gyflawni'r gorchwylion yn ufudd heb holi yr un dim. Dyw e ddim yn fodlon derbyn awgrymiadau ar sut i gyflawni ein gwaith yn fwy effeithiol. A meddyliwch, fe gefais bryd o dafod ganddo un bore am wisgo blows oedd, medde fe, yn rhy isel. Y mwnci. Fe ddwedais wrtho fy mod yn barod i drafod agweddau o'm gwaith ond nad oeddwn yn credu fod natur fy ngwisg o unrhyw fusnes iddo fe. O do, fe ddwedais i wrtho . . .'

Trois y sgwrs i gyfeiriad ei rhieni.

'Maen nhw'n oedrannus ac yn ffwndrus. Roedden nhw'n arfer gweithio mewn tŷ bwyta. Dwi'n mynd i'w gweld bob Sul, ac weithiau yn ystod yr wythnos os caf gyfle, ond mae'n fwy hwylus i mi fyw mewn fflat—llai o holi a llai o hindrans. Dwi'n medru mynd a dod fel dwi'n dewis. Mae fy rhieni yn dal i sôn llawer am yr Eidal a dydyn nhw ddim yn siarad fawr o Saesneg. Fe fues i yn yr Eidal am dri mis unwaith, ond dwi ddim yn credu y bydda i'n mynd 'nôl eto—rhy dawel a henffasiwn.'

Erbyn hyn roedd ei chyfeilles dywyllach yr olwg wedi mynd i ddawnsio. Roedd yn amlwg fod Helen yn gwbl gartrefol yn nhafarn Pete. Byddai'n cyfarch gwell i hwn a'r llall o bryd i'w gilydd, ond gwrthodai bob cais i fynd ar y llawr dawnsio.

'Dwi wedi bod yn treulio'r ddeuddydd diwethaf yng nghwmni hen gariad i mi sy bellach yn briod. Mae ei wraig yn disgwyl eu hail blentyn ond mae e'n dweud ei fod yn fy ngharu i. Dwi'n ffaelu penderfynu beth i'w wneud. Does gen i ddim o'r nerth yn fy nghoesau i ddawnsio ar ôl deuddydd o garu nes fy mod yn slecht. Dwi ond wedi dod yma yn gwmni i fy ffrind, beth bynnag.'

Prynais ddiod iddi gan ddymuno adferiad buan i'w nerth.

Y cam doethaf oedd ymlwybro'n ôl i gyfeiriad y gwesty. Roedd y Tŵr CN yn fynegbost rhag i mi golli'r ffordd. Ar ôl i mi gyrraedd tafarn 'Charlie a'r beicwyr' gwyddwn na fyddai angen i mi droi i'r dde na'r chwith, ond roedd yna ddrama yn fy nisgwyl ar y stryd. Roedd yna stondin fyrgers wedi moelyd ac roedd y gweinydd yn ceisio erlid dau lanc drwy chwifio pen pigfain ymbarél yn eu hwynebau. Cynyddai nifer y dorf wrth glywed ebychiadau'r ddau lanc.

Diflannodd un o'r ddau am ychydig ond yna dychwelodd wedi diosg ei grys. Amneidiai ar y dyn byrger i'w ddilyn i'r cysgodion, ond ei flaenoriaeth ef oedd amddiffyn ei stondin a chadw ysbeilwyr draw. Nid oedd am roi dyrnod i neb meddw a chychwyn reiat. Daeth rhai o'r beicwyr i sbecian, ond ar ôl sicrhau nad oedd eu beiciau wedi eu difrodi fe ddychwelon nhw at Charlie. Wrth i'r dyn byrgyrs geisio adfer trefn, daliai'r ddau lanc i chwyrnu ar y cyrion. Gwasgarodd y dorf yn araf wrth glywed sŵn chwibanu cerbyd heddlu yn dynesu.

Doedd y ffrae yn ddim amgen na digwyddiad abswrd nodweddiadol o fywyd nos unrhyw ddinas orllewinol. Doedd y seiniau *heavy metal* ddim yn ddieithr i ddinasoedd Ewrop. Mae Guns 'n' Roses ac Arrowsmith yn fydenwog. Maen nhw wedi concro marchnad eang. Pa ddinas werth ei halen nad oes ganddi bellach amrywiaeth o dai bwyta yn cynnig bwydlenni sy'n adlewyrchu arferion bwyta myrdd o ddiwylliannau? Mae ieuenctid sy'n gwrthryfela yn erbyn gwerthoedd rhieni, yn arbennig os yw'r rheiny wedi eu magu mewn amgylchfyd gwahanol, i'w canfod ym mhob dinas. Ac mae'r allblyg a'r mewnblyg i'w gweld ymhob tafarn.

Oes yna unrhyw beth sy'n wirioneddol wahanol? Oes yna unrhyw beth sy'n unigryw i Doronto? Ai'r gorau y gellir ei ddweud amdani, yn unol â broliant llyfryn y gwesty, yw mai dyma ddinas newydd orau'r byd?

Tra oeddwn yn pendroni bu bron i mi ddamsang ar ben dau gorff oedd yn gorwedd ar eu boliau ar ddarn o balmant lle'r oedd yna ager cynnes i'w deimlo'n codi o berfeddion y stryd. Chymerai neb sylw ohonynt, a doedden nhw ddim yn ymwybodol o ddim. Gwelwn ddigon o'u hwynebau a'u gwalltiau i ddirnad mai Indiaid oedden nhw. Geiriau yn ymwneud â bydoedd diodydd a phêl-fas oedd i'w gweld ar eu crysau T.

Dyma Frodorion Cyntaf Canada. Doedd rhieni'r rhain ddim wedi ymfudo o unman. Eu cyndeidiau oedd preswylwyr y tiriogaethau. Ai'r rhain biau deilen y fasarnen fach?

3

Roedd yr olygfa o ugeinfed llawr gwesty'r Sheraton yn un ysblennydd. Adeiladau tal, lluniaidd yn ymdoddi i'r wybren yn y pellter. Obry, tunelli o goncrid a gwydr yn sgleinio yng ngwenau'r haul. O graffu'n glòs gwelais fod yna gilcyn glas yng nghesail adeilad Neuadd y Ddinas. Ac roedd yna goed yno yn cynnig cysgod.

Penderfynais mai croesi'r cilcyn er mwyn cyrraedd Llyfrgell y Ddinas ar y campws gyferbyn fyddai'r nod. Wedi'r cyfan, pa le gwell i chwilota am wybodaeth am y wlad a'i phobl? Roedd cyflwyniad Robert Paterson wedi codi awch, a'r daith liw nos ar hyd y strydoedd wedi codi cwr y llen.

A dyna fyddwn wedi ei wneud ar fy union oni bai am Joe y Gwyddel.

Wrth chwilio am un o allanfeydd y gwesty, gwelais yr arwydd, 'Toronto Press Club'. Roeddwn yn llawn chwilfrydedd. Doedd dim modd gweld sut le oedd y tu mewn heb fynd i mewn, felly dyma droi'r ddolen a'i mentro hi.

Roedd yna ŵr oedrannus yn hepian mewn ystafell fechan ar y chwith a'r gair 'Swyddfa' wedi ei osod ar y drws cilagored. Pesychais. Cnociais ar y drws. Pesychais yn uwch. Wrth iddo ddadebru esboniais fod bodiau fy mysedd yr un mor gyfarwydd â phroseswyr geiriau â bodiau bysedd unrhyw newyddiadurwr yng Nghanada, a dywedais, am fy mod ar ymweliad byr, y buaswn yn falch o gwmni unrhyw hac a fyddai'n fodlon dygymod â mi.

Cododd y gŵr ar ei draed gan ei gwneud hi'n amlwg yn ebrwydd nad oedd am gyboli â ffurfioldeb. Amneidiodd arnaf i fynd at y bar. Fe'm hebryngodd gyda'r geiriau cysurlawn, 'Fe fydd Joe yn gofalu am eich anghenion—fe ddof draw yn y man'. Felly y bu. Estynnodd Joe ei law gyhyrog gan wasgu fy un innau yn wresog. Tra oeddwn yn arllwys fy niod dechreuodd holi fy muchedd. O ddeall fy mod yn Gymro dyfnhaodd ei acen Wyddelig, ac wrth estyn fy niod fe'm siarsiodd i ymarfer fy amynedd nes y byddai ganddo orig i ddelio â mi. Gwneuthum yn unol â'i orchymyn.

Doedd y clwb ddim yn orlawn o bell ffordd. Dynion mewn deuoedd ac un ddynes ar ei phen ei hun. Roedd y lle yn lân a chyffyrddus ac yn amddifad o sŵn yr un hyrdi-gyrdi, mwya'r diolch. Ar y pared gyferbyn roedd yna resi o dystysgrifau rhagoriaeth wedi eu cyflwyno i newyddiadurwyr dros y blynyddoedd, a'r tu ôl i mi roedd yna lun trawiadol o filwr swyddogol a gŵr mewn lifrai terfysgwr neu wrthryfelwr yn syllu i fyw llygaid ei gilydd. Wrthi'n ceisio dyfalu arwyddocâd y llun oeddwn i pan dorrodd y gŵr wrth y drws ar draws fy myfyrdod.

Dywedodd mai ei enw oedd Jack Oldham a'i fod yn ystod ei oes wedi ymwneud â phob agwedd o'r byd cyfryngol yng Nghanada. Fe fu'n sefydlog yn Llundain am gyfnod a bu'n ymweld â nifer o drefi a phentrefi yng Nghymru na fentrai geisio ynganu eu henwau. Maddeuais iddo am fod yn lled ymgreiniol wrth iddo wthio cerdyn aelodaeth oes i gledr fy llaw. Cyhoeddodd y byddai'r cerdyn, gyda'i enw ef fel y llywydd ar y cefn, yn sicr o roi mynediad i unrhyw glwb cyffelyb mewn unrhyw ran o'r byd.

Torrodd Joe ar ein traws gan fy hysbysu y byddai John yn barod iawn i neilltuo amser i gyfarfod â mi. Edrychais yn syn ar y Gwyddel. Wyddwn i ddim am bwy roedd e'n sôn.

'Mae pob dim yn iawn. Dwi newydd siarad â John yn ei swyddfa. Mae e wedi rhoi ei rif cartre i mi hefyd. Mae John wastad wrth ei fodd yn cyfarfod â chyd-Gymry. Heb air o gelwydd, mae e'n un o'r newyddiadurwyr gorau yn y wlad, on'd yw e, Jack? Mae e'n cael dewis ei bynciau a'i destunau. Dyna'r parch sydd iddo ymhlith rheolwyr y *Toronto Star*.

'A does dim bachan tebyg iddo am dynnu coes, oes e nawr, Jack? Dwi wedi treulio sawl penwythnos yn teithio yn ei gwmni, a dwi'n dal i chwerthin wrth gofio rhai o'r pranciau oedd yn digwydd mewn gwestyau. A does 'na neb parotach nag e i fynd i'w boced. Na, rhaid i chi deithio 'mhell i ganfod gwell cwmni, fe wranta i chi. On'd ydw i'n dweud y gwir, Jack?

'Roedd yna gyfnod pan fyddai'n dod i mewn fan hyn yn rheolaidd, ond mae e wedi newid ei swyddog prawf nawr, eh Jack. A dweud y gwir fe fyddai'n syniad i chi ffonio John Picton nawr oherwydd mae e'n ddyn bishi. Nawr amdani, tarwch tra bo'r haearn yn boeth. Mae 'na deleffon ar y wal y tu ôl i chi. Nac oes, does 'na ddim ffeinach dyn na John Picton.'

Hynny a wneuthum yn ufudd. Deallais fod John Picton yn hanu o Abertawe a'i fod wedi byw ac wedi newyddiadura yn Nhoronto ers dros chwarter canrif. Roedd yn awyddus i ni gyfarfod ac fe benderfynwyd y buaswn yn cysylltu ag e'n fuan i drefnu oed.

Erbyn hyn roedd Joe yn gweini cwsmeriaid eraill. Pan ddeuai rhywun i mewn ar ei ben ei hun ei gyfarchiad parod fyddai, 'O, dwi'n gweld, mas ar fechnïaeth eto heddi,' neu os deuai rhywrai yn ddeuoedd ei gyfarchiad fyddai, 'A, felly, wedi dod â'r swyddog prawf yn gwmni heddi.' Pan na fyddai ganddo ddim i'w wneud ond sychu gwydrau fe gynigiai ei farn a'i ragfarn yn ddigymell.

'Ar Trudeau mae'r bai. Maen nhw wedi dylifo 'ma o bob rhan o'r byd. Fe oedd yn eu gwahodd nhw â dwylo agored. Os oedd yna ffoaduriaid yn rhywle fe fydde Trudeau yn anfon brysneges iddyn nhw a map yn dangos y ffordd i Ganada. Drychwch fel mae pethau heddi. Maen nhw i gyd yn moyn hyn. Maen nhw i gyd yn moyn y llall. A'r hyn sy waetha, maen nhw i gyd yn cael popeth p'un ai ydyn nhw'n ei haeddu neu beidio.

'A dyw eu hanner ddim yn medru siarad yn deidi. Odych chi wedi eu clywed nhw? Rhyw "Hi, Maan", a dyna i gyd. Dim sgwrs. Dim ond mwmial a chnoi gwm. Dydyn nhw ddim yn medru cyfarch gwell ymhlith ei gilydd heb sôn am ddiddanu pobol eraill. Ydych chi'n deall be sy gen i? Ry'ch chi'n Gymro. Ry'ch chi'n Gelt. Mae'r Celtiaid wrth eu bodd yn eu mynegi eu hunain. Mae pob Cymro sy'n galw fan hyn yn ein difyrru â chân, ond fedrwch chi ddim gwneud dim byd â'r bobol hyn—dim ond eu hanwybyddu.

'Meddyliwch chi nawr, ffrind i fi'n ceisio atal terfysg mewn tafarn. Roedd e'n ymddwyn fel dinesydd da ac yn gwneud be fyddai unrhyw un yn ei wneud o dan yr hen drefn. Oedd, roedd e'n ddyn mawr, dwi ddim yn dweud llai, ond fuodd e ddim chwinciad yn atal yr ymladd. Doedd y cryts ieuanc ddim yn medru gwrthsefyll ei boerad e. Ond beth ddigwyddodd? Gafodd e ei ganmol am ei wrhydri? Gafodd e ei gydnabod am wneud gwaith yr heddlu drostyn nhw? Hy. Naddo. Fe gafodd ei gyhuddo o ymosod ac achosi anaf difrifol. Ac yntau'n ddyn busnes uchel ei barch. Twsh. Twsh. Mae'r wlad 'ma'n mynd i'r cŵn.'

Yng ngoleuni hyn mentrais ofyn iddo a oedd wedi ystyried dychwelyd i Iwerddon. Cwestiwn digon teg, fe dybiwn, o dan yr amgylchiadau. Pwysodd ei benelin ar y bar a chwifio'i fynegfys deirgwaith i'm cyfeiriad cyn dechrau traethu.

'Dwi wedi bod yng Nghanada nawr ers deugain mlynedd, a dwi ddim wedi dychwelyd i Ddulyn unwaith. Ond dwi'n nabod y ddinas o hyd. Dwi'n cadw mewn cysylltiad â'm cyd-Wyddelod. Dwi'n gwybod be sy'n mynd 'mlân. Mae pawb yn fy nabod fel Gwyddel. Nawr, pa ddyn nad yw'n mwynhau ychydig o hwyl o bryd i'w gilydd? Ac mae diferyn o'r ddiod yn eli i hwyl, bid siŵr.

'Dwi'n whare golff pob cyfle dwi'n ei gael. Mae 'na griw ohonom yn trefnu penwythnosau. Ew, mae 'na ddiawlineb yn cael ei gyflawni. Fe fyddai rhai o'r helyntion yn gwneud i wallt eich pen godi fel hoelion, wir i chi. Ond does dim melltith yn cael ei gyflawni, cofiwch; o na, dim melltith. Ond mae wedi mynd yn anos i godi hwyl nawr.

'Meddyliwch, mae 'na lot o'r dynion busnes byr 'ma wedi dechrau whare golff. Y'ch chi'n gwybod pwy sy gen i mewn golwg? Mae'r ffon yn fwy o faint na nhw. Wel, ar gychwyn pob twll maen nhw'n crynhoi yn un twr ac yn brygowthan am hydoedd. Maen nhw'n cynnal pwyllgor cyn cychwyn pob twll. Meddyliwch am y pwr dabs sy'n gorfod eu dilyn. A be sy 'mlân 'da nhw? Odyn nhw'n trafod busnes? Odyn nhw'n ymbil ar y duwiau?

'Fe ddyweda i wrthoch chi beth maen nhw'n ei wneud. Maen nhw'n ei gwneud hi'n amhosib i bobol gall fwynhau gêm o golff. Ac maen nhw'n dechrau cymryd drosodd yn rhai o'r clybie. Mae hynny'n beryglus achos does ganddyn nhw ddim hiwmor. Fydd yna ddim pleser ar ôl i ddyn yn y wlad 'ma whap iawn. Coeliwch chi fi, dwi wedi gweld dirywiad y wlad 'ma ar y lleiniau golff . . . Esgusodwch fi, fe fydda i 'nôl nawr . . .'

Roedd yna gwsmeriaid yn dechrau alaru aros am ddiod. Tra oedd Joe'n cyflawni ei ddyletswyddau penderfynais yfed gweddill fy niod ar fy nhalcen a'i throi hi am Lyfrgell y Ddinas. Gwneuthum fy esgusodion, yn ogystal ag addewid i ddychwelyd i ganu cân. Roedd ffarwél Joe yn un harti.

Cymerais gip arall ar y llun o'r ddau filwr ar y wal. Roedd y gwrthdaro rhyngddynt yn fy arswydo a'm haflonyddu.

4

Roedd awyrgylch y llyfrgell yn lanwedd a siriol gyda digon o le i dri neu bedwar wibio rhwng y silffoedd llyfrau. Yma ac acw roedd byrddau a chadeiriau o wahanol faint wedi cael eu gosod ar gyfer yr astudiwr academaidd a'r tyrchwr sydyn. Deuthum o hyd i adran llyfrau hanes Canada a dewis y rhai teneuaf o'u plith i'w bodio. Ond gan fod y wlad, ar ryw olwg, yn gymharol newydd, prin ei bod yn bosib i gyfrol gynhwysfawr ar ei hanes fod yn drwchus iawn, beth bynnag. Chwiliwn am grynodeb o brif nodweddion hanesyddol y wlad.

Ond y nodweddion daearyddol a hoeliai fy sylw. Mae mwy o lynnoedd yn y wlad nag sydd yng ngweddill y byd, a chymaint ohonyn nhw fel nad oes yna enw i bob un. Er nad oes neb erioed wedi llwyddo i'w cyfrif, credir fod yna dros fil ohonyn nhw. Gyda llaw, mae 'na lyn yn nhalaith Manitoba o'r enw Pekwachnamaykoskwaskwaypinwanik.

Yn 1962 cwblhawyd traffordd dros 4,000 o filltiroedd o hyd yn cysylltu dwyrain a gorllewin y wlad. Ond rhan amlwg o chwedloniaeth gwrhydri'r wlad yw'r rheilffordd a gwblhawyd yn 1885. Y 'ceffyl dur', meddid, fu'n cludo 'gwareiddiad' i barthau'r gorllewin. O ran maint mae Canada yn ail i Rwsia, yn mesur 4 miliwn o filltiroedd sgwâr. Cymer tua chwe awr i hedfan o un pen o'r wlad i'r llall, sef tua'r un amser ag a gymer i hedfan o Lundain naill ai i Vancouver yn y gorllewin, neu Toronto yn y dwyrain. Mae hyd yn oed Ynys Vancouver yn fwy o faint na Phrydain.

25

Yn y gogledd oer yng ngwlad yr Esgimo, mae'r haul yn tywynnu drwy'r dydd a'r nos ar adegau yn yr haf, ond yn y gaeaf mae'n dywyll bron yn barhaus. Gall y tymheredd amrywio o 45°C yn yr haf i—45°C yn y gaeaf. Yn y de-ddwyrain y mae atyniad adnabyddus Rhaeadrau Niagara, ac yn y gorllewin mae ymwelwyr yn heidio i'r Rockies, sy'n codi i uchder o bron 20,000 o droedfeddi. Mae'r Unol Daleithiau yn ffurfio ffin ar draws y wlad, a'r moroedd Tawel ac Iwerydd yn ffurfio ei harfordiroedd gyda'r Arctic yn y gogledd eithaf.

Yn weinyddol rhannwyd y wlad yn ddeg o daleithiau sydd â'u senedd-dai eu hunain ar gyfer llunio polisïau yn ymwneud â materion megis addysg, iechyd a lles. Mae senedd y llywodraeth ffederal yn Ottowa. Hi sy'n gyfrifol am lywodraethu tiriogaethau anial yr Yukon a'r gogledd-orllewin, yn ogystal â ffurfio polisïau cenedlaethol y wlad. Amcangyfrifir bod poblogaeth y wlad yn 27 miliwn ac yn dal i gynyddu.

Yn ôl y llyfrynnau, Ffrancwr o'r enw Jacques Cartier oedd y cyntaf i lanio yn nwyrain y wlad yn nhridegau'r 16eg ganrif. Hyn sydd i gyfrif fod talaith Québec wedi cadw at ei thraddodiadau Ffrengig, a hynny er i'r Saeson drechu'r Ffrancwyr yn 1759 i sicrhau mai un o drefedigaethau Lloegr fyddai Canada. Mae'r Eingl-Brydeinwyr yn hoff o bwysleisio mai gŵr yn hwylio o dan faner Lloegr oedd y dyn gwyn cyntaf i lanio ar draethau'r wlad yn 1497. Dyw'r ffaith mai brodor o Genoa oedd John Cabot ddim yn mennu dim ar y sawl sydd am bwysleisio gwedd Seisnig cenedligrwydd Canada. Am yn agos i ganrif, Tŷ'r Cyffredin yn Llundain a reolai Ganada, ond yn 1867 pasiwyd deddf yn caniatáu mesur o hunanlywodraeth i rannau o'r wlad, a hynny yn bennaf er mwyn rhwystro America rhag ceisio'i gwladychu.

Ffurfiwyd ffederaliaeth o bedair talaith i gychwyn, gyda'r Goron Brydeinig yn cael ei chynrychioli gan Lywodraethwr. Yn 1949 ymunodd y ddegfed o'r taleithiau, Newfoundland, â'r ffederaliaeth, a hynny ddeunaw mlynedd ar ôl i Loegr ganiatáu mesur helaethach o hunanlywodraeth i Ganada o fewn fframwaith y Gymanwlad. Yn unol â'r patrwm Prydeinig, mae aelodau yn cael eu hethol i Dŷ'r

Cyffredin, ac aelodau yn cael eu dewis i'r Senedd sy'n cyfateb i Dŷ'r Arglwyddi.

Ni welwyd baner deilen y fasarnen fach ar gefndir gwyn â phaneli coch ar ddwy ochr iddi yn disodli Jac yr Undeb tan 1965. Ac nid tan 1980 y cafodd 'O Canada' ei mabwysiadu fel anthem genedlaethol. Ddwy flynedd yn ddiweddarach lluniwyd cyfan-soddiad newydd, ond mae'r dadlau yn ei gylch a'r ymdrechion i'w ddiwygio yn parhau.

Tanlinellir pa mor helbulus yw cwestiwn y Cyfansoddiad yn nhalaith Québec a gweddill y wlad gan ganlyniad yr etholiad ffederal yn hydref 1993. Oherwydd ei methiannau cyfansoddiadol, gan gynnwys lletchwithdod Cytundeb Llyn Meech, fe gollodd y Blaid Dorïaidd ei grym yn garlibwns. Er dewis olynydd i'r prif weinidog, Brian Mulroney, cyn yr etholiad fe gollodd Kim Campbell a'i phlaid 152 o'i 154 o seddau ar draws y wlad. Ar ôl naw mlynedd mewn grym dim ond dwy sedd oedd gan y Blaid Dorïaidd.

Etholwyd y Rhyddfrydwyr o dan arweiniad Jean Chretien i redeg y wlad. Roedd e'n wleidydd amlwg mor bell yn ôl â'r 70au pan oedd Pierre Trudeau wrth y llyw. A'r hyn sy'n rhyfeddach yw'r ffaith mai dim ond mewn un dalaith roedd gan yr wrthblaid ymgeiswyr. Fe enillodd Parti Québecois 54 o'r 75 o seddau yn Nhalaith Québec. Ffurfiwyd y blaid o dan Lucien Bouchard ychydig cyn methiant Cytundeb Llyn Meech gyda'r bwriad penodol o sicrhau statws sofraniaeth i Québec.

Ystyrir Bouchard yn arweinydd carismatig a chenedlaetholwr o hil gerdd. Ar un adeg fe fu'n weinidog mewn llywodraeth Geidwadol ond ers ffurfio ei blaid ei hun ystyrir ei wallt du afreolus, ei aeliau trwchus a'i Ffrangeg carlamus yn ymgorfforiad o genedligrwydd Québec. Er mai sofraniaeth i'r dalaith yw nod ei blaid ni ellir sicrhau hynny trwy'r llywodraeth ffederal. Dim ond y llywodraeth daleithiol sy'n medru newid y cyfansoddiad taleithiol, a hynny ar ôl cynnal refferendwm. Ac o gofio mai Rhyddfrydwyr sy'n rheoli Québec mae sicrhau sofraniaeth yn fwy na mater o ffurfioldeb. Dengys polau piniwn fod yna lai na 50 y cant yn dymuno gweld Québec yn ei chynnal ei hun yn annibynnol o weddill Canada.

Tra bod Parti Québecois yn frwd dros gynnal Ffreincdod mae'r Blaid Ddiwygio, sydd â'i gwreiddiau yn nhaleithiau'r Gorllewin, am weld diddymu dwyieithrwydd a chyfyngu ar fewnfudo. Ac o ystyried i'r Diwygwyr ennill 52 o seddau, gan ddod o fewn dim i ffurfio'r wrthblaid, rhaid eu hystyried yn rym dylanwadol yng ngwleidyddiaeth Canada. Dyw'r Blaid Dorïaidd ddim yn rym ffederal mwyach a phrin fod yr un etholiad mewn gwladwriaeth ddemocrataidd wedi gweld cymaint o newid mewn cydbwysedd grym.

Ond er cymaint yr helbul ynghylch y Cyfansoddiad, un ddamcaniaeth yw nad awydd i newid y cyfansoddiad sydd wrth wraidd anniddigrwydd yr etholwyr ond rhwystredigaeth ag anallu ffederaliaeth henffasiwn i fynd i'r afael â phroblemau gwariant a chynllunio rhanbarthol. Cyflwr yr economi, ac nid hawliau cyfansoddiadol sylfaenol, sydd y tu ôl i wamalrwydd teithi meddwl y Canadiaid.

Amcangyfrifir fod dros 40 y cant o diriogaeth y wlad yn goedwigoedd, ond mae gofynion y farchnad gyhoeddi yn golygu eu bod yn lleihau'n flynyddol. Wrth i'r mudiad cadwraeth gryfhau, ac wrth i'r ddadl dros ailgylchu papur ennill tir, mae 'na bwysau cynyddol ar gwmnïau i adael llonydd i'r fforestydd.

Gyda llaw, er gwaethaf anferthedd y wlad, mae'r enw 'Canada' yn deillio o'r gair 'Kanata' yn yr iaith Iroquois sy'n golygu 'pentref'. Mae'r Iroquois yn un o'r llwythau Indiaidd sy'n ffurfio tua dau y cant o boblogaeth y wlad. Mae aelodau'r llwythau Indiaidd yn byw naill ai mewn gwarchodfeydd fel Indiaid swyddogol, neu ymhlith pobl wynion heb y statws na'r breintiau a ganiateir i'r Indiaid sydd ar y gwarchodfeydd. O leiaf dyna ddisgrifiad y llawlyfrau.

Cofiaf fod Robert wedi cyfeirio at yr 'Indiaid Cochion' droeon fel y Brodorion Cyntaf. Roedd hynny, meddai, yn adlewyrchu newid mewn agwedd meddwl tuag at yr Indiaid a fyddai'n cymryd amser iddo'i esbonio. Roedd yn bryd i minnau fwrw golwg ar y pentwr o lyfrynnau oedd o'm blaen yn ymwneud â'r Brodorion Cyntaf.

Dywed un o'r llyfrau fod yr Indiaid wedi cyrraedd Canada filoedd o flynyddoedd cyn Crist pan nad oedd Gogledd America ac Asia wedi eu gwahanu gan ddŵr. Fe fuon nhw'n byw fel llwythau nomadaidd am ganrifoedd a dyna oedd eu ffordd o fyw pan ddaeth yr Ewropeaid ar eu traws yn y 16eg ganrif a'r 17eg ganrif.

Mae'r llyfrynnau hyn yn cofnodi nodweddion y llwythau, ac ar y cyfan yn sôn amdanynt fel pobloedd sydd i bob pwrpas wedi diflannu. Fe fu heintiau a gyflwynwyd gan y dyn gwyn yn gyfrifol am ddifa miloedd o Indiaid, ac roedd eu hanallu i addasu i ofynion y byd modern, ac i dderbyn ffordd y dyn gwyn o fyw, yn ffactor allweddol arall yn eu dirywiad, meddir. Ymddengys fod yr Indiaid yn gwrthod cyfnewid symlrwydd delfrydol eu ffordd o fyw am gymhlethdod soffistigedig ffordd y dyn gwyn o fyw.

Yn un o'r llyfrynnau deuthum ar draws y frawddeg ryfeddol yma: 'Yn arbennig o enwog fel pregethwr Methodist a ffigur Indiaidd blaenllaw roedd Peter Jones o lwyth y Mississauga'. Doedd 'na ddim rhagor o fanylion. Chwiliais trwy fynegai'r llyfrau eraill. Roedd nifer ohonyn nhw'n cadarnhau'r wybodaeth ac yn nodi fod Peter Jones o dras Cymreig. Cartrefai llwyth y Mississauga ar lan un o'r afonydd sy bellach yn rhan o Doronto, ac ymddengys fod Peter Jones yn byw yn eu plith. Roeddwn ar dân eisiau gwybod mwy amdano.

Oedd e wedi ei danio gan ysbryd Trefeca? Beth wnaeth iddo ymfudo i Ganada? Pam cenhadu ymhlith yr Indiaid? A oedd naill ai Daniel Rowland neu Howel Harris wedi bod yn ddylanwad arno, tybed? Oedd e'n canu emynau Pantycelyn i'r Indiaid? Pwy oedd Peter Jones? O ba ran o Gymru roedd yn hanu, tybed? Oes yna ddisgynyddion iddo yn Nhoronto? Oedd e'n esgyn i'w bulpud yn gwisgo plufyn yn ei wallt? Os oedd e'n byw ymhlith y Mississauga, oedd e'n hela a physgota er mwyn cynhaliaeth? Oedd e'n carlamu i'w gyhoeddiadau ar gefn ceffyl yn ddigyfrwy?

Buchedd a thras y Parchedig Peter Jones oedd yn gogordroi yn fy meddwl wrth groesi'n ôl i'r gwesty. Roedd y dychymyg yn drên.

Yng nghyntedd y gwesty roedd Robert yn aros amdanaf. Soniais yn afieithus am fy narganfyddiad gan obeithio y medrai daflu goleuni pellach ar berthynas y Parchedig â'r Mississauga. Crychodd ei dalcen gan gyfaddef na wyddai ddim am Peter Jones, ond gwyddai mai ar lan Afon Credit yr arferai'r llwyth fyw.

'Dwi'n meddwl eu bod wedi symud tua chanol y ganrif ddiwethaf,' meddai, 'am fod ymlediad y dyn gwyn yn ei gwneud yn anos iddyn nhw gadw eu ffordd o fyw. Roedden nhw wedi arfer hela a chyfnewid crwyn anifeiliaid am nwyddau'r dyn gwyn, ond roedd y tir hela'n lleihau, ac am nad oedden nhw am ymdoddi i fyd yr Ewropeaid, fe benderfynodd arweinwyr y llwyth symud i diriogaeth yn ardal Brantford. Yno maen nhw o hyd yn ymyl gwarchodfa Indiaid y Chwe Chenedl. Dyw hi ddim yn rhy bell i ni fynd yno . . . dim ond tua dwy awr mewn car. Efalle y byddan nhw'n gwybod rhywbeth am Peter Jones.'

Cododd hynny fy nghalon, ond ar yr un pryd synhwyrwn nad oedd Robert am drafod y mater ymhellach. Roedd yna ddyn canol oed iachus yr olwg yn sefyll yn ei ymyl, ynghyd â lodes ieuanc yr un mor iach yr olwg. Gwisgai'r gŵr grys glas â gwddf crwn, jîns a sbectol. Cariai fag ar ei ysgwydd ac roedd yna wên lydan ar ei wyneb rhadlon. Gwisgai'r ferch grys glas cyffelyb a thrywsus pen-glin gwyn. Roedd ganddi drwch o wallt du at ei hysgwyddau, a chariai fag llydan.

Cefais fy nghyflwyno i Alex Jacobs a Marlene Boissoneau o Gymuned Iechyd Anishnawbe. Gwirfoddolwyr oedd y ddau, a geisiai gyflawni amcanion y Gymuned o blannu parch ac urddas ym mynwes Indiaid sydd, am amryfal resymau, yn byw ar y stryd. Ystyr Anishnawbe yn yr iaith Ojibwe, meddid, yw 'ein pobl ni'. Eu harfer oedd treulio teirawr yn crwydro'r strydoedd yn ddeuoedd i gynnig cymorth sylfaenol megis bwyd a dillad, neu i drefnu cymorth dwys i drueiniaid oedd yn dymuno hynny. Gan amlaf fe fydden nhw ar ddyletswydd yn hwyr y nos. Alex oedd y llefarydd.

'Fe gafodd y Gymuned ei sefydlu gan Indiad a fu'n byw ar y stryd ei hun,' meddai. 'Gwyddai beth oedd anghenion ei bobol, a datblygodd y syniad o ddefnyddio dulliau traddodiadol o iacháu'r corff a'r ysbryd. Fe fydd yna fwthyn chwys yn cael ei drefnu bob nos Lun yn ein canolfan. Mae 'na loches ar gael, a threfniadau i drosglwyddo pobol i ofal asiantaethau eraill pan gwyd yr angen. Yn anffodus mae'r sefydlydd wedi llithro'n ôl i'r stryd. Mae'r hyn sy wedi digwydd iddo yn drist iawn. Roedd e wedi ailddysgu Ojibwe'n rhugl, ac roedd e'n ŵr y medrai'r Indiaid eraill uniaethu ag e wrth iddyn nhw geisio cefnu ar fywyd y stryd. Ond rydyn ni'n parhau â'r gwaith.'

Cynigiodd ein tywys i fangreoedd o fewn tafliad carreg i foethusrwydd y gwesty lle byddai Indiaid yn debyg o fod yn treulio eu prynhawniau. Yn hofran yn y cyntedd roedd yna Americaniaid croenwyn a chroenddu yn gwisgo dillad drudfawr, ac yn arddangos nodweddion cefndiroedd goludog, yn fodrwyau a chlustdlysau, yn bersawr a steil gwallt. Yr un modd roedd yno Arabiaid mewn gwisgoedd gwynion llaes hyd at eu bigyrnau, watsys Rolex ar eu harddyrnau, a'u mwstashys wedi eu cneifio'n ofalus. Roeddwn ar fin camu i blith pobl oedd yn byw mewn amgylchiadau go wahanol.

Fe'n siarsiwyd i aros ar ymyl y cilcyn glas wrth dalcen Neuadd y Ddinas tra oedd Alex a Marlene yn mynd i gael gair â gŵr oedd yn gorwedd ar ei hyd wrth fôn masarnen fach. Roedd e'n amlwg yn cysgu'n drwm. Dadebrodd yn araf a chodi ar ei gwrcwd. Bu'r ddau wirfoddolwr yn dal pen rheswm ag ef am getyn. O sylwi ar y modd y penlinient yn ei ymyl gan holi ei hynt, roedd hi'n amlwg nad oedden nhw'n ymddwyn yn ymwthiol. Doedden nhw ddim yn hofran uwchben y gŵr ac yn ysgwyd bysedd yn fygythiol yn ei wyneb—arwyddo goddefgarwch a wnâi eu hystumiau corfforol. Cyn hir dyma nhw'n ein galw draw at gysgod y goeden.

Edrychai'r gŵr fel petai wedi cael ei godi o'i wely yn ddisymwth. Doedd e heb gael cyfle i dynnu huwcyn cwsg o'i lygaid, heb gael cyfle i wlychu ei wyneb na newid ei byjamas. Mynnodd nad oedd angen i ni ymddiheuro am darfu arno a hynny am ei bod yn amlwg nad oedd yn ymboeni ynghylch gorchwylion arferol dihuno a chodi. Ac roedd yn amlwg fod ei ystafell wely yn amddifad o'r angenrheidiau ar gyfer cyflawni'r gorchwylion hynny. O ran gwedd roedd ei groen yn frown fel cneuen a'i wallt yn ddu fel y frân. Roedd ei grys yn agored hyd at ei fogel ac roedd yna graith droedfedd o hyd i'w gweld ar draws ei fola.

'Dwi wedi rhoi'r gorau i'r botel. Dwi ddim wedi cyffwrdd â diferyn ers tro. Roedd rhaid i mi roi'r gorau iddi. Fe ges i fy nhrywanu'n ddrwg. Ceisiodd rhywun fy sleisio yn fy hanner. Roedd fy iechyd yn dirywio. Dwi'n dal i gael ffitiau. Ond dwi'n gwneud yn olreit,' meddai, gan garthu ei wddf bob hyn a hyn.

Pam, felly, roedd e'n dal i fyw ar y stryd? Pam nad oedd yn chwennych ffordd wahanol o fyw os oedd e wedi concro'r botel?

'Pam? Dwi ar y stryd oherwydd dyma'r ffordd o fyw dwi'n gyfarwydd â hi. Dwi ddim am fynd 'nôl i'r gogledd i'r warchodfa. Mae byw fan'ny fel bod mewn carchar. Mae 'na bobol yn fy nabod ar y stryd. Yn eu plith nhw dwi'n treulio fy amser. Mae hi'n fwy diogel ar y stryd nag yw hi yn y llochesfannau 'ma. Mae 'na bobol yn eich hymbygio yno. Mae gwrywgydwyr yn eich poeni. Mae rhywun am ymladd. Mae rhywun yn cadw reiat. O leia dwi'n fishtir arnaf fy hun ar y stryd. Dwi'n cael arian lles, ac mae'n bosib begera o bryd i'w gilydd. Dyna fe.'

O gofio ei fod yn Indiad—yn un o'r Brodorion Cyntaf—tybed a oedd e'n teimlo fod a wnelo hynny â'i bicil? Ai rhyw wendid llwythol oedd wedi ei arwain i fyw ar y stryd?

'Dwi wedi bod ar y stryd ers dros bymtheng mlynedd, ac ar y stryd fydda i rhagor. Cofiwch, mae'n tir ni wedi cael ei ddwyn, a'r dyn gwyn yw'r lleidr. Ac edrychwch sut mae'r dyn gwyn yn ymddwyn . . . yr holl drais . . . puteindra . . . cyffuriau. Dyw'r dyn gwyn ddim yn gwybod beth yw cariad. Y dyn gwyn sy wedi dod â phob drygioni i'n plith ni. Ond beth fedrwn ni ei wneud? Mae'n rhy hwyr nawr.

'Mae gan y dyn gwyn dafod neidr. Mae'n cropian fel neidr. Ac mae e'n llyncu ei bobol ei hun fel neidr. Dyw e ddim yn gwybod beth yw gonestrwydd a chadw at ei air. Mae e'n gwneud hwyl am ben ymlyniad yr Indiaid wrth y Fam Ddaear, a dyw e ddim yn deall mai mater o agwedd meddwl yw'r cysylltiad â'r ddaear. Mae 'na ddimensiwn ysbrydol yn perthyn i'r cysylltiad. Ond, 'na fe, be gwell ydw i o faldorddi?' meddai gan gydio yn ei gôt a pharatoi i symud.

Mentrais ofyn iddo ddyfalu beth fyddai ei dynged ymhen pum, deg neu bymtheng mlynedd arall.

'Pwy a ŵyr? Mae pob dim yn troi mewn cylch. Dwi'n sobor nawr a dwi'n bwriadu parhau yn sobor, ond mae'n siŵr taw ar y stryd fydda i rhagor. Falle fydd rhywun yn fy nhrywanu eto. Mae'n anodd torri'n rhydd o afael y cylch. Cofiwch be sy wedi digwydd i Clarence, sefydlydd Anishnawbe. Dwi ddim yn mynd i broffwydo fy nhynged. Mae'r haul yn tywynnu nawr. Does gen i ddim gofid. Dydd da i chi.'

Ni chefais wybod ei enw, ond yn ôl Alex roedd yr 'Indiad dienw' yn profi'n gaffaeliad i waith y Gymuned. Roedd yn medru eu hysbysu ynghylch lleoliad trueiniaid eraill, ac awgrymu pwy o blith ei gydnabod fyddai'n dymuno derbyn triniaeth i'w ddiddyfnu oddi ar eu dibyniaeth ar alcohol neu gyffuriau. Pwysleisiodd fod trueiniaid y stryd yn ymddiried yn yr Indiad dienw. Doedden nhw ddim yn ei demtio i yfed alcohol. Fyddai'r un ohonynt yn cynnig dracht o'u poteli iddo mwyach. Ond doedd Alex ddim yn ffyddiog y byddai'n medru gwrthsefyll y demtasiwn pan ddeuai'r tywydd gaeafol. Mae'n hawdd ildio i swcwr whisgi pan ydych ar fin rhewi'n gorn ar gornel stryd.

Rhyw ganllath o'r fan roedd yna driawd yn cynnal parti swnllyd. Estynnent y botel i'w gilydd o dan y bwrdd fel petaen *nhw*, hyd yn oed, yn eu trueni eithaf, yn ceisio cynnal rhyw fath o urddas. Gwisgai'r mwyaf swnllyd fandana ar batrwm baner yr Unol Daleithiau am ei dalcen, a chrys chwys pêl-fas. Doedd ganddo fawr o ddannedd yn ei geg a phrin fod ei lygaid yn medru canolbwyntio ar yr un dim. Ond roedd am ei gyflwyno ei hun.

'Ci Coch yw'n enw i. Dwi'n ymladdwr . . . ac mae pawb yn gwybod hynny. Does 'na neb yn cael y gorau ar y Ci Coch. Dwi'n drydanwr trwyddedig ond heb weithio ers faint . . . ers wyth mlynedd. Fedra i ddim atal fy nwylo rhag crynu. Mae'n rhaid cael dwylo llonydd i wneud gwaith trydanol.'

Ailadroddodd hyn droeon gan geisio bod yn fwy herfeiddiol bob tro. Hawdd dychmygu Ci Coch yn cael ei ddal gan Hoss Cartwright yn busnesu o amgylch tas wair y Ponderosa. Byddai Hoss wedi ei drin yn union fel y byddai'n trin sgync. Roedd yr Indiad gyferbyn yn swrth a thawedog ond roedd yna wên lydan ar wyneb y cawr yn y canol. Medrai fod yn frawd i'r Indiad tal urddasol hwnnw, Will Sampson, yn y ffilm *One Flew Over the Cuckoo's Nest*. Amneidiai ar Ci Coch i gau ei geg.

'Hei, 'sdim ishe i ti'n byddaru ni â dy hanes. 'Sneb wedi dal dryll at dy dalcen a dy orfodi i yfed. Dy ddewis di yw bod mewn shwd bicil. Dw inne fel tithe yn ffaelu gadael llonydd i'r botel. Ond 'sdim ishe codi reiat ynglŷn â'r peth. Iechyd da,' meddai, gan gymryd llwnc.

Mentrais ei holi sut roedd e wedi'i ganfod ei hun ar y stryd. Rhwng ebychiadau mynych Ci Coch cefais ateb y cawr addfwyn.

'Nid y fi sy wedi canfod y stryd ond y stryd sy wedi fy nghanfod i. Dyna sut mae'n digwydd. Dwi wedi byw yn Nhoronto erioed. Dwi'n Indiad, ydw, ond 'sdim o'r iaith 'da fi. Dwi ddim yn fy ystyried fy hun yn ddyn gwyn. 'Sdim llawer o olwg 'da fi arnyn nhw. Fedrwch chi ddim credu yr un gair a ddaw o'u geneuau. Tafod fforchog. Mae'r botel yn help i anghofio. Pan fydd un botel yn wag dwi'n edrych 'mlân at wacáu'r un nesa,' meddai gan grymu ei ysgwyddau fel petai'n dynodi nad oedd modd iddo ddiengyd o grafangau'r stryd.

Fe fu Alex yn sgwrsio â chriw arall o Indiaid ac yn gwneud galwadau ffôn am fod un ohonyn nhw wedi cytuno i dderbyn triniaeth ddwys. Roedd yn rhaid trefnu popeth ar unwaith cyn iddo newid ei feddwl. Doedd e ddim yn fodlon siarad am ei bicil, ond yn ôl Marlene fe fu'n yfed ers claddu ei ferch tua mis ynghynt. Ni ddychwelodd i'w waith yn British Columbia ond yn hytrach ildiodd i'r demtasiwn o foddi ei ofidiau mewn alcohol.

Roedd gweld cyflwr y trueiniaid yn gwneud i mi sylweddoli pam y caiff yr Indiaid eu disgrifio weithiau fel pobl sydd wedi eu boddi eu hunain a'u diwylliant mewn alcohol.

5

Wrth ymlacio ar ei lawnt o dan gysgod coed deiliog yn swbwrbia Toronto, mae Aldon Jones yn ymwybodol fod y darn tir o dan ei draed wedi cael ei werthu am bumpunt a blanced. Mae e'n aml yn meddwl am yr Indiaid hynny a gafodd eu twyllo i ildio eu tir am y nesa peth i ddim. Mae'r 30 mlynedd a mwy a dreuliodd yn byw yn eu gwlad wedi ei alluogi i dynnu cymhariaeth rhyngddynt a'i bobl ei hun. Mae'r newid a wêl yn Nyffryn Aman, gyda phob ymweliad â Chymru, wedi miniogi ei synhwyrau i werthfawrogi'r brwydrau sy'n wynebu'r cymunedau brodorol yn y ddwy wlad.

'Pan ddes i mas 'ma yn 1957 fe fues i'n athro ar warchodfa yn Curve Lake ger Peterborough yn ne Ontario. Tipyn gwahanol i ddysgu dosbarth o 50 yn ardal Southmead ym Mryste. Dosbarth bach oedd gen i. Doedd y merched ddim yn dweud bw na ba a doedd hi ddim yn hawdd tynnu sgwrs 'da'r bechgyn chwaith. Ond yn eu cartrefi roedd hi'n wahanol. Roeddwn i'n lletya gyda Gordon Taylor a'i deulu. Bachan ffein.

'Pan fydden ni'n mynd mas i hela minc, cadnoid neu racŵn, fe fyddai'r plant yn cael eu trwytho yn arferion y llwyth—Ojibwe fyddai'r iaith wrth hela. Dwi'n dal i fedru blasu'r prydau hynny o hwyaid gwyllt a chig *muskrat* wedi ei halltu. Roedd Gordon yn byw ar y tir ac oddi ar y tir. Hela ar gyfer cynhaliaeth a thywys ymwelwyr er mwyn ennill ychydig o arian oedd ei fywyd.

'Roedd llawer o'r dynion yn gweithio mewn ffatrïoedd. Ond nid dyna ffordd Gordon. Fe fyddai'n torri ei goed ei hun er mwyn cadw'i deulu'n gynnes dros y gaeaf. Prynu coed fyddai'r penteuluoedd oedd yn gweithio mewn ffatrïoedd. Roedd Gordon yn glynu wrth yr hen ffordd. Mae 'da fi luniau ohonon ni mas yn hela. Dwi'n edrych arnyn nhw'n aml.'

Awgrymais fod hel atgofion ac edrych ar y gorffennol trwy lygaid lledrith yn iawn yn ei le, ond beth am gyflwr cymunedau fel Curve Lake 30 mlynedd yn ddiweddarach?

'Mae'n debyg eu bod wedi mabwysiadu ffordd y dyn gwyn erbyn hyn. Doedd Ojibwe ddim yn cael ei chlywed o fewn muriau'r ysgol yn y 50au. Llwyddo yn yr 'Ontario Central' oedd y peth mawr. Doedd dim bri yn cael ei roi ar eu diwylliant. Efalle fod Ojibwe yn cael ei dysgu yn yr ysgol heddi ond dwi'n ofni ei bod yn rhy hwyr.

'Dwi'n gweld yr un peth yn digwydd yng Nghymru. Pan fydda i'n mynd adre i Ben-y-banc dwi'n gofyn ble mae'r Cymry 'te? "O cerwch lan i Dai'r gwaith y tu ôl i Wauncaegurwen, mae rhai Cymry yno; cerwch i Garndolbenmaen y tu ôl i Borthmadog, neu cerwch lawr i Lanelli—mae rhai Cymry obiti'r lle yno." Dyna fel y mae. Roedd Saesneg yn cael ei orfodi yng Nghastell-nedd a Merthyr a Phontarddulais er mwyn annog plant i "ddod 'mlân" yn y byd, yn dyfe? Smo nhw'n moyn siarad Cymraeg wedyn. Maen nhw'n ei hanghofio fel tasen nhw erioed wedi ei chlywed.

'Dwi'n cofio bod 'nôl yng Nghymru a galw mewn pentre uwchben Ceinewydd fan'na. Doedd dim Cymry'n byw yno. Roedd mynd i'r dafarn ar fore Sul yn gwmws fel bod yng nghefn gwlad Lloegr. Ble mae'r Cymry wedi mynd? Os y'ch chi'n siarad yn Gymraeg â phobol yn Rhydaman a Chwm Tawe, maen nhw'n edrych yn hurt arnoch chi.'

Ond os dyna'r darlun cywir, pwy neu beth sydd i gyfrif am y dirywiad? Onid dymuniad yr Indiad a'r Cymro yw ymdoddi i'r diwylliant mwyafrifol er mwyn gwella ei fyd?

'Wel, pwy all ddweud? Mae'n wir fod llawer o'r Indiaid wedi bod yn ufudd i ddymuniadau'r dyn gwyn, ond mae'r dyn gwyn hefyd wedi hybu'r syniad nad oes yna urddas yn perthyn i'r Indiaid. Dwi'n cofio treulio penwythnosau yn Nhoronto, ac wrth deithio'n ôl i Curve Lake fe fydden ni'n pasio tai digon llwm yr olwg ar warchodfeydd. Fe fyddai pawb yn dweud, "Shgwlwch ar yr Indiaid 'na, shgwlwch ar eu safon byw . . . 'na foch y'n nhw''. Fel 'na oedd hi. Fe fydden ni'n mynd heibio tai yr un mor llwm yr olwg, lle'r oedd dynion gwyn yn byw, ond doedd dim sylwadau dishmol yn cael eu gwneud am y rheiny.

'Dyw'r Ddeddf Indiaidd ddim wedi bod o help chwaith. Mae'r llywodraeth yn neilltuo arian ar gyfer y llwythau ar y gwarchodfeydd, ac wedyn mae cynghorau'r Indiaid, sydd wedi eu ffurfio ar batrwm etholiadau'r dyn gwyn, yn trafod sut i'w wario. Ond mae'n rhaid iddyn nhw gael caniatâd asiant sy'n gweithredu'r Ddeddf Indiaidd os am wario'r arian ar godi tai neu dorri heol. Mae'n ffordd ryfedd o roi.

'Nawr, peidiwch â disgwyl i fi ddadansoddi beth sy wedi digwydd yng Nghymru. Alla i ddim ond dweud be dwi wedi ei weld pan dwi'n mynd 'nôl. Ond dyw hi ddim yr un wlad ag oedd hi yn y 40au. Dwi'n cofio ffarmwr yn Sir Aberteifi yn dweud wrtha i y byddai'r bythynnod yn wag oni bai fod Saeson yn eu prynu. O leia roedd hynny'n atal y tai rhag mynd yn adfeilion. Ac roedd y Saeson yn cynnal economi'r ardal. Felly, sa i'n gwybod beth yw'r ateb.

'Yng Nghanada, mae'n wir dweud fod y rhan fwyaf o 'nghenhedlaeth i yn gweld yr Indiaid yn bobol lipa a phwdwr. Ond mae'r genhedlaeth iau yn frwd dros ddiogelu'r morloi a'r coedwigoedd, ac maen nhw hefyd yn gweiddi, "Hei, beth am roi whare teg i'r Indiaid?" Gobeithio nad yw hi ddim yn rhy hwyr. Meddyliwch, mae'r tir 'ma fan hyn yn werth llawer mwy na phumpunt a blanced i'r dyn gwyn heddi. Ond wedyn, hwyrach, yn ôl gwerthoedd yr Indiaid, does dim modd gosod pris ar ei werth.'

Mae'r llwchblat Buckleys ar y bwrdd yn arwain y sgwrs at rygbi a chorau meibion, ac ar ôl dihysbyddu'r pynciau hynny, mae Aldon yn estyn ei gerdyn. Enw'r cwmni a sefydlwyd ganddo ar gyfer gwneud ymholiadau i weithredoedd a dogfennau cyfreithiol yw Cadno.

Roeddwn wedi synhwyro fod rhywbeth ar y gweill gan Robert. Fe fu'n defnyddio'r ffôn yn gyson ac roedd yn ddiamynedd am nad oedd, am wn i, wedi llwyddo i gysylltu â'r bobl berthnasol. Ond o'r diwedd fe gyhoeddodd nad oeddem yn mynd 'nôl i ganol Toronto ar ein hunion, ond yn hytrach yn gadael Willowbrook Drive yn

Oakfield ac yn ei hanelu hi am Brantford. Ac wrth ffarwelio ag Aldon Jones, sgwn i a oedd e'n rhannu fy chwilfrydedd ynghylch arwyddocâd 'Nant Helygen' a 'Maes-y-dderwen' yng ngolwg deiliaid blaenorol y darn o dir?

Fe'm hysbyswyd gan Robert ein bod ar ein ffordd i weld pasiant yn dathlu bodolaeth yr Indiaid ar warchodfa'r Chwe Chenedl. Doedd e ddim wedi llwyddo i siarad â'r sawl oedd yn gyfrifol am drefnu'r sioe ond roedd e'n ffyddiog, ar ôl siarad ag eraill oedd yn gysylltiedig â hi, y byddai pob croeso i ni fod yn rhan o'r gynulleidfa. Pa fath o basiant fyddai yn ein disgwyl, tybed? Pa fath o Indiaid fydden nhw? A fyddai yna groeso i ymwelwyr, neu barodrwydd anfoddog i'w dioddef? Ai steddfod o beth fyddai'r digwyddiad?

Buan y rhoddais y gorau i ddyfalu wrth wibio ar hyd y draffordd. Roedd yna lynnoedd a choedwigoedd i'w gweld am yn ail â thir gwastad eang. Doedd 'na fawr o adeiladau i'w gweld o gwmpas closydd y ffermydd; ymddengys fod un sièd fawr yn ddigonol at gartrefu peiriannau a chreaduriaid. Doedd yna fawr o dai annedd wedi eu hamgylchynu â chloddiau na physt. Bloeddiai cantorion roc megis Bryan Adams o radio'r cerbyd. Doedd e ddim yn swnio'n wahanol i unrhyw ganwr roc o America. Ai dyna a olygir wrth ddisgrifio'r Canadiaid fel Americaniaid wedi eu digaffeneiddio?

Beth bynnag, esboniodd Robert fod y Chwe Chenedl yn cynnwys chwech o lwythau—Cayuga, Mohawk, Oneida, Onondaga, Seneca a Tuscarora—a'u bod yn cael eu hadnabod fel cenedl yr Iroquois. Chwe chanrif yn ôl, nhw oedd yr unig bobl oedd yn byw ar y darn o dir a adwaenir heddiw fel Talaith Efrog Newydd. O'r 16 o warchodfeydd yr Iroquois yng Nghanada a'r Unol Daleithiau, y warchodfa ger Brantford, gyda'i phoblogaeth o 5,000, yw'r fwyaf. Fe adroddodd Robert hanes chwedl Dekanawideh.

'Pan oedd y llwythau'n byw fel cenhedloedd ar wahân, roedden nhw byth a hefyd yn rhyfela â'i gilydd. Roedden nhw'n llosgi'r Tai Hir ac yn dial ar ei gilydd ar bob cyfle. Yna, un diwrnod, fe ddaeth gŵr o'r enw Dekanawideh—"Negesydd Nefol"—i'w plith. Fe gyrhaeddodd ar hyd yr afon mewn canŵ carreg. Fe anfonodd e

Hiawatha at benaethiaid pob un o'r llwythau i'w siarsio i roi'r gorau i ymladd ac i ddod ynghyd er mwyn byw mewn heddwch.

'Anogwyd mamau'r gwahanol deuluoedd, fel oedd yn arferol o fewn cymdeithas fatriarchaidd fel eu heiddo hwy, i ddewis cynrychiolwyr i ffurfio cyngor a fyddai'n cyfarfod yn y Tŷ Hir i drafod materion ac i wneud penderfyniadau er lles yr Iroquois. Pan sylweddolwyd fod Dekanawideh yn medru tywyllu'r haul a threchu angau fe wrandawyd ar ei gyngor. Wedi'r cyfan, nid pawb a fedrai rwyfo canŵ carreg.

'Fe aed ati i blannu coeden bin fel symbol o heddwch, ac fe gladdodd pob un o'r rhyfelwyr ei arfau o dan ei gwreiddiau. Gwelwyd eryr yn clwydo ar ben y goeden ac fe'i mabwysiadwyd fel symbol yn gwarchod y cytundeb heddwch. Diflannodd Dekanawideh yn ei ganŵ carreg gan addo dychwelyd pe byddai'r Iroquois yn torri eu cytundeb heddwch. Hyd yma dyw e ddim wedi dychwelyd. Pan ofynnir beth oedd dyddiad y cytundeb, yr ateb gan amlaf yw "'slawer 'slawer dydd dros chwe chanrif 'nôl!" '

Mae'n rhaid i mi gyfaddef fy mod yn hanner disgwyl gweld gwifren drwchus yn amgylchynu gwarchodfa'r Chwe Chenedl gyda chlwyd wedi ei chloi y byddai'n rhaid i ni oedi wrth ei hymyl cyn cael mynediad. Roeddwn wedi dychmygu rhyw le a fyddai'n gyfuniad o sw ac amgueddfa, rhyw barc thema o beth. Ond doedd yna ddim mwy nag arwydd mawr ar fin y ffordd yn dynodi ein bod bellach ar dir y warchodfa. A doedd yr hyn oedd i'w weld o deithio ar hyd y ffyrdd unionsyth yn fawr gwahanol i'r hyn a welwyd yn gynharach. Codwyd y tai pren tua 300 llath oddi ar y ffordd a'u lleoli tua'r un pellter oddi wrth ei gilydd. Roedd y tir y tu cefn iddynt i'w weld yn anial, a doedd yna fawr o olion hwsmonaeth.

Cyrhaeddwyd croesffordd a gwelwyd arwydd yn dynodi y dylid troi i'r dde i fynd i'r pasiant. Ond er dilyn y ffordd am filltir neu ddwy ni welwyd yr un adeilad a ymdebygai i theatr. Gyrrwyd yn ôl yn araf rhag ofn fod yna arwydd neu fynegbost yn rhywle nad oeddem wedi ei weld. Roedd golwg symol ar nifer o'r tai—pentwr o foduron yn rhydu wrth eu talcenni, estyll heb weld côt o baent ers oes pys, llenni wedi eu rhwygo, a chŵn yn cyfarth yn fygythiol.

Yn sydyn dyma gerbyd yn ein goddiweddyd ac yn tynnu i mewn o'n blaenau. Neidiodd dynes o sedd y gyrrwr a brasgamu tuag atom. Roeddwn wedi ei gweld yn sefyll ar riniog ei drws ychydig ynghynt. Cawsom lond pen o gerydd ganddi mewn iaith liwgar. Ein pechod oedd busnesu. Fe'n siarsiodd i beidio â meiddio tynnu lluniau am ei bod wedi syrffedu ar ymwelwyr â'u camerâu yn clician y tu fas i'w thŷ yn ddi-baid.

Doedd hi ddim am gael ei llun wedi ei dynnu a doedd neb fyth yn gofyn ei chaniatâd cyn tynnu llun o'i chartref. Roedd wedi cynhyrfu'n lân. Doedd hi ddim eisiau gweld llun o'i chartref yn yr un papur na chylchgrawn, a doedd hi ddim am weld ei thŷ ar gardiau post yn cael eu hanfon i bedwar ban byd. Ni feiriolodd ryw lawer pan geisiais esbonio ein bod yn chwilio am y theatr. Ei neges yn ddiflewyn-ar-dafod oedd, beth bynnag oedd ein bwriad, y dylen ni ei sgidadlan hi o'i golwg cyn gynted â phosib. Doedd ceisio esbonio fy mod innau hefyd yn perthyn i genedl sy'n byw yng nghysgod diwylliant mwyafrifol ddim yn tycio. Doedd hi ddim am wrando. Roedd hi am gael gwared ohonon ni.

Fe bwysodd Robert yn drymach ar y sbardun gan ffarwelio â'r ddynes gynddeiriog mewn cwmwl o lwch. Wrth ddynesu at y groesffordd gwelwyd fod yna arwydd pren amrwd yn dweud y dylid troi i'r dde i gyrraedd y theatr. Cofiwn i mi weld y darn pren yn gynharach yn gorwedd yn y borfa. Ymddengys mai dyna oedd ei le nes ei bod yn amser paratoi ar gyfer perfformiad.

Roedd y theatr yn ddigon o ryfeddod. Theatr awyr-agored a chilcyn glas y tu ôl i lyn bawlyd yn llwyfan, a chaban pren a choed yn ymylon naturiol iddo. Yn wynebu'r theatr ar oledd roedd rhesi o feinciau pren a'r rhai uchaf wedi eu cysgodi gan ganghennau coed praff. Roedd caban wedi ei godi yn y coed ar gyfer lleoli offer taflunio goleuni ar y llwyfan. Clywid llais Johnny Cash yn bloeddio'n chwerw felys drwy'r offer sain.

Doedd dim i awgrymu ein bod ar fin gweld cynhyrchiad proffesiynol, a doedd 'na neb o blith yr ychydig oedd yn tindroi wrth y fynedfa yn medru ein goleuo ynghylch natur y perfformiad. Doedd y ddynes a fedrai esbonio pob dim ddim wedi cyrraedd, meddid. A na, doedd 'na ddim rhaglenni na thaflenni ar gael. Disgwylid i mi fy mharatoi fy hun ar gyfer y pasiant trwy wrando ar lais undonog Johnny Cash.

O dipyn i beth fe gyrhaeddodd hwn a'r llall. Cyfarchent ei gilydd a mynd ati i godi stondinau yn union fel petaen nhw'n medru gwneud hynny yn eu cwsg. Gosodwyd llwyth o dwmbwriach ar y byrddau. Roedd gan rai resi o fylbiau trydan wedi eu hongian o frigyn i frigyn er mwyn bwrw golau ar y crefftau amrwd yn yr hanner gwyll. Disgynnai ambell ddiferyn o law rhwng y canghennau, ac edrych tua'r wybren yn betrusgar a wnâi nifer o'r stondinwyr.

Dechreuodd rhywun ffrio byrgyrs a chŵn poeth. Cyn hir roedd yr awyrgylch yn debycach i awyrgylch ffair nag awyrgylch theatr. Roedd hi fel Gŵyl y Cnapan yn ei dyddiau cynnar yn Ffostrasol. Ai dyna fel yr oedd hi wrth i'r tyrfaoedd baratoi ar gyfer llwyfannu anterliwtiau Twm o'r Nant, tybed? Un peth sy'n sicr, doedd 'na ddim mosgitos yn cnoi'r croen yn ddidrugaredd pan arferai Twm godi hwyl yn ffeiriau Llanfyllin a Dolgellau.

Roedd yna gerbydau yn dal i gyrraedd drib drab gyda llawer ohonyn nhw'n gerbydau mawr llydan wedi gweld dyddiau gwell. Fe'u parciwyd blith draphlith ar y glaswellt. Achosodd hynny gryn broblem pan gyrhaeddodd bws mawr moethus, a gwydrau ei ffenestri wedi eu tywyllu. Ar ôl straffaglio i droi a mynd yn ei ôl, fe ildiodd y gyrrwr, a gollwng ei deithwyr cyn ailgydio yn ei dasg. Roedd y teithwyr yn amlwg yn gasgliad o Americanwyr, a doedd dim angen uchelseinydd i'w clywed yn siarad.

Yn eu plith roedd yna ddynion oedrannus moel mewn trywsusau coch llachar, a gwragedd yr un mor oedrannus mewn trywsusau melyn llachar, â'u gwalltiau wedi eu lliwio'n biws. Dechreuon nhw browlan fel haid o wyddau o amgylch y stondinau, ac ymhen dim, roeddynt yn bluf ac yn esgyrn ac yn fathodynnau o'u corunau i'w sodlau. Roedden nhw'n benderfynol o adael eu hôl. A rhyfeddod y rhyfeddodau, roedd yna ddynes dal denau yn eu plith yn gwisgo crys T a'r neges ei bod yn dysgu Cymraeg wedi ei brintio arno. Rhyfedd yw grym dilledyn i drosglwyddo gwybodaeth. Ni chefais gyfle i dorri gair â hi.

41

Er bod yna ŵr â pheiriant petrol yn chwythu cymylau o fwg ar gyrion y maes parcio er mwyn ceisio mogi'r mosgitos, roedd y cawodydd glaw sydyn yn golygu eu bod yn dychwelyd i frathu. Euthum am dro i gyfeiriad cefn y llwyfan er mwyn ceisio'u hosgoi, ac er mwyn dianc o sŵn Johnny Cash. Doedd yna ddim ystafell newid fel y cyfryw, dim ond caban heb gelfi a'r glaswellt yn llawr iddo. Ei unig ddiben oedd fel man crynhoi i'r actorion ac fel man i gysgodi rhag y glaw. Roedd rhai ohonyn nhw eisoes wedi cyrraedd ac yn tynnu eu jîns a'u crysau er mwyn gwisgo'r dillad traddodiadol o grwyn.

Eisteddai gŵr oedrannus yn ymyl y llwyfan. Cafodd ei gyflwyno i mi fel un o'r ychydig a fedrai siarad iaith ei lwyth yn rhugl. Fe'i hystyrid yn geidwad cof y llwyth, ac ef, yn anad neb, meddid, a fedrai esbonio arwyddocâd y pasiant. Ond roedd ei leferydd yn araf a'i afael ar eirfa'r Saesneg yn simsan. Gyda chryn drafferth y deallais pam roedd y pasiant yn coffáu gŵr o'r enw Joseph Brant. A doedd pawb o blith yr Indiaid ddim yn credu ei fod yn ddyn cymwys i'w gofio. Er mai ef fu'n gyfrifol am sicrhau'r tir ar gyfer y warchodfa, deallais ei fod hefyd wedi awdurdodi gwerthu cyfran helaeth o'r tir i fewnfudwyr.

Ei enw Indiaidd oedd Thayendanagea. Ystyr hynny oedd 'bwndel o goed wedi eu clymu ynghyd' a hynny'n dynodi cryfder. Ond roedd yn well ganddo arddel ei enw Saesneg, ac yn ôl rhai roedd yn rhy barod i gofleidio arferion y dyn gwyn. Hynny, yn ôl ei feirniaid, a arweiniodd at ei benderfyniad i werthu dros 140,000 hectar o dir i bobl nad oedden nhw'n Indiaid. Ond byddai'n cyfiawnhau hyn trwy ddweud y byddai galluoedd y mewnfudwyr yn ddefnyddiol ar gyfer dysgu ei bobl ei hun i wella eu safonau a'u ffordd o fyw.

Barn ei gefnogwyr oedd ei fod yn ymladdwr glew ac yn wleidydd medrus. Bu'n ymladd gyda'r Prydeinwyr yn erbyn y Ffrancwyr (1756-1763) ac yn arwain y rhyfelwyr Iroquois ar ochr y Prydeinwyr yn erbyn yr Americanwyr yn ystod y Rhyfel Cartref (1776-1781). Pan gollwyd y rhyfel hwnnw fe gollodd yr Iroquois eu tiroedd traddodiadol. Ond fe lwyddodd Joseph Brant i daro bargen er mwyn sefydlu gwarchodfa ar hyd glan Afon Grand yn 1784. Fe ddaeth yn Gristion a bu'n gyfrifol am godi eglwys Anglicanaidd ar y warchodfa. Bu farw yn 1800, un mlynedd ar bymtheg ar ôl sefydlu'r warchodfa yn ardal Brantford. Yn ystod y cyfnod hwnnw roedd wedi ymdrechu, yn ôl rhai, i olchi ei ddwylo o hen arferion ei lwyth gan fabwysiadu arferion estronol.

Sgwn i sut fyddai'r pasiant yn dehongli'r ddeuoliaeth yma? Hwyrach mai pwysleisio gallu Joseph Brant fel ymladdwr eofn mewn rhyfeloedd, a'i deyrngarwch i'r Goron Seisnig, fyddai byrdwn y pasiant. Hwyrach taw modd i berswadio'r Iroquois cyfoes i ymfalchïo yn ei dras fyddai portreadu Joseph Brant fel milwr dewr a gwladweinydd cyfrwys. Hwyrach y byddai'r genedl wedi mynd i ddifancoll, fel y digwyddodd i genhedloedd eraill, oni bai am y darn o dir a neilltuwyd ar eu cyfer. Tebyg mai prin fyddai'r cyfeiriadau ato fel Thayendanagea.

Erbyn hyn roedd Johnny Cash wedi tewi. Roedd y peiriant chwythu mwg wedi ei ddiffodd a'r ymwelwyr wedi cymryd eu seddau ond disgynnai diferion glaw bras o bryd i'w gilydd. Daeth dynes at y meicroffon ar y llwyfan i groesawu pawb i'r pasiant ac i gyflwyno dynes arall oedd yn mynd i sôn am y ffordd Indiaidd o fyw. Cludai'r ddarlithwraig fag mawr ac yn dilyn yn dynn wrth ei sodlau roedd merch tua phump oed. Roedd y ddwy o ran golwg yn naturiol brydferth gyda'u croen llyfn a'u gwallt trwchus. Pefriai ymdeimlad o fodlondeb o'u hwynebau. Ni chafwyd yr un wich na chintach o enau'r fechan gydol yr hanner awr y bu ei mam-gu yn traethu. Buan y deallwyd fod yna bwrpas i bresenoldeb y ferch ar y llwyfan.

'Anrheg penna'r Creawdwr yw plentyn, ac mae bod yng nghwmni plentyn yn un o brif bleserau bywyd. Mae yna beryg ein bod yn pellhau oddi wrth ein gilydd, fel cenedlaethau o fewn yr un teulu, am nad yw mamau mwyach yn magu eu plant. I'r Indiaid, y gallu penna yw'r gallu i hyfforddi plentyn. Mae hynny'n rhywbeth sy'n digwydd yn reddfol naturiol. O fod yng nghwmni plentyn mae'n bosib i fam synhwyro os yw ei hepil yn wynebu

43

perygl. Does dim angen dilyn cwrs addysg a chael tystysgrif i wneud hynny. Mae'r peth yn rhan o wead pob mam.

'Does dim angen yr un dystysgrif ar anifeiliaid ac adar i fagu eu rhai bychain. Does dim angen darn o bapur ar blanhigion i wybod sut i hadu a bwrw gwreiddiau. Rydyn ni'n draddodiadol wedi sylwi ar y pethau hyn am ein bod yn byw yn gytûn â'r Fam Ddaear. Cariad yw'r peth mwyaf wrth gwrs. Mae hwnnw'n cael ei feithrin o'r groth ac mae'n datblygu wrth i'r plentyn ddatblygu. Mae cariad hefyd yn cael ei feithrin wrth gerdded ar hyd y tir a thrwy'r coed, gan sylwi ar bob dim yn datblygu.

'Dyw'r cariad yma ddim yn rhywbeth y gellir ei brynu. Ni ellir prynu yr ymdeimlad tuag at blentyn na darn o dir. Eiddo'r Creawdwr yw'r ddau beth yn y pen draw. Fyddai neb yn ystyried gwerthu ei blentyn. A'r un modd mae gwerthu tir am arian yn syniad dieithr i ni. Y ddaear yw ein mam. Fedrwn ni ddim ei gwerthu hi. Mae hi'n gofalu amdanom ond i ni ei pharchu. Mae hi, fel ninnau, yn teimlo poen pan fo plant yn ymddwyn yn anystywallt ac yn mynd ar gyfeiliorn. Ond eto mae'n gwybod yn ei chalon y daw'r plant yn ôl at eu coed.'

Siaradai'n bwyllog, ac os rhywbeth, yn undonog. Bob hyn a hyn cyfeiriai at siart ar ffurf cylch a dynnodd o'i bag. Roedd yna benawdau megis Iechyd, Celfyddyd, Daearyddiaeth ac Athroniaeth wedi eu printio o fewn y cylch. Cynigiai ddehongliadau o'r pynciau hyn yn unol â pherthynas draddodiadol ei phobl â'r Fam Ddaear. Dro ar ôl tro pwysleisiai'r profiad o fod yn fam fel sail i bob dim.

'Y profiad o fod yn fam yw'r allwedd i ddeall agweddau eraill at fywyd. Ac mae yna drefn ar gyfer bod yn fam. Cofiwch nad yw'r adar yn cydmaru nes eu bod wedi adeiladu nyth. Dyw'r anifeiliaid ddim yn cenhedlu nes eu bod wedi paratoi ffeuau. Mae'n rhaid paratoi ar gyfer y profiad cyn elwa ohono. Dyw hynny ddim yn wir o edrych ar yr hyn sy'n digwydd i gymaint o wragedd yn y dinasoedd. Ydyn nhw'n profi'r dedwyddwch o fod yn famau?

'Mae'r plentyn yn dysgu am ddaearyddiaeth trwy grwydro ymhellach ac ymhellach o gyffiniau ei aelwyd fel y bo'n mynd yn hŷn. Fe fydd ganddo ei hoff nentydd a choedlannau. Fe fydd yn creu cuddfannau. Fe fydd yn dringo coed. Fe fydd yn nofio afonydd. Fe fydd yn parchu'r pethau hyn ac yn eu defnyddio er ei les ond heb eu difwyno.

'Fe fydd y plentyn yn gweld prydferthwch o'i gwmpas. Bydd yn gweld planhigion yn blodeuo. Fe fydd yn gweld dail yn newid eu lliw. Fe fydd yn gweld cnydau yn aeddfedu. Fe fydd yn gweld cnau yn troi'n wisgi. Fe fydd yn codi cerrig a choed ac yn eu ffurfio yn batrymau o gelfyddyd. Fe fydd yn defnyddio adnoddau naturiol i gyfleu symbolau a fydd yn werthfawrogiad o'i amgylchedd. Y goedwig a'r weirglodd yw ei gynfas.

'Fe fydd y plentyn yn gwarchod ei iechyd trwy ddefnyddio planhigion yn eli ar gyfer clwyfau ac yn drwyth ar gyfer anhwylderau. Fe ddaw i adnabod eu sawr, eu lliw a'u rhinweddau iachusol. Ac fydd e ond yn defnyddio'r rhai fydd eu hangen arno. Rhydd lonydd i'r gweddill i flodeuo ac i wywo yn eu cynefin. Y goedwig a'r weirglodd yw ei fferyllfa.

'Ac o ran cadw'n heini, mae'r holl amser sy'n cael ei dreulio yn y coedwigoedd a'r gweirgloddiau yn cadw'r cymalau'n ystwyth ac yn cadw'r ysgyfaint yn wydn. Wedyn mae 'na deganau syml o bren ac esgyrn a rhwyllau ynddynt sy'n fodd i ddysgu cydlunio, dyfalbarhau ac amynedd. Dyma'r ysgogiad sydd ei angen i hybu'r meddwl creadigol. Mae'r rhain yn rhagori ar y gêmau gwasgu botymau y mae plant cyfoes yn blino arnyn nhw cyn pen dim amser. Does dim gwell "canolfan weithgaredd" na'r hyn sy'n cael ei baratoi gan y Fam Ddaear.

'Wedyn trwy gyfuniad o'r galluoedd hyn mae athroniaeth yn cael ei datblygu. Ffordd o feddwl yw athroniaeth sydd yn ganllaw ac yn llinyn mesur ar gyfer delio â phob math o anawsterau ac amgylchiadau. Rhaid cofio nad yw'r hyn a dderbynnir gan y Creawdwr yn costio dim. Yr un modd mae'n bosib gwenu, cyfarch, cofleidio a chydymdeimlo heb orfod talu dim. Pan fydd pethau'n troi'n chwerw a sur mae'n bwysig cofio am y rhinweddau rhad yma. Mae'n bosib goresgyn pob lletchwithdod trwy droi at y rhinweddau sydd ynghlwm wrth ein perthynas â'r

Fam Ddaear. Mae hi'n batrwm ar gyfer ein bywyd, a phan anghofiwn am y gwersi mae hi wedi eu dysgu i ni, mae'n bywyd yn mynd ar chwâl.'

Terfynodd yr un mor ffwrbwt ag y cychwynnodd. Synhwyrwn fod y gynulleidfa wedi dechrau anesmwytho ers meitin. Tebyg eu bod yn ystyried yr hyn a glywsant yn hynod o simplistig a naïf. Roedden nhw wedi arfer â chyflwyniadau soffistigedig yn gwneud defnydd helaeth o gyfarpar gweledol a chlywedol—a doedd y pitran patran o ddim cymorth i'w hesmwytho. Mi wranta nad oedd byw mewn dinasoedd concrid o fewn cyrraedd hwylus i archfarchnadoedd a champfeydd, orielau ac ysbytai, ddim yn ei gwneud hi'n hawdd iddyn nhw werthfawrogi'r elfennau sy'n rhan annatod o dirlun natur. Yn eu tyb nhw, rhywbeth i'w llifio er mwyn gwneud papur yw coed; rhywbeth i'w gronni er mwyn creu ynni yw afonydd; rhywbeth i'w dyfu er mwyn tewhau bustych yw glaswellt gweirgloddiau, a rhywbeth i'w codi a'u gwerthu er mwyn creu elw yw planhigion prin.

Ond tybed a oedd yna ronyn o wirionedd yn yr hyn a ddywedwyd gan y ddynes? O leiaf pwysleisiai ei bod yn siarad ar sail saith cenhedlaeth o drosglwyddo profiad a gwybodaeth. Roedd ei chof yn un hir, a doedd dim angen papur, pensel na chyfrifiadur arni i gadw'r hyn a wyddai ar ei chof, meddai. Dyma'r gwaddol roedd hi am ei drosglwyddo i'r genhedlaeth nesa. Ac roedd yn ymddangos fod y ferch fach eisoes yn dysgu gan ei mam-gu.

Erbyn hyn roedd y nos yn disgyn. Prin y gellid dweud fod yna lifoleuadau yn goleuo'r theatr awyr-agored. Tynnu sylw atynt eu hunain yn hytrach na thaflu goleuni a wnâi'r bylbiau a welid yma a thraw yn y coed. Roedd patrwm y glaw i'w weld yn disgyn yn gyson ar y merddwr o flaen y llwyfan ac roedd yr ymbrelas a'r cotiau glaw yn amlwg ymhlith y gynulleidfa. Cyhoeddodd y gyflwynwraig y byddai'n rhaid oedi nes y peidiai'r glaw cyn galw aelodau'r pasiant i'r llwyfan.

Penderfynasai rhai o'r gynulleidfa eisoes fod y glaw wedi eu trechu. Doedd ganddyn nhw mo'r awch i wylio pasiant mewn gwlybaniaeth. Yn wir, wrth i'r glaw bistyllio i lawr fe wnaed

46

cyhoeddiad cyn pen fawr o dro nad oedd dewis ond gohirio'r perfformiad. Fe fyddai'r cof cyfoes am Joseph Brant neu Thayendanagea yn parhau'n ddirgelwch. Dilyw fyddai fy nghof innau o basiant y Chwe Chenedl.

Roedd yn ofynnol oedi wrth y fynedfa am fod nifer o'r gynulleidfa yn hawlio eu harian 'nôl. Buom yn oedi'n ddigon hir i'm galluogi i ddarllen poster oedd wedi hanner ei rwygo wrth ymyl yr arwydd a ddywedai na chaniateid alcohol ar faes y theatr. Roedd y poster yn hysbysu y byddai *pow wow* y Mississauga yn cael ei gynnal ymhen wythnos.

'Ie, popeth yn iawn, mae'n siŵr y medrwn ni fynd yno. Dim ond gobeithio na fydd yn bwrw hen wragedd a ffyn,' meddai Robert.

Ie, a thybed a fydd yna rai o ddisgynyddion y Parchedig Peter Jones yn cymryd rhan yn y *pow wow*, meddyliwn? Ac ai'r Mississauga yn hytrach na'r Madociaid yw'r gwir Indiaid Cymreig?

Ar y ffordd 'nôl i Doronto cafwyd storm enbyd o fellt a tharanau. Roedd yna raeadrau o ddŵr ar y ffordd. Disgynnai cesair maint marblis ar ffenestr y cerbyd, a rhwygai'r ffurfafen yn llinellau o olau claerwyn. Roedd yn amlwg fod pob dim yn digwydd ar raddfa uwch na'r cyffredin yng Nghanada.

Wrth yrru, mynnai Robert fy ngoleuo innau ynghylch dau ddigwyddiad arwyddocaol yn hanes diweddar y Brodorion Cyntaf. Roedd yn amlwg yn awyddus i mi ddeall cymhlethdod sefyllfa'r Indiaid yn eu gwlad eu hunain.

'Fe fu methiant Cytundeb Meech Lake yn fodd i roi hwb i faterion Indiaidd. Roedd y cytundeb yn rhan o'r broses o ddiwygio cyfansoddiad y wlad, er mwyn caniatáu statws arbennig i dalaith Québec ar sail ei diwylliant Ffrengig. Ond cyn caniatáu'r statws roedd yn rhaid i senedd pob talaith gefnogi'r newid yn unfrydol. Nawr ym Manitoba, ym mis Mehefin 1990, yn gwbl annisgwyl i bawb, fe ddywedodd un dyn bach 'Na' pan ddaeth ei dro ef i bleidleisio. Roedd e'n chwifio plufyn gwyn ar y pryd a'i enw oedd Elijah Harper. Roedd e'n Indiad o lwyth y Cree ac yn un o'r ychydig Indiaid o waed cyflawn sydd yn aelodau seneddol.

'Nawr, doedd 'na fawr neb yn gwybod pam roedd Elijah Harper wedi gwneud hyn. Doedd dim llawer wedi clywed sôn amdano cynt. Gwleidydd digon dinod oedd e. Bu'n rhaid iddo esbonio ei benderfyniad. A'r hyn a ddywedodd oedd na fedrai gefnogi'r newid yn y cyfansoddiad nes y byddai'r Brodorion Cyntaf hefyd yn cael eu cydnabod fel pobol oedd yn haeddu statws arbennig. Fe ddaeth yn arwr dros nos. Roedd llawer o boblogaeth Canada yn cytuno ag e. Roedd e wedi defnyddio un o sefydliadau'r dyn gwyn i ddrysu cynlluniau'r dyn gwyn. Doedd e ddim wedi torri'r un rheol, dim ond gweithredu'n unol â llythyren y cyfansoddiad. Fedren nhw ddim ei gosbi na'i alw'n Indiad twp na dim byd felly.

'Yr ail beth a ddigwyddodd oedd gwrthdaro milwrol dros gyfnod o dri mis yn ystod haf 1990 yn Oka ger Montréal. Roedd clwb golff lleol am ehangu ei faes parcio dros ddarn o dir oedd yn gladdfa draddodiadol i'r Mohawks. Roedd y llwyth yn dal i gladdu eu hanwyliaid yn y fynwent, ac ystyrient fwriad y clwb golff yn halogiad. Wedi'r cyfan roedd y tir yn gysegredig a doedden nhw ddim yn barod i symud cyrff eu cyndeidiau er mwyn creu maes parcio.

'Y canlyniad fu i'r Mohawks feddiannu'r darn o dir er mwyn rhwystro'r awdurdodau rhag ei gymryd. Er i'r llywodraeth yn y pen draw addo prynu'r tir ar eu rhan, doedden nhw ddim yn barod i dderbyn gair y gwleidyddion. Galwyd plismyn a milwyr i geisio symud y protestwyr a oedd yn cynnwys gwŷr arfog yn eu galw eu hunain yn Rhyfelwyr Mohawk. Roedd y rhain wedi dod i'r amlwg ychydig fisoedd ynghynt mewn helynt ynghylch gamblio a smyglo tybaco yn Akwesasne ar y ffin gydag America.

'Beth bynnag, fe sicrhaodd safiad y Mohawks yn Oka gefnogaeth a chydymdeimlad ar draws y wlad. Trefnwyd protestiadau ymhobman, ac wrth i'r cyhoeddusrwydd gynyddu fe ddefnyddiodd y Brodorion Cyntaf y cyfle i wyntyllu'r hyn roedden nhw'n ei ystyried yn fyrdd o anghyfiawnderau. Ond y canlyniad oedd arestio tua 50 o Ryfelwyr Mohawk a'u cyhuddo o amrywiaeth o droseddau'n ymwneud â'r drefn gyhoeddus a chludo arfau. A hyd yma mae'r fynwent yn dal yn fynwent.'

Roeddwn am wybod rhagor. Roeddwn am fynd at lygad y ffynnon.

'Wel, mae Winnipeg, prifddinas Manitoba, yn dipyn o ffordd o Doronto,' meddai Robert. 'Byddai'n rhaid gyrru am tua 16 awr a dyw Elijah Harper ddim yn ddyn hawdd i gael gafael arno. Efallai ei fod 'nôl ar y warchodfa yng ngogledd y dalaith. Dyw Oka'n ddim ond ychydig filltiroedd o Montréal, sydd yn nhalaith Québec, wrth gwrs. Bydd hi'n bosib gwneud ymholiadau, mae'n siŵr. Caf weld beth fedra i ei wneud yn ystod y diwrnodau nesaf.'

Robert Paterson y newyddiadurwr a weithiai i gwmni teledu Global yn Nhoronto oedd yn siarad nawr. Roeddwn yn ffyddiog y byddai'n medru defnyddio'i gysylltiadau i drefnu rhywbeth. Cododd fy ngobeithion o ddeall fod y Mohawks yn fwy na pharod i siarad â phwy bynnag a fedrai dynnu sylw at yr anghyfiawnderau. Roedden nhw am atgoffa'r byd o'u bodolaeth ac am argyhoeddi'r byd eu bod yn dioddef cam.

Manteisiais ar yr adnoddau baddon yn y gwesty gan suddo'n esmwyth i'r carped o wablin, a gwneuthum gyfiawnder â photel o win coch arbennig cyn llithro i fro breuddwydion.

6

Mae teithio mewn tacsi i fynychu oedfa yn brofiad dieithr i mi. Ystyriaf fod archebu tacsi yn gymwys ar gyfer mynd i ddal trên, neu os ar grwydr mewn tref neu ddinas yn hwyr y nos, ond nid i fynd i gapel. I deithio i le o addoliad rhaid gwneud hynny'n araf urddasol yn eich car eich hun. Mae hynny'n rhan o'r paratoad ar gyfer y moddion gras. Rhydd gyfle i ystyried maint eich pechodau. Rhydd gyfle i holi hunan ynghylch cyflwr enaid. Neu felly y credwn.

Ond ymddengys fod gyrrwr fy nhacsi melyn ar yr un donfedd â mi. Gan nad oedd yna fawr o drafnidiaeth yn Nhoronto ar fore

Sul, doedd e ddim yn gyrru fel cath i gythraul, fel y byddai'n ofynnol iddo wneud yng nghanol llif trafnidiaeth arferol dyddiau'r wythnos. Gyrrai'n hamddenol fel petai'n synhwyro fy nheimladau. Ac nid botwm gorsaf cerddoriaeth bop roedd wedi ei wasgu ar ei radio, ond botwm gorsaf oedd yn darlledu rhaglen yn trin a thrafod galwedigaeth lleianod.

Pan ddywedais wrtho ei bod yn rhaid i mi gyrraedd Melrose Avenue erbyn 11 o'r gloch, ni chymerodd unrhyw sylw. Rhaid ei fod wedi ymgolli yn seiat brofiad y lleianod. Roeddwn yn ymwybodol fod y gweinidog, y Parchedig Ddr. Cerwyn Davies, wedi fy siarsio i gyrraedd yn brydlon am ei fod yn cychwyn y gwasanaeth yr eiliad y trawai'r cloc yr awr. Pan gyrhaeddais Eglwys Unedig Dewi Sant doedd 'na neb yn loetran wrth y cyntedd, ond fe frasgamodd dynes drwy'r drws i'm hysbysu fod yr emyn cyntaf wedi ei gyhoeddi, a bod Robert Paterson wedi ymuno â'r gynulleidfa. Cerddais innau ar flaenau fy nhraed i ymuno ag ef yn un o'r corau canol wrth i'r gynulleidfa gyrraedd yr amen.

Roedd yr adeilad yn llawn gofod. Doedd 'na ddim galeri ond roedd y to'n uchel a'r acwstics yn fain. Un ael lydan i lawr y canol. Dim sêt fawr fel y cyfryw na chwaith bulpud fel yr arferwn i ystyried pulpud. Roedd yna lwyfan eang yn y pen blaen, organ ar y dde, a lectern y gweinidog ar ris yn uwch ar y chwith. Roedd y corau a phob dim arall i'w gweld yn ysgafn ac yn olau.

Ai cyfeiliorni'r oeddwn wrth feddwl nad oedd 'na ddim o'r trymder a gysylltir â chymaint o gapeli Cymru yn perthyn i'r adeilad hwn? Roedd y lle'n llawn newydd-deb a ffresni. Ond eto, tybed a oedd yn meddu ar y rhinweddau yma heb sail o draddodiad? Wrth gwrs, derbyniaf y gall traddodiad fod yn llestair yn ogystal ag yn gaffaeliad. Ac mae yna asbri a nwyf yn rhan o'r profiad o greu traddodiad.

Gwisgai'r gweinidog glogyn, a llefarai'n eglur a phwrpasol wrth ddarllen darnau o'r ysgrythur. Cafwyd eitem gerddorol gan un o'r aelodau, ac offrymwyd gweddi gryno. Canwyd emyn yn Gymraeg, ac yna traddodwyd pregeth neu anerchiad wedi ei saernïo'n ofalus i gynnwys hiwmor a gwirionedd, gwybodaeth a chenhadaeth.

Roedd hwyl yn rhan o'r dweud o'r dechrau i'r diwedd, er nad yr un hwyl a gysylltir â hoelion wyth y pulpud Cymreig. Hwyl oedd hon wedi ei meithrin ar sail profiad hir o frithwaith y ffordd Ganadaidd o fyw.

Fe ddaeth y diwedd am 11.45. O fewn y tri chwarter awr cafwyd oedfa deuluol gytûn, croesawyd ymwelwyr, cyfeiriwyd at fuchedd nifer o aelodau, a deliwyd â pherthnasedd cyfoes dameg. Roedd pob dim a ddaeth o enau'r gweinidog yn ddiwastraff. Ar derfyn yr oedfa aeth pawb i'r festri i gael paned a chlonc.

Cefais ar ddeall fod yr eglwys wedi ei sefydlu yn 1907 mewn rhan arall o'r ddinas a'i bod wedi symud i'w safle presennol yn 1958. Dau ŵr yn eu hugeiniau, y naill, John Roberts o Ynys Môn, a'r llall, William Thomas o Sir Ddinbych, fu'n gyfrifol am sefydlu Eglwys Dewi Sant, a hynny'n fuan ar ôl i wres y diwygiad bylu yn eu mamwlad. Tybed beth ddenodd y ddau i Doronto? A thybed beth ysgogodd John Roberts i symud i Winnipeg yn fuan wedyn?

Ni fu'r eglwys heb ei thrafferthion. Wrth i'r ddinas ymestyn bu'n rhaid chwilio am adeiladau newydd a dibynnu ar eglwysi eraill i gynnig cartref dros dro yn gyson. Yn 1927, ar ôl deunaw mlynedd fel aelod o Eglwys Bresbyteraidd Gymreig yr Unol Daleithiau, penderfynwyd ymaelodi ag Eglwys Unedig Canada, ond doedd yr aelodaeth ddim yn gytûn yn hynny o beth a gwelwyd nifer yn gadael. Ac o ystyried fod yna weinidogion yn mynd a dod yn gyson, hawdd credu fod y Gymraeg yn medru profi'n ffactor unol ac yn ffactor ymrannol. Anaml y gwelir yr ail a'r drydedd genhedlaeth o fewnfudwyr yn arddel hunaniaeth eu rhagflaenwyr. Ac onid oes yna lif cyson o'r 'hen wlad', yna teneuo a wna llinyn Cymreictod.

Am y degawd cyntaf, y Gymraeg yn unig fu iaith holl weithgareddau'r eglwys, ond yn 1918 dechreuwyd cynnal un gwasanaeth y mis yn Saesneg. Erbyn heddiw y gwasanaeth Cymraeg sy'n cael ei gynnal unwaith y mis. Yn ôl y Parchedig Cerwyn Davies roedd y newid yn y pwyslais ieithyddol yn adlewyrchu'r gostyngiad yn nifer yr ymfudwyr o Gymry Cymraeg, a'r ffaith mai lleiafrif o blith y rheiny sydd yn chwilio am le o addoliad ar ôl cyrraedd cyffiniau

Toronto. Dyna pam y bu'n rhaid gwneud ymdrechion i sefydlu Eglwys Dewi Sant yn eglwys ardal hefyd. Hynny neu ganiatáu ei thranc yn raddol bach, meddid.

Dyna'r her fu'n wynebu'r brodor o bentref Twffton yn yr hen Sir Benfro ers iddo gael ei sefydlu'n weinidog yr eglwys yn 1979, ar ôl gwasanaethu dwy ofalaeth yng Nghanada cyn hynny. Fel y mwyafrif o'r dwsin o'i ragflaenwyr fe gafodd ei addysg ddiwinyddol yng Nghymru. Yr 'Hen Bresby' yng Nghaerfyrddin yn y 40au oedd ei goleg, ac un o'r athrawon yno oedd y doniol J. Oliver Stephens.

Nawr, dyw hi byth yn cymryd yn hir i ddau Gymro, lle bynnag y cyfarfyddant, ganfod rhyw gysylltiad sy'n closio'r berthynas rhyngddynt. Medraf innau ddweud, a hynny yn nhafodiaith Cerwyn Davies, gesum i fy magu yn yr un tŷ ag y cafodd Proff. Stephens ei fagu. A chan fy mod yn byw o fewn tafliad carreg cawr o bentref Twffton, medrwn amenio rhai o sylwadau Cerwyn a'i wraig, Nora, am yr 'hen amser'.

Arllwyswyd te a choffi a rhannwyd brechdanau a chacennau yn ddyfal gan y gwragedd. Roedd y gweinidog yn arian byw o gyfathrebwr wrth gylchynu'r ystafell. Wrth ymddiheuro am ei bod yn ofynnol iddo fynd i weinyddu priodas, adroddodd hanesyn am ei berthynas â phentref Twffton, ar ôl chwarter canrif o fyw'n alltud, a oedd yn gyfuniad o'r dwys a'r direidus a nodweddai ei gymeriad.

'Pan wên i ar ymweliad beth amser 'nôl, wyddoch chi pwy wêdd yn yr oedfa yng nghapel Siloh? Ar wahân i ddau berson, dwi'n meddwl, yr un oedd y llond dwrn o gynulleidfa a phan wên i yno'n grwt. A pherthnase i mi oedd y rhan fwyaf o'r rheiny. A chyda llaw, fy mrawd Ken sy'n cadw tafarn y pentre. Cer draw yno bentigili a gofyn am beint ar 'y nhraul i.'

Fel yn hanes pawb sydd yn cadw cysylltiad â digwyddiadau yn eu mamwlad, ac sydd â'r modd i ddychwelyd yn gyson, roedd yna rai o aelodau Eglwys Dewi Sant wrth eu bodd yn trin a thrafod helyntion Cymru. Roedd Geraint Jones ac Anne Adams wedi treulio'r rhan fwyaf o'u hoes yn alltudion. Roedd y ddau, ynghyd â'u teuluoedd, yn treulio eu hafau yn Nhoronto a'u gaeafau yng nghynhesrwydd Florida. Fe fyddai Anne, ynghyd â Hefina Phillips, yn croesi Môr Iwerydd yn gyson.

Cyn ymddeol, roedd Geraint yn gyfrifydd gyda Llywodraeth Ottawa, ac fel mab i weinidog gyda'r Hen Gorff cafodd fagwraeth symudol yng ngogledd Cymru. Deuai Anne yn wreiddiol o'r Groeslon, yn ymyl Caernarfon, ond yn ystod ei hoes bu'n byw yn Ne America ac yn Bahrain, wrth i Arthur, ei gŵr, o Gwm-nedd, ddilyn ei waith fel peiriannydd. Ystradgynlais yw cartref Hefina ac mae hithau wedi hen gynefino â hedfan, gan fod ei gŵr, Bill, yn ymweld â gwledydd Ewrop yn gyson yn rhinwedd ei swydd gyda chwmni cemegau cydwladol. Ar ôl trin a thrafod sefydliadau ac unigolion yng Nghymru roedd y drindod yn barod i drafod pynciau llosg Canada.

Hynt y Brodorion Cyntaf oedd y pwnc amlyca y medrai Robert a minnau eu procio i'w drafod. Roedd y ddwy ddynes yn amlwg o'r farn fod cyfiawnder o blaid yr Indiaid, tra bod Geraint yn gweld gwendidau yn eu dadleuon o safbwynt pragmataidd. Wfftiai ddilysrwydd hawlio iawndal am diroedd a ildiwyd dros 200 mlynedd yn ôl. Pwysleisiai fod natur wasgaredig y gwarchod-feydd yn ei gwneud hi'n anodd, os nad yn amhosibl, ystyried yr Indiaid yn uned gyfansoddiadol.

'Dach chi'n gweld, mae 'na gymaint o anghytuno ymhlith yr Indiaid eu hunain,' meddai. 'Er bod yna beth wmbreth o ieithoedd yn eu plith, ychydig yw'r boblogaeth gyfan, a'r Saesneg yw'r iaith sy'n gyffredin i'r llwythau bellach. Rhaid cofio fod 'na gymaint o atgasedd llwythol wedi bod dros y blynyddoedd nes ei bod yn anodd gen i gredu y medran nhw uno.

'Tydyn nhw ddim yn byw mewn pebyll nac yn dibynnu ar y tir erbyn hyn. Felly, o ran gweinyddiaeth a gwleidyddiaeth byddai'n well iddyn nhw fod o dan lywodraeth Canada. Eu dyletswydd a'u dewis nhw siŵr iawn yw cadw eu traddodiadau a ballu. Dach chi'n gweld, mae'n dipyn haws gweld Québec yn llwyddo ar ei phen ei hun am ei bod yn uned. Ond am yr Indiaid, wel, tydi llawer ohonyn nhw ddim yn haeddu help. Tydyn nhw rywsut ddim yn barod i'w codi eu hunain i fyny, nac'dyn? Waeth i ni heb â sôn am y dyn gwyn yn sathru pawb o dan draed. Fel'na fuo'r dyn gwyn bob man yr âi, yntê . . . isio i'r Indiaid eu codi eu hunain i fyny sy rŵan, yntê . . . ?'

Doedd y gwragedd ddim yn barod i dderbyn hyn.

'Cofia di, Geraint,' meddai Hefina, 'mae seicoleg yn ein dysgu ni fod y sawl sy'n cael ei ddamshel trwy'r amser yn colli'r gallu i sefyll ar ei draed ymhen tipyn. A dyna be sy wedi digwydd i'r Indiaid. Mae'n beth da fod rhai arweinwyr yn codi yn eu mysg nawr. Gobeithio y bydd y rhain yn llwyddo i fagu mwy o urddas ymhlith yr Indiaid cyffredin. A gobeithio y bydd llywodraeth Canada yn gwrando ar eu cwynion. Yr hyn sy'n hala'r cryd arna i yw gweld llywodraeth y wlad yn ymddwyn yn rhagrithiol, trwy sôn am anghyfiawnderau apartheid yn Ne Affrica, ond wedyn yn caniatáu camweddau yn erbyn yr Indiaid ar stepen eu drws eu hunain. Mae'n rhaid i ni ddysgu peidio â dishmoli'r Indiaid a'u ffordd o fyw. Wedi'r cyfan, pwy ydyn ni i ddweud beth yw gwareiddiad ac ymddwyn yn wareiddiedig? Roedd yr Indiaid yma o'n blaenau ni.'

A doedd Anne ddim yn fyr o ddweud ei barn yn groyw, a hynny er ei bod dros ei phedwar ugain.

'Mae digon o sylw yn cael ei roi i ymfudwyr diweddar,' meddai. 'Mae addysg yn cael ei rhoi iddyn nhw yn eu hieithoedd eu hunain. Ond bobol bach, does dim trefniant felly wedi cael ei ddarparu ar gyfer yr Indiaid. Mae yna lawer mwy o wrando ar gŵynion y Sikhs nag sydd yna ar gŵynion yr Indiaid. A dach chi'n gwybod pam? Does gan yr Indiaid sy'n byw ar warchodfeydd ddim pleidlais. Dydyn nhw, felly, ddim yn cyfrif yng ngolwg y gwleid-yddion. Dyna dwi'n ei ddweud, beth bynnag.

'A waeth i chi heb â dweud fod gan yr Indiaid nad ydyn nhw'n byw ar warchodfeydd bleidlais oherwydd dim ond dull o rannu'r Indiaid ydi hynny. Does dim cyfiawnder yn hynny o beth. Mae isio cynllunio petha fel bod yna fwy o urddas yn cael ei roi i'r Indiaid. Tydan nhw ddim wedi cael eu trin yn iawn. Maen nhw wedi cael eu trin fel tasan nhw ddim yn ffit . . . fel tasan nhw ddim yn haeddu sylw rywsut, a hynny am gyfnod rhy hir o lawer. Dyna dwi'n ei ddweud.'

54

Ond doedd Geraint ddim am ildio.

'Ond mae llawer o'r Indiaid . . . maen nhw yn y gwaelod un. Maen nhw'n byw ar ein strydoedd ni. Does ganddyn nhw ddim diddordeb mewn gwella eu hunain. Fedrwch chi ddim helpu alcoholig os nad ydi o'n barod i'w helpu ei hun, a hynny waeth faint o gymorth a gynigir iddo . . .'

'Ie, ond Geraint,' meddai'r ddwy ddynes yn unsain, 'mae'n bwysig gwneud yn siŵr fod y cymorth ar gael. Wyddost ti ddim pryd y bydd e'n barod i fanteisio ar y cymorth. Fedrwn ni ddim eu gorfodi i fod yn urddasol ac yn falch ond fe fedrwn ni roi'r cyfle iddyn nhw. Dyna'r lleiaf y medrwn ni ei wneud o gofio mai ni sy wedi dwyn eu hurddas oddi arnyn nhw.'

Digwyddodd y drafodaeth yn stydi'r gweinidog yng nghefn y capel gydag oriel y cyn-weinidogion ar y parwydydd, a chasgliad eang o lyfrau ar y silffoedd, yn amrywio o esboniadau diwinyddol i gyfrol o ysgrifau Dyfnallt a hunangofiannau D. J. Williams. Wrth sylwi ar y cofiannau cofiais am y Parchedig Peter Jones. Mentrais dorri ar draws y drafodaeth frwd. Oedden nhw wedi clywed am y Cymro o blith y Mississauga? Nac oedden, ond roedd Hefina'n gwybod am diriogaeth y llwyth yn Nhoronto. Roedd hi a'i gŵr yn aelodau o glwb golff oedd wedi ei godi ar eu tir. Ac roedd yna gymal yn y gweithredoedd yn rhwystro'r swyddogion rhag gwneud fel y mynnen nhw â'r tir. Roedd yn rhaid wrth ganiatâd arweinwyr y llwyth cyn y gellid defnyddio'r tir at bwrpas gwahanol. Ond roedd ei chwilfrydedd wedi ei danio, ac fel finnau, roedd yn awyddus i wybod mwy am Peter Jones. Addawodd holi arweinwyr y llwyth yn lleol.

Am ei bod yn Sabath, a minnau wedi ymdroi ymhlith Cymry, roedd yn gwbl addas fy mod yn ceisio trefnu oed gyda John Picton. Gwelswn erthygl o'i eiddo yn y papur Sul yn gwyntyllu gwedd Ganadaidd i ryw dwyll ariannol rhyngwladol. Fe'i ffoniais a chael cyfarwyddyd i'w gyfarfod yn ddiymdroi mewn tŷ tafarn o'r enw *The Feathers.* Mynnodd y byddai'n ddigon hawdd i mi ei adnabod am mai fe fyddai'r cwsmer mwyaf salw a di-raen yn y dafarn. O ran golwg, doedd e ddim yn dwyn clod i ddynoliaeth, meddai.

Ac yn wir doedd hi ddim yn anodd dyfalu pa un o gwsmeriaid y dafarn oedd John Picton. Onid yw newyddiadurwyr yr un mor hawdd i'w hadnabod ag yw plismyn yn eu dillad bob dydd? Os rhywbeth, roedd ei olwg yn nodweddiadol Gymreig. Roedd ganddo fola mawr crwn yn dystiolaeth o orfod treulio oriau benbwygilydd mewn bariau yn disgwyl i straeon ddigwydd. Roedd ei wallt yn wyn a'i wyneb fel petai wedi ei naddu â chŷn heb awch. Gwisgai drwysus cwta glas er mwyn rhoi'r argraff fod hyd yn oed newyddiadurwyr yn medru ymlacio. Roedd yna sigarét yn ei law ac roedd wrthi'n difyrru'r criw o gylch y bwrdd.

Roedd ei groeso'n dwymgalon a'i acen yn hynod Gymreig. Esboniodd iddo gael ei eni yn Abertawe ond i'w deulu symud i Lundain yn ystod y dirwasgiad ac iddo dreulio ei flynyddoedd ffurfiannol yno. Ond roedd ei gysylltiad ag Abertawe'n ddigon cryf i'w alluogi i frodio straeon lliwgar am adnabyddiaeth aelodau o'i deulu o Dylan Thomas. Roedd ei straeon am hiwmor y Cymoedd hefyd yn emau, a goslef ei lais wrth eu dweud yn gyfuniad o leisiau Richard Burton a John Morgan.

Mewn munudau dwys yng nghanol y rhialtwch soniodd am ei ymweliad â Chymru ar derfyn streic y glowyr yn 1985. Treuliasai gyfnod yn yr Almaen yn gohebu ar faterion amddiffyn a pherswadiodd ei olygydd i'w anfon i ysgrifennu cyfres o erthyglau am ei famwlad. Aeth i Gwm Rhondda, a phentre'r Maerdy, a llunio erthygl yn sôn am dranc glyn cysgod angau. Mynnai iddo weld prawf o genedlaethau o ddioddef yn wynebau'r coliers y bu'n eu holi. A chyda thinc o gryndod yn ei lais y soniodd am yr urddas a'u cynhaliai mewn adfyd.

Roedd ei gyfnod fel gohebydd ei bapur yn Washington yn brawf o gyfrwystra cynhenid y Cymro yn ogystal â'i allu i oresgyn pob anhawster. Roedd yr hanes amdano'i hun yn ceisio trefnu cyfweliad arbennig â'r Arlywydd Carter yn ddrama ynddi ei hun.

Bu yno am bedair blynedd yn ceisio'i anwylo ei hun i swyddogion yr Arlywydd. Doedd hi ddim yn ormod o drafferth iddo eu seboni pan gâi gyfle, ond gwnâi hynny yn ofer yn aml gan fod y swyddogion yn mynd a dod yn rheolaidd. Ond daliai ati yn ddiysgog, a hynny er mwyn gwireddu'r nod o gael treulio ychydig funudau ar ei ben ei hun yng nghwmni Jimmy Carter. Doedd yna fawr o gyfle i ddod i adnabod yr Arlywydd yn y cynadleddau dyddiol. Roedd John Picton am ysgwyd llaw a chyfarch gwell ddyn wrth ddyn.

Roedd ei gyfnod yn y Tŷ Gwyn ar fin dod i ben ac yntau'n dal heb gael addewid pendant. Poenai'r swyddogion bob yn eilddydd gan ddefnyddio pob ystryw o'i eiddo i ddwyn perswâd. Fe ddaeth yr wythnos olaf ac yntau bron ar ei benliniau yn ymbilio. Ond doedd dim yn tycio. Yna ar ei ddiwrnod olaf fe ddywedwyd y medrai gael cwmni'r Arlywydd am ychydig eiliadau pan fyddai'n cerdded o un ystafell i'r llall. Mater o ddeuddeg cam ar y mwyaf, a dyna hi.

Pan ddaeth yr awr fe'i siarsiwyd i beidio ar unrhyw gyfrif â drysu amserlen gaeth yr Arlywydd. Paratôdd ei hun. Pan ddaeth y ffermwr cnau i'r ystafell roedd John Picton yn dal cyfrol denau o dan ei gesail, mewn modd fel na fyddai'n tynnu sylw ati ei hun, ond eto mewn modd fel na fyddai'n bosib i'w hanwybyddu. Gadawodd i'r Arlywydd dynnu sgwrs wrth iddo gael ei gyflwyno fel gohebydd oedd yn tynnu at derfyn ei dymor yn Washington. 'Ah, rydych chi'n edmygydd o farddoniaeth Dylan Thomas,' meddai'r Arlywydd.

'Wel, a dweud y gwir roedd Dylan yn arfer cyd-yfed â'm hewythr 'nôl yn Abertawe . . . a'r modd roedd fy ewythr yn yfed roedd yn syndod fod Dylan yn medru ei ddilyn o gwbl,' atebodd John Picton.

Chwarddodd yr Arlywydd yn iach a soniodd am ei hoff gerddi o eiddo Dylan Thomas. O ganlyniad roedd ei amserlen yn rhedeg ychydig yn hwyr weddill y dydd, ond roedd John Picton wedi ei blesio ac wedi sicrhau llofnod Jimmy Carter ar glawr y gyfrol. A do, fe ddefnyddiodd y digwyddiad yn un o'i erthyglau i ddarlunio ochr ddynol y ffermwr o Georgia a fu'n brif ddinesydd ei wlad.

Ar ôl gadael cwmni John Picton sylweddolais nad oeddwn wedi bwrw llinyn mesur dros gymeriad ac awyrgylch y dafarn. Ond os byth y bydd yn ofynnol i mi ddadlau mai pobl ac nid celfi na chyfleusterau sy'n creu tafarn gartrefol, yna fydd ond rhaid i mi sôn am y p'nawn Sul hwnnw yn y *Feathers* yn Nhoronto. Ni wn ddim mwy am y dafarn na'i henw.

7

Oni bai fy mod wedi cael cyfarwyddyd manwl ar sut i ddod o hyd iddi, fyddwn i ddim wedi sylwi ar swyddfa Joe Miskokomon, arweinydd llwythau Indiaidd talaith Ontario, ymhlith y rhesi o adeiladau llwydaidd yr olwg yn un o ardaloedd tlodaidd Toronto.

Doedd yna ddim yn weledol a ddaliai sylw. Dim arwydd mawr lliwgar. Dim golau neon yn fflachio. Doedd 'na'r un bluen na *motif* Indiaidd yn y golwg. Dim poster na hysbys yn y ffenestr. Dim uchelseinyddion yn bloeddio curiad drymiau neu recordiau Buffy St. Marie.

Onid oedden nhw'n colli cyfle, holwn fy hun? Pa les sydd o gadw eich cenhadaeth o dan lestr?

Derbyniodd Joe fy mhwynt gan ddweud na fyddai wedi bod yn ddoeth iddyn nhw dynnu sylw atynt eu hunain yn y gorffennol ond credai fod digwyddiadau diweddar yn ei gwneud hi'n bosib iddyn nhw fabwysiadu agwedd fentrus agored.

Ond os oedd y wedd allanol yn llwm doedd hynny'n sicr ddim yn wir y tu mewn. Roedd yno swyddfa eang ar gynllun agored wedi ei haddurno'n chwaethus. Roedd y cyfarpar diweddaraf gan yr ysgrifenyddesau ar eu byrddau ac roedd galwadau ffôn cyson yn eu cadw'n brysur.

Wrth osod ei benelinoedd ar y bwrdd gwydr a phlethu ei ddwylo o dan ei ên, ymddangosai Joe yn gwbl gartrefol yn ei swyddfa. Siaradai â hyder ac awdurdod gŵr oedd wedi ei ethol bedair gwaith yn olynol i gynrychioli buddiannau'r 45,000 o Frodorion Cyntaf y Dalaith. Roedd newydd gychwyn ei ddegfed flwyddyn fel pennaeth ar gais y 43 o gymunedau fu'n cynnal etholiadau.

Roedd Joe yn aelod o lwyth y Chippawa. O ran ymddangosiad

medrai'n hawdd fod yn aelod o reng flaen tîm rygbi, ond yn wahanol i'r rhelyw o aelodau'r frawdoliaeth honno roedd ei wallt du cyrliog, ei wyneb sgwâr serchog, a'i groen llyfn, yn ei wneud yn ddyn tal a lluniaidd. Dwi'n siŵr petai'n brop byddai'n chwimwth ar hyd y cae ac yn abl i drafod y bêl yn ddeheuig.

Roedd ei brofiad hir o ddelio â gwleidyddion a newyddiadurwyr er mwyn bargeinio ac esbonio yn sicr wedi ei wneud yn chwimwth ei feddwl, ac yn abl i ddelio â phob sylw a chwestiwn lletchwith.

'Rhaid i chi ddeall nad yw'n cymunedau wedi cael chwarae teg o dan lywodraeth y dalaith na llywodraeth y wlad. Mae 65 y cant o'n plant yn cefnu ar y gyfundrefn addysg heb dystysgrif, ac o ganlyniad ychydig iawn sy'n dilyn cyrsiau addysg prifysgol. Ein pobol ni sydd uchaf ar restr y di-waith. Mae pob arolwg yn dangos ein bod ar waelod y raddfa economaidd a chymdeithasol. Dyna'r ffeithiau waeth faint o chwarae â ffigurau a wneir gan weision llywodraethau.

'Ar yr un pryd mae arolwg a drefnwyd gennym yn ddiweddar yn dangos fod 75 y cant o boblogaeth Canada yn cefnogi ein hamcanion. Maen nhw am weld yr hawliau tir yn cael eu setlo, ac mae rhai o'r hawliau yma o dan drafodaeth ers 150 o flynyddoedd.

Ond y datblygiad mwyaf cadarnhaol yw penderfyniad llywodraeth Ontario i gydnabod ein hawl gynhenid i'n llywodraethu ein hunain. Mae hwn yn newid cyfansoddiadol pwysig. Yn 1987 fe gawsom gynnig mesur o hunanlywodraeth ar sail awdurdod wedi ei neilltuo i ofalu am ein buddiannau. Doedd hynny ddim yn dderbyniol, oherwydd os oes rhywun yn neilltuo rhywbeth ar ein cyfer, mae'n gwneud synnwyr bod gan y rhywun hwnnw yr hawl i derfynu'r neilltuaeth yna hefyd. Mae hanes wedi ein dysgu nad yw cytundebau a wnaed â'r dyn gwyn wedi eu hanrhydeddu. Felly fe fedrai'r awdurdod neilltuedig gael ei dynnu oddi arnom ar fyr rybudd, neu efallai y byddai ei bwrpas neu ei hawliau'n cael eu newid ar amrant.

'Yr hyn mae llawer yn ei chael hi'n anodd i'w ddeall yw bod gennym ni'r hawl sylfaenol i'n rheoli ein hunain. Dydyn ni erioed wedi ildio'r hawl hwnnw. Dyw e ddim yn rhywbeth y penderfynodd ein harweinwyr ei neilltuo i'r dyn gwyn. Dydyn ni erioed wedi ildio ein sofraniaeth ac mae'n rhaid i'r dyn gwyn sylweddoli hynny. Yr hyn a gytunwyd rhwng ein harweinwyr a'r dyn gwyn oedd yr hawl iddo ddefnyddio ein tir. Ni roddwyd yr hawl iddo i'w berchenogi. Ac ni ofynnodd ein harweinwyr i'r dyn gwyn ein llywodraethu.

'Felly, dydyn ni ddim yn gofyn i'r dyn gwyn "roi" dim i ni, oherwydd fe fyddai hynny'n gydnabyddiaeth ei bod hefyd yn bosib "cymryd". A dyw'r dyn gwyn erioed wedi "cymryd" ein tir. Am gael ein cydnabod fel cenedl ar wahân ydyn ni. Mae gennym ein dull ein hunain o weinyddu a llywodraethu, yn yr un modd ag y mae gan y dyn gwyn ei ddull yntau. Gadewch i ni gydnabod hynny a phenderfynu sut i asio'r ddau fodd o lywodraethu er mwyn inni allu byw'n gytûn ar yr un darn o dir.'

Oedd Joe Miskokomon felly'n ystyried y Ddeddf Indiaidd yn felltith, tybed? Onid oedd e'n derbyn iddi gael ei llunio gydag amcanion cymeradwy mewn golwg?

'Efalle fod y gwleidyddion fu'n gyfrifol am lunio'r Ddeddf Indiaidd yn ddigon didwyll yn eu bwriad, ond wrth geisio rhoi mesur o falchder i'n pobol, roedden nhw hefyd yn dechrau rheoli ein bywydau. Roedden nhw'n gwneud hynny i'r fath raddau nes eu bod yn llunio cymalau a fedrai amddifadu gwragedd o'u genedigaeth-fraint. Tan ddechrau'r 80au roedd dynes Indiaidd a briodai rywun nad oedd yn Indiad yn colli ei statws a'i hawliau fel Indiad. Wrth gwrs, doedd dynes wen a briodai Indiad ddim yn cael ei hystyried yn Indiad.

'Mae'n rhyfedd fod ein pobol wedi derbyn hyn am gyfnod mor hir. Sut gall darn o bapur benderfynu i ba genedl mae rhywun yn perthyn? Sut gall darn o bapur benderfynu bod merch sydd wedi ei geni a'i magu yn Indiad, yn sydyn, oherwydd ei statws priodasol, yn peidio â bod yn Indiad? Dwi ddim yn medru dirnad y peth.

'I mi, rhywbeth a ddyfeisiwyd i warchod hawliau a buddiannau'r dyn gwyn oedd y Ddeddf Indiaidd. Mae'n chwerthinllyd clywed gwleidyddion Canada yn pregethu rhinweddau masnach rydd gyda gweddill y byd, ac ar yr un pryd yn gweithredu polisi o *apartheid* yn erbyn yr Indiaid. Dydyn ni ddim yn medru rheoli ein tiroedd ein hunain. Fedrwn ni ddim gwneud dim â'r tir heb ganiatâd y Gweinidog Materion Indiaidd. Beth yw hynny ond ffurf o wahaniaethu? Beth yw hynny ond cyfundrefn *apartheid*?

'Mae syniad pobol o arwyddocâd cytundeb yn gyfeiliornus. Mae rhywun yn dweud wrthym beunydd, "Wel, mae gennych chi gytundeb â'r llywodraeth". Wel, nac oes, y llywodraeth sydd â chytundeb â ni. Ac mae derbyn y meddylfryd hwnnw yn allweddol. Rhaid i chi gofio bod tiroedd Canada yn ein meddiant cyn i'r Ewropeaid gyrraedd. Wrth gwrs, fe gafodd cytundebau eu llunio, ond doedd yr un o'r cytundebau yn ildio ein hawl i'n rheoli ein hunain. Bwriad y cytundebau oedd cydnabod bodolaeth y dyn gwyn a rhoi'r hawl iddo ddefnyddio tiroedd nad oedd yn eiddo iddo.'

Roedd yn amlwg fod y ddadl hon wedi ei hailadrodd droeon, ac wedi ennill cryn hygrededd, ers i Elijah Harper droi'r drol ym Meech Lake, ac ers i'r Rhyfelwyr Mohawk wneud eu safiad yn Oka. Oedd Joe Miskokomon yn rhag-weld mai dyma'r ffordd ymlaen? Fyddai yna ragor o wrthdaro arfog?

'Mae'r hyn a ddigwyddodd yn Oka yn dangos fod rhwystredigaeth ein hieuenctid yn mudferwi. Doedd y digwyddiad yn Oka ddim yn ddigwyddiad milwrol fel y cyfryw, ond roedd yn dynodi'n glir nad yw ein pobol yn barod i gael eu sathru ymhellach. Er taw'r dyn gwyn sy wedi llunio deddfau'r wlad, ac er taw fe sy'n rheoli'r dinasoedd, ni biau'r wlad. Mae'n bosib i ni ei daro'n economaidd a'i orfodi i ddod at y bwrdd bargeinio.

'Ynglŷn â safiad Elijah Harper, mae'n bosib gweld bellach iddo rwystro llunio cyfansoddiad a fyddai, unwaith ac am byth, yn terfynu unrhyw hawliau posib fyddai gennym yn ein gwlad ein hunain. Mae ef wedi cadw cil y drws yn agored. Mae'n ofynnol i swyddogion y llywodraeth eistedd o amgylch y bwrdd a thrafod mesurau a fydd yn diogelu ein hunaniaeth. Ond ni ellir gwneud hynny oni bai fod ein hunaniaeth yn cael ei chydnabod. Ac mae hynny'n gwbl sylfaenol. Oni wneir hynny mae'n ddigon posib y bydd rhai yn dewis dilyn y llwybr treisiol. A beth sydd orau o'u safbwynt nhw—delio â chynrychiolwyr etholedig fel fi, neu ddelio â'r Rhyfelwyr Mohawk sy'n gweithredu'n fympwyol?'

Ond o gael cydnabyddiaeth, pa fath o hunaniaeth mae Joe Miskokomon yn awyddus i'w diogelu? Beth sy'n wahanol yn ffordd yr Indiaid o fyw?

'Wel, mae dawnsio ac arlunio yn fynegiant o'n diwylliant. Dyna sy'n ein hatgoffa o bwy ydyn ni a sut rydyn ni'n edrych ar y greadigaeth. Yn ôl ein hynafiaid mae 'na ddau beth y mae'n ofynnol i ni eu diogelu ar gyfer y cenedlaethau fydd yn ein dilyn, sef ein tir a'n hiaith. Y Fam Ddaear yw crud ein diwylliant ac mae'n hiaith yn gysegredig.

'Mae llawer o'n hieuenctid yn troi'n ôl at y Fam Ddaear ac at ein hieithoedd. Mae rhai yn eu galw yn bobol yr amgylchedd, ond i ni, gwarchodwyr y tir ydyn nhw. Mae angen diogelu ein llynnoedd. Mae angen atal y pla a elwir yn law asid. Fe ddywed un o'n proffwydoliaethau, "Fe ddaw dydd pan fydd ein llynnoedd yn grisial clir ond eto fydd 'na ddim pysgod ynddynt, ac fe ddaw dydd pan fydd ein coed yn marw o'r brig i'r bôn". Mae hyn wedi digwydd. Mae dros 35,000 o lynnoedd marw yn Ontario.

'Yr ieithoedd wedyn. Mae 'na gyfanswm o 57 yn dal i gael eu siarad, ond amcangyfrifir mai tair yn unig sy'n debyg o oroesi. Nawr, mae'n rhaid i ni greu sefydliadau ac amgylchiadau ar gyfer eu diogelu. Rhaid paratoi llyfrau a chyrsiau yn ein hieithoedd, a chael gwared ag ymadroddion fel "See Jane run" a "See Dick run" sydd wedi cael eu pwnio i benglogau cenedlaethau o'n plant. Rhaid sicrhau fod ein hynafgwyr yn rhan o'r gyfundrefn addysg. Does dim ots os nad oes ganddyn nhw'r tystysgrifau priodol i fodloni swyddogion addysg y dalaith; maen nhw wedi eu hyfforddi yn ysgol profiad, a nhw sy'n gwybod am arferion a thraddodiadau ein llwythau.

'Ar yr un pryd rhaid defnyddio'r dechnoleg ddiweddaraf at bwrpas addysg. Does dim angen codi adeiladau crand. Rhaid codi ysgolion heb furiau trwy ddefnyddio lloerennau. Dyma'r unig ffordd effeithiol o gysylltu ein cymunedau. Cofier ei bod yn cymryd 16 awr i mi deithio mewn cerbyd o'm swyddfa i'r gymuned bellaf dwi'n ei chynrychioli o fewn Ontario. Does dim angen yr un campws concrid arnom. Byddai adeiladau brics a morter ond yn ein hatgoffa o'r ysgolion preswyl y bu'n rhaid i'n plant eu mynychu. Roedd y rheiny'n rhoi gwasgfa ar obeithion ein hieithoedd a'n diwylliant o barhau. Arferid gwahardd ein plant rhag siarad eu hieithoedd brodorol er mwyn hwyluso'r broses o'u cymathu yn Ganadiaid uniaith.

'Rhaid i bawb ddeall nad yw'r Indiaid, sy'n driw i'r Fam Ddaear, yn barod i'w gwerthu am ddoler. Dyw'r Indiaid ddim yn croesawu'r cynlluniau hydro-electrig ym Mae James. Mae pawb yn gwybod fod creu cronfeydd yn golygu y bydd pysgod yn cael eu difetha gan arian byw. Does neb yn medru esbonio pam fod hyn yn digwydd, ond mae'n amlwg yn rhan o'r fframwaith ecolegol, ac fe ddylai dyn adael llonydd i'r fframwaith.

'Pam creu cronfeydd mewn afonydd sy'n ddeorfeydd i fathau arbennig o bysgod? Pam gwneud hyn er mwyn darparu cyflenwad rhad o drydan i Efrog Newydd? Mae gwleidyddion Canada yn eu gwerthu eu hunain i'r Unol Daleithiau ac yn distrywio yr hyn sy'n naturiol ar yr un pryd.'

Wrth iddo siarad roedd Joe wedi cau ei ddyrnau'n dynn droeon gan eu taro'n ysgafn ar wyneb y bwrdd er mwyn tanlinellu ei argyhoeddiad. Ni chodai ei lais, ond roedd y taerineb i'w deimlo yn dwysáu.

'Rydyn ni'n credu ein bod wedi cael ein gosod ar y darn yma o dir gan Dduw, Buddha, neu'r Ysbryd Mawr fel y byddwn ni'n ei alw. Ein dyletswydd ni wedyn yw gwarchod y tir sydd wedi cael ei roi at ein defnydd. Na, nid y dyn gwyn sy wedi rhoi'r tir i ni. Yr hyn rydyn ni'n gofyn i'r dyn gwyn ei wneud yw cydnabod mai ni yw stiwardiaid gwreiddiol y darn o dir sy'n cael ei alw yn Ganada. Ac rydyn ni am stiwardio'r tir mewn modd sy'n unol â'n trefn a'n gweledigaeth ein hunain.'

Roedd yna dawelwch iasol am ychydig cyn i Joe gyhoeddi gyda gwên lydan, wrth bwyso'n ôl ar gefn ei sedd, 'Onid yw hi'n ddiddorol fod y dyn gwyn yn ystod y blynyddoedd diwethaf wedi dechrau defnyddio ieithwedd yr Indiaid? Mae'r ymadrodd "Y Fam Ddaear" yn rhan o'i eirfa ef erbyn hyn. Sgwn i pam?'

Ar furiau'r swyddfa roedd yna nifer o ddarluniau o eiddo artistiaid brodorol. Y tu ôl i'r ddesg roedd darlun wedi ei seilio ar ffurf corff hwyaden wyllt, ac roedd y llygaid, y pluf, y gynffon a'r lliwiau amryliw yn hoelio sylw. Tebyg fod yr artist, yn ôl ei weledigaeth ei hun, yn ceisio cyfleu ymdeimlad o enaid yr hwyaden wyllt fel un o'r elfennau sy'n rhan o wneuthuriad y cread crwn.

8

Roedd ffeiliau ac adroddiadau trwchus wedi cael eu gosod yn drefnus a chelfydd ar ddesg Gweinidog Materion Brodorion Cyntaf Ontario. Roedd lle i bob dim a phob dim yn ei le, gan gynnwys llun o'i wraig a'u tri phlentyn. Roedd yno bensel at bob pwrpas, a phapurach o bob maint at bob diben, o lunio areithiau i wneud nodiadau byrfyfyr. Ac mae'n rhaid fod maint ei ddesg yn gymesur â maint ei gyfrifoldebau—gellid yn hawdd orwedd yn eich hyd arni. Eisteddai'r gweinidog yn groesawgar gwrtais. Roedd yn amlwg fod Bud Wildman yn ddyn oedd o gwmpas ei bethau.

'Mae'n rhaid i chi ddeall mai ymwneud â materion addysg, iechyd, cymdeithas, lles, hawliau hela a physgota a rheoli adnoddau y mae'r llywodraeth daleithiol. Y llywodraeth ffederal sydd â'r cyfrifoldeb o lunio deddfau a chyfansoddiad. Felly yr hyn rydyn ni yn Ontario wedi ei wneud yw cydnabod hawl wleidyddol y Brodorion Cyntaf i'w rheoli eu hunain. Rydym wedi cydnabod yr egwyddor honno, ac rydyn ni nawr yn trafod dulliau o weithredu'r egwyddor mewn modd a fydd yn gyfiawn ac yn deg i bawb. A dwi'n pwysleisio "trafod".

'A dwi'n pwysleisio hefyd nad *rhoi* hawliau ydyn ni, ond *cydnabod* hawliau. Wedi'r cyfan, roedden nhw yma o'n blaenau ni ac roedd ganddyn nhw eu cyfundrefnau llywodraethol a benderfynai sut i rannu cyfoeth ac adnoddau. A rhaid cydnabod nad oes gennym ni ddim i frolio yn ei gylch wrth ystyried ein triniaeth o'r brodorion. Yn sicr, fedran nhw ddim gwneud yn waeth o gael y grym i reoli yn eu dwylo eu hunain.'

Gan fy mod wedi disgwyl clywed amddiffyniad o'r *status quo*, roedd yn rhyfedd clywed gwleidydd yn gwneud y fath gyfaddefiad. Roeddwn wedi disgwyl ei glywed yn cyfeirio at 'wendidau' yr Indiaid, megis eu hanallu i'w rheoli eu hunain oherwydd natur wasgaredig eu cymunedau, neu eu cyflwr anobeithiol cyffredinol, neu eu hagwedd ddihidiol ac anwadal. Ond na, roedd Bud yn aelod o blaid—Y Blaid Ddemocrataidd Newydd—na fu mewn grym ond ers ychydig fisoedd. Doedd ganddo ddim polisïau i'w hamddiffyn na'u diwygio, felly medrai gyflwyno gweledigaeth o'r newydd. Roedd ei ddatganiadau yn wleidyddol syfrdanol, a'i agwedd yn un cadarnhaol, wedi ei seilio ar ymddiriedaeth.

'Mae'n rhaid i ni symud ymlaen ar sail trafodaethau ac nid gwrthdrawiadau. Rhaid i ni gadw'n glir o'r llysoedd lle mae'n arferol i rywun golli ac i rywun arall ennill. Trwy fargeinio ymysg ein gilydd mae'n bosib i bawb ennill. Dwi wedi hwyluso'r trafodaethau trwy ddweud ar goedd fwy nag unwaith fod y Ddeddf Indiaidd yn gywilydd i bawb. Mae'n gamamserol, ac mae'n rhaid ei diddymu.

'Mae parodrwydd pobol Canada i gydnabod hawliau'r Brodorion cyntaf yn allweddol er mwyn dyfodol y wlad. Mewn rhai taleithiau mae diffinio "Brodorion Cyntaf" yn peri anawsterau, ac fe fydd yn anffodus os gofynnir i'r llysoedd benderfynu ar ddiffiniad. Gall hynny arwain at wrthdaro nad oes mo'i angen. Ond cofiwch, er ein bod yn cydnabod hawliau'r Brodorion Cyntaf i'w rheoli eu hunain, nid ein lle ni yw dweud wrthyn nhw *sut* i'w rheoli eu hunain. Dyna hanfod caniatáu hunanlywodraeth, sef caniatáu iddyn nhw wneud fel y mynnon nhw. Wrth gwrs, fe fyddwn yn disgwyl iddyn nhw werthfawrogi ein hamgylchiadau ni a pharchu ein dymuniadau ni. Trwy drafod dwi'n hyderus y gellir gwireddu hynny.'

Estynnodd Bud Wildman ei fraich ar draws y bwrdd i ysgwyd fy llaw. Er ei fod eisoes yn hwyr ar gyfer cyfarfod, doedd e ddim yn brin o amser i holi ychydig am sefyllfa wleidyddol Cymru. Daliai i holi wrth estyn am ei fag a chael ei dywys o'r ystafell gan ei gynorthwyydd personol.

Roedd swpera yng nghartref Robert Paterson yn brofiad i'w drysori. Wedi'r cyfan, dyma deulu nodweddiadol Ganadaidd nad oedd, ar y naill law, wedi colli golwg ar ei wreiddiau Ewropeaidd, ac ar y llaw arall, a oedd yn falch o fedru chwifio baner y fasarnen fach. Roedd y Patersons yn byw yn Agincourt, sef un o faestrefi cyffyrddus Toronto.

Wrth gyrraedd, gwelwn gerbyd mawr newydd yn cyrraedd y tŷ gyferbyn â'i lond o Chineaid. Deallais fod y faestref yn hynod gosmopolitan.

Trwy frigau trwchus gellid gweld amlinelliad o dŷ Robert. Roedd yna brysgwydd yn amgylchynu'r adeilad, gyda dim ond llwybrau cyfyng yn arwain o ddrws i ddrws. Ymestynnai canghennau'r coed yn uwch na tho'r tŷ, ac ymddangosai cartref teulu'r Paterson fel petai wedi ei drawsblannu o ganol un o goedwigoedd y wlad. Deallais nad oedd y teulu'n or-hoff o docio'r un brigyn am y byddai'r goeden gyfan yn sicr o deimlo'r boen.

Fe'm cyfarchwyd yn y drws gan gi anferth. Roedd gan Tango goesau hirion a'r rheiny'n cynnal corff tebyg i eiddo milgi. Roedd yn dalach ac yn hirach na llo, a dywedwyd wrthyf mai cŵn hela ceirw oedd ei hynafiaid. Fe fyddai ei liw glaslwyd wedi ymdoddi i liw'r amgylchedd yn Ucheldiroedd yr Alban. Gellid yn hawdd ei ddychmygu yn aelod o bac Arglwydd y Faenor yn yr Oesoedd Canol. Trwy lwc a bendith roedd yn gi cyfeillgar ac yn fwy awyddus i lyfu fy nhrwyn na'i larpio. Roedd ei weld yn ymestyn yn ei hyd gan osod ei bawennau ar ysgwyddau ei feistr yn dipyn o olygfa.

Parhaodd y thema o blasty canoloesol wrth i Robert gynnig gwydraid o fedd o'i wneuthuriad ei hun. Cadwai union fanylion y rysáit yn gyfrinach wrth gwrs. Y blas yn unig oedd yn cyfrif, ac roedd hwnnw'n felys odiaeth. Roedd y Patersons yn amlwg wedi cynnal elfennau o warineb eu cyndeidiau Albanaidd yn eu gwlad newydd, ac ni fyddai'r tad fawr o dro yn olrhain eu hachau ac yn canu clodydd y llwythau perthnasol. A doedd Alastair Paterson ddim yn ddyn i'w gymryd yn ysgafn.

Roedd Fiona yn un o efeilliaid ac yn arlunydd a dreuliai ei hamser yn ei stiwdio o dan y grisiau. Ei hoffter oedd portreadu efeilliaid gan geisio dal eu hwyliau yn eu lluniau. Meddai ar sensitifrwydd yr artist a doedd hi'n amlwg ddim yn mynd i gyfaddawdu ei chrefft i blesio'r un chwiw na ffasiwn. Medrai esbonio'r elfennau oedd ynghudd yn ei chynfasau gydag arddeliad. A mater o ryfeddod iddi oedd clywed ei brawd yn troi i wilia yn Gymraeg.

Y fam a offrymodd ras cyn bwyta'r golwython a baratowyd gan Alastair. Roedd hi'n graig o gadernid. A dyma, mi dybiwn, sut yr arferai'r ymgartrefwyr cynnar fwyta yng ngwlad eu haddewid. Roedd y bwrdd yn eang fel y gweddai i wledd llys, a'r bwyd yn amrwd flasus fel y buasai'r gwesteion 'slawer dydd wedi arfer ei fochio. Cafwyd gwin Château Robert hefyd.

Adroddodd Alastair aml i chwedl. Am ei fod yn drafaeliwr gyda chwmni cyfrifiaduron rhyngwladol, roedd yn gyfarwydd â'r mwyafrif o feysydd awyr Gogledd America, o'r lleiaf i'r mwyaf ac o'r mwyaf adnabyddus i'r mwyaf dinod. Prawf o'r oriau meithion a dreuliai yn y meysydd hyn oedd ei wybodaeth wyddoniadurol o amserlenni hedfan i bob rhan o'r byd. A doedd hi'n ddim iddo restru rhagoriaethau a gwendidau'r meysydd awyr mwyaf diarffordd.

Meddai ar olwg unigolyddol ar bob dim. Cofiai'n fyw iawn am ei brofiad dros chwarter canrif ynghynt yn disgyn oddi ar drên tanddaearol yn un o ardaloedd mwyaf treisgar Efrog Newydd am dri o'r gloch y bore. Doedd 'na ddim goleuadau yn yr orsaf. Er y gwyddai fod yna bobl yn loetran, ni welai ddim yn y tywyllwch ond ambell bâr o ddannedd gwynion yn crensian. Ac er na ddigwyddodd yr un anap roedd yn amlwg fod meddwl am yr hyn a allai fod wedi digwydd wedi gadael argraff ddofn arno. Wedi'r cyfan, ei gamgymeriad ef oedd disgyn yn yr orsaf honno. Ac mae bywyd yn aml yn cael ei derfynu gan gamgymeriad syml.

Er ei fod yn cydnabod hawliau'r Brodorion Cyntaf, a'u haeddiant i gael chwarae teg, roedd yna un mater yn eu cylch a'i drysai'n llwyr.

'Pam yn neno'r dyn y mae'r holl sôn yma am Ddiwylliant Ceffylau Gwych Indiaid y Gwastadeddau pan na pharhaodd fwy na chanrif a hanner ar y mwyaf? Dwi wedi gofyn a gofyn y cwestiwn. Does neb hyd yma wedi cynnig ateb sy'n fy modloni. Pam?' meddai Alastair gydag elfen nid bychan o rwystredigaeth yn ei lais.

Dyna yn wir a âi trwy fy meddwl innau wrth deithio'n ôl i'r ddinas mewn tacsi. Mae'n rhaid fod yna ateb rhesymol. Neu tybed ai'r cwestiwn sydd yn gamarweiniol? Torrwyd ar draws fy synfyfyrion gan ebychiad sydyn o eiddo'r gyrrwr tacsi. Roeddwn eisoes wedi sylwi ei fod yn surbwch a'i fod, os rhywbeth, yn debyg i ddihiryn mewn ffilm eilradd. 'Pidynlyfwr,' meddai mewn llais cras. Neidiais yn fy nghroen. Ni chafwyd yr un ebychiad arall. Anghofiais am yr Indiaid a'u ceffylau am getyn.

Dychmygais fy mod yn ninas Gotham. Disgwyliwn i'r gyrrwr drawsnewid yn rhyw fath o Ystlumddyn ar amrant a chyhoeddi na fedrai fynd â mi i ddiwedd fy siwrnai am ei fod ar drywydd rhyw ystryw. Ond dal i eistedd yn grwca a'i freichiau'n dynn am y llyw a wnâi. Wrth yrru o dan oleuadau'r stryd sylwais fod ei wyneb yn gyforiog o fân greithiau. Ofnais ei fod ar fin bwrw ei groen a thrawsnewid yn un o angenfilod seimllyd *Jurassic Park*.

Ni fedrwn ddychmygu gwaeth perygl hyd yn oed ar orsaf danddaearol yn un o ardaloedd mwyaf treisgar Efrog Newydd. Oeddwn i ar fin cael fy herwgipio? Oedd y tacsi ar fin troi'n gerbyd gofod? A fyddai gweflau'r gyrrwr yn diferu o waed a'i ddwylo'n troi'n gnotiog a blewog? Ai dyma'r noson pan arferai droi'n heliwr y strydoedd?

Clywais gyfarthiad o gwestiwn o gyfeiriad ei enau. 'O ble ydych chi'n dod?' Anodd gen i gredu ei fod yn ceisio tynnu sgwrs er mwyn bod yn gyfeillgar. Ai rhyw ddull o gyflwyniad oedd hyn cyn y byddai'n dechrau disgrifio'r modd y bwriadai fy mwtsieria? Llyncais fy mhoeri ac er bod fy ngheg i'w theimlo'n sych clywais fy hun yn dweud 'Cymru'.

'Hm,' oedd yr ymateb.

Mentrais ofyn, 'O ble ydych chi'n dod?'

'Fan hyn,' oedd yr ateb swta wrth iddo droi'r llyw i dywys y tacsi i'r chwith gan gadw un llygad ar ei ddrych ochr. Bu tawelwch llethol am ychydig.

'Fan hyn . . . ym . . . Toronto felly?' meddwn.

'Mm,' oedd yr ymateb.

Doedd e'n amlwg ddim yn mynd i gynnig gwybodaeth, a doedd gen i mo'r hyfdra i'w holi ymhellach ynghylch ei ach. Roeddwn yn ddigon balch o'i weld yn arafu wrth fynedfa'r gwesty. Ond wrth fynd drwy'r drysau cylchynol roeddwn yn difaru nad oeddwn wedi mentro gofyn iddo a oedd ganddo wybodaeth am y Parchedig Peter Jones o lwyth y Mississauga. Gan y bobl fwyaf annisgwyl yn aml iawn y ceir gwybodaeth annisgwyl.

9

Taenais y map ar draws y gwely. I rywun sy'n hanu o wlad mor fach â Chymru mae edrych ar fap o Ganada yn un modd o ryfeddu at faintioli'r wlad. Er bod Ynys Vancouver yn fwy o faint na Phrydain, dyw hi'n ddim ond degfed rhan ar hugain o dirwedd talaith British Columbia. Mae Parc Cenedlaethol Wood Buffalo ddwywaith maint Cymru. Ydi hi'n bosib dirnad hunaniaeth gwlad mor anferth?

Beth sydd yn gyffredin rhwng trigolion Ravelstoke yn y gorllewin a thrigolion Eastmain yn y dwyrain? A fyddai'r sgwrs rhwng trigolion Yellowknife yn y gogledd a thrigolion Saskatoon yn y de yn adlewyrchu nodweddion cenedlaethol? Ai'r un yw'r gwahaniaethau â'r gwahaniaethau sydd rhwng pobl Cas-mael yn y de-orllewin gwledig Gymreig a phobl Cilgwri yn y gogledd-ddwyrain diwydiannol Seisnig? Oes yna dir cyffredin rhwng trigolion Bodedern a Bedwellte, Trefynwy a Thre'r-ddôl?

Ydi teyrngarwch pobl talaith Québec at Ffrainc a'r Ffrangeg yn golygu eu bod wedi eu hynysu oddi wrth y taleithiau eraill? Ai teg disgwyl i bobl Inuit a disgynyddion yr ymfudwyr Ewropeaidd ganu 'O Canada' gyda'r un arddeliad? Ai mater o 'cynt y cyferfydd dau fynydd' yw hi cyn y gellir disgwyl i'r Esgimo a'r Canadiad arddel yr un ffordd o fyw? A beth am y Brodorion Cyntaf? Ydyn nhw'n rhan o'r ffrâm? Neu a ydyn nhw wedi eu diystyru a'u hanwybyddu wrth geisio ffurfio'r genedl Ganadaidd?

Does ond ychydig flynyddoedd ers i Eifion George a'i deulu gyfnewid llethrau serth Glyn Cuch am wastadeddau eang Manitoba. Mae'r tŷ fferm gryn bellter o ben y feidr a rhaid teithio dros bedair milltir i gyfarch gwell i'r cymdogion agosaf. Onid yw hynny yn ei gwneud hi'n anodd ymdeimlo ag ysbryd cymunedol, heb sôn am ysbryd cenedlaethol? Dyw byw yn anghysbell ddim yn gymorth i fagu ymdeimlad o berthyn.

Ydi'r Siorsiaid bellach yn cael yr un wefr o glywed eu hanthem newydd ag oedden nhw o glywed morio canu 'Hen Wlad Fy Nhadau'? Ai cyni economaidd a'r cyfyngu cyson ar gynnyrch trwy gyfrwng cwotâu a'u gorfododd i gefnu ar Gymru? Pa ryw anniddigrwydd oedd yn goglais bodiau eu traed?

Ydi hi'n bosib trosglwyddo teyrngarwch o un wlad i'r llall? Ydi tannau'r galon yn dirdynnu am gael blasu'r hyn oedd yn gyfarwydd gynt? Neu ai rhan o'r fenter yw trawsblannu calon ac enaid i gynefin newydd a gwneud yn sicr, doed a ddelo, y bydd pob dim yn egino o'r newydd?

Mae taro ar enw Dawson yng nghanol yr Yukon yn fy atgoffa o benderfyniad John Davies i adael ei wraig ac wyth o blant yn ardal Llandysul yn 1898 a'i mentro hi i gloddio am aur. Pam fu i'r dwymyn aur gydio yn yr athro Ysgol Sul a'r blaenor 45 oed? Oedd y busnes prynu a gwerthu moch yn ei arwain i Dredin? Roedd yn ddigon cefnog i fedru codi tŷ a phrynu côt ffwr i'w wraig.

Mae 'na awgrym o bwysau dyledion ar ei feddwl mewn cyfeiriad yn un o'i ddyddiaduron, ac efallai fod y dyledion mor drwm nes ei gwneud yn rheidrwydd i gymryd cam mor syfrdanol. Tebyg iddo benderfynu mai gwell oedd wynebu angau yng nghanol peryglon y Klondike nag wynebu'r cywilydd o fyw mewn dyled yn Sir Aberteifi.

Rhaid ei fod wedi defnyddio i'w heithaf y cyneddfau a feithrinwyd ganddo yn ystod y blynyddoedd y bu'n teithio'n ôl a blaen i'r cymoedd glofaol. Gwyddai mai Sodom oedd yn ei ddisgwyl yn nhrefi'r bwrlwm sydyn. A gwyddai nad antur i'r gwangalon oedd o'i flaen.

Gellir ei ddychmygu yn crynu hyd at fêr ei esgyrn. Roedd yn frwydr barhaus yn nannedd gwynt mileinig, oerfel dirdynnol ac iâ trwchus. Roedd croesi'r Rhigos a Mynydd y Bwlch gefn gaeaf fel diwrnod o haf o'i gymharu â chroesi'r rhaeadrau a'r mynyddoedd i gyrraedd yr Yukon. Ond roedd wedi teithio'n rhy bell i ildio a throi'n ôl. Roedd yn rhaid dyfalbarhau a breuddwydio am ganfod cnepyn o aur neu ddyrnaid o'r llwch melyn yng ngraean Afon Klondike.

Tybed beth a âi trwy ei feddwl wrth ffarwelio â Victoria a'i hanelu am yr aur gyda thyaid o blant yn dyheu am ei ddychweliad i Faes-y-ffin ym mhentre Horeb? Pa un ai amheuon neu orfoledd oedd flaenaf yn ei feddwl, doedd e ddim yn brin o'r gallu i ryfeddu at y golygfeydd o dirwedd oedd yn gwneud i Fanc Siôn Cwilt ymddangos fel gardd gefn bwthyn unnos. Dyma oedd ei ymateb wrth lygadrythu ar y Rockies:

'Yr oeddem yn myned trwy gulfor cyfyng, a'r creigiau serth, danheddog yn dyrchafu uwch ein pennau, gan ymwthio drwy y cymylau tew, nes mynd bron at orsedd eu Crëwr. Dyma'r golygfeydd mwyaf ardderchog a welsom erioed . . . mynyddoedd o bob tu, yn orchuddiedig gan goed, ac ar eu copaon yr oedd coronau di-ddiflanedig o eira gwyn.'

Gwelais innau'r un golygfeydd ysblennydd wrth deithio o Vancouver i Banff, 90 o flynyddoedd yn ddiweddarach. Doedd cernydd y Preselau yn ddim ond corachod o'u cymharu â Mynyddoedd Monashee a Carriboo. Fel finnau, fe welodd John

'Mochwr' weddillion diwylliant y brodorion. Er na wyddom ei farn amdanyn nhw fe wyddom ei farn am eu celfyddyd.

'Mae y cerfluniau sydd wedi eu gosod i fyny gan yr Indiaid yma, pan ystyriwn mai gwaith cyllell ydynt, yn deilwng o'u rhestru ym mhlith rhyfeddodau'r byd,' meddai.

Tybed a fu'n ysgwyd llaw â Skokum Jim a Tagish Charlie, y ddau Indiad a ddaeth o hyd i'r darn cyntaf o aur ar 17 Awst 1896 ac a fu'n rhannu profiadau â'r nofelydd Jack London? Ni wyddom faint o'i gyd-Gymry fu'n eu cyfarch. Gafodd e ei dwyllo? Gafodd e gam? Oedd e'n gyfarwydd â thai pleser Dawson lle'r oedd y dynion yn ddynion garw a'r menywod yn fenywod cyfrwys? Doedd ymenyn ddim yn toddi yn eu cegau. Eu cenhadaeth oedd denu'r cloddwyr i wario a gwario. Ennill serch er mwyn gwacáu cynnwys y goden aur oedd bwriad Glass Eyed Annie, Overflowing Flora, Diamond Tooth Gertie, Deadeye Olga, Snakehips Lily, Moosehide Kate, a'u tebyg.

Os oedd y Cardi'n cilio o faes y trachwant a'r eiddigedd, yr oferedd a'r rhialtwch, pa feddyliau oedd yn crynhoi yn ei ymys-garoedd yn nhywyllwch ei gaban? Oedd yr unigrwydd yn ei lethu? Oedd e'n amau priodoldeb ei fenter? Oedd e'n ystyried iddo ymddwyn yn fyrbwyll neu yn hirben? Tebyg fod ei fyfyrdodau yn ei arwain 'nôl i'w filltir sgwâr. Tebyg iddo golli ambell ddeigryn o hiraeth. A thebyg iddo dreulio cryn amser ar ei benliniau yn deisyf cymorth ei Dduw yng nghanol yr uffern o'i gwmpas.

Er i John Davies ddychwelyd adref ar ymweliad ar ôl marwolaeth ei wraig, mynnodd ddilyn yr ysfa 'nôl i'r Yukon. Bu farw yno ar ôl cael ei anafu o dan gwymp ym mis Mai 1904. Erbyn hynny roedd y bwrlwm yn dirwyn i ben. Ni ellir dweud iddo ganfod digon o aur i'w wneud yn gyfoethog. Ni ellir dweud i sicrwydd, chwaith, iddo ganfod digon i'w alluogi i glirio ei holl ddyledion.

Tebyg nad yw ond ystadegyn, os hynny, yn hanes lliwgar yr heidio i'r Yukon, ond i'w ddisgynyddion yng Nghymru mae John Mochwr yn destun chwilfrydedd. Mae ei gymhellion dros fentro mor bell yn dal yn aneglur. Mae ei ddefosiwn yn cadw'r ddyletswydd Sabothol tra oedd ar grwydr yn brawf na phylodd dylanwad Capel y Gwernllwyn. Ond pam roedd blaenor cydwybodol yn chwennych cyflenwad o aur y byd er mwyn cadw asgre lân? Ac os oedd e'n morio canu 'Calon Lân' iddo'i hun wrth bannu aur, ar ba eiriau o eiddo Gwyrosydd roedd ei bwyslais?

Does dim o'i ddylanwad wedi ffurfio cynhysgaeth y Ganada newydd. Er iddo ymaelodi mewn capel Saesneg pan oedd yn alltud, ni adawodd ei galon lannau Teifi. Mae'r rhuthr am aur wedi hen beidio. Pennod fer fu'r rhuthr yn hanes y wlad, ond does dim prinder mwynau yn nhirwedd y wlad i fedru cynnal yr economi am ganrifoedd.

Ffynhonnell arall o gynnal yr economi yw twristiaeth, ac mae hynny'n arbennig o wir yn y Rockies. Roedd cerdded ar hyd strydoedd Banff yn agoriad llygad. O ran maint doedd y dref damaid mwy nag Aberteifi. Roedd yna lwybr llydan yn dirwyn am filltir a mwy ar hyd glan yr afon. Roedd sgubor o siop yn gwerthu crefftau Indiaidd gerllaw. Ymhob un o'r siopau a werthai gofroddion Canadaidd roedd yna arwyddion dwyieithog—Saesneg a Japanaeg. Japaneaid oedd yn gweini, a chlapiog oedd eu Saesneg. Ni fedrwn ddirnad pam roedd Japaneaid yn gwerthu llieiniau a hwyaid gwyllt ac eirth mewn gwlad nad oedd a wnelon nhw ddim â'i hysbryd na'i hanian. Ac oeddwn, roeddwn yng nghanol y Rockies ac, ym marn llawer, yng nghalon Canada.

Pan godais betrol ar gyrion y dref cefais fy ngweini gan Japaneaid eto. Ai nhw oedd yn rheoli economi'r ardal? Oedden nhw wedi gwladychu'r ardal i'r fath raddau nes eu bod yn medru gorseddu eu hiaith eu hunain hefyd? Ac ai eu presenoldeb nhw oedd yn denu cymaint o'u cyd-wladwyr? Roedd y strydoedd yn gyforiog o Japaneaid trwsiadus yn chwifio camerâu ac yn browlan fel haid o wyddau. Doedden nhw ddim yn brin o ddoleri, ac mae'n rhaid mai nhw oedd yn llenwi'r dyrnaid o westyau moethus yn y cyffiniau.

O leia, nhw a gâi'r bai gen i am fy mod yn cael yr ymateb, 'Mae'n ddrwg gen i ond mae pob stafell wedi ei chymryd', wrth holi am lety. Ond o bob adfyd fe ddeillia rhywfaint o wynfyd. Wrth yrru

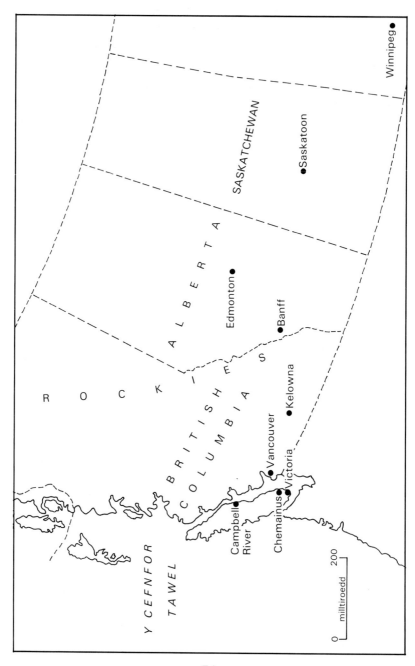

Winnipeg

SASKATCHEWAN

Saskatoon

ALBERTA

Edmonton

Banff

R O C K Y

BRITISH

COLUMBIA

Kelowna

Vancouver

Victoria

Campbell
River

Chemainus

Y CEFNFOR

TAWEL

200

milltiroedd

0

74

ar hyd strydoedd cefn y dref yn chwilio am yr arwydd 'Vacancies' deuthum ar draws un yn hongian yn ymyl tŷ o'r enw 'Dan-y-bryn'.

Wrth agor drws y car gwelwn ddynes yn cerdded ar hyd y llwybr at ddrws y tŷ. Ofnwn ei bod yn mynd i gymryd yr ystafell wag olaf o dan fy nhrwyn, ac edrychais arni'n agor drws y cyntedd â'm calon yn drwm. Ond ni chanodd y gloch. Yn hytrach fe'i gwelwn yn chwilota'n ddyfal mewn bocsys a sachau yn y cyntedd. Er chwilio'n hir ymhlith y twmbwriach, gan ail a thrydydd archwilio rhai bocsys, daeth o'r cyntedd yn waglaw ond gan adael y drws heb ei gau. Camodd ar draws lawntiau tai cyfagos gan edrych tuag i fyny. Yn sydyn, fe ddringodd fel gwiwer i ben coeden afalau. Symudodd o gangen i gangen, 'nôl a blaen, cyn dewis man cyffyrddus i eistedd. Estynnodd afal o frigyn uwchben a'i gnoi'n awchus.

Brasgamais ar hyd llwybr Dan-y-bryn gan giledrych ar ddynes y berllan. Roedd i'w gweld yn jycôs gartrefol yn ei chwrcwd yng nghanol y canghennau gydag un goes yn pendilio'n araf. Doeddwn i ddim yn gwybod beth i'w ddisgwyl yn Dan-y-bryn. Cenais y gloch yn betrusgar ac ymhen hir a hwyr daeth pwtsen o ddynes oedrannus grintachlyd i'r drws. Oedd, roedd yna stafell wag, ac fe'm tywysodd i'r llofft gan esbonio rheolau'r tŷ yn ddiseremoni. Ni ddylwn ddefnyddio'r gawod na'r baddon yn hwyr y nos. Doedd dim dŵr cynnes ar gael rhwng 11 p.m. a 7 a.m., a doeddwn i ddim i gadw sŵn rhwng yr oriau hynny chwaith. Fe fyddai brecwast yn cael ei weini yn yr ystafelloedd pan fyddai'n barod. Doedd dim sôn fod yna ddewis o fwydlenni. Ac roedd disgwyl i mi fod yn garcus o'r dodrefn. Roedd gan y ddynes acen Cocni.

Roedd llun o'r Frenhines Elizabeth ieuanc yn hongian ar wal yr ystafell. Fe fyddai'n anodd canfod patrwm y papur wal yn yr un llyfr patrymau cyfoes, ac edrychai'r dodrefn fel petaen nhw wedi eu prynu yn ail law tuag adeg coroni Elizabeth o Windsor yn 1953. Awgrymai naws yr ystafell fod yna finteioedd o bobl wedi treulio noson yno. Rhaid eu bod hwythau hefyd yn llawn chwilfrydedd.

Gwichiai styllod y llawr a doedd ond angen symud hanner modfedd yn y gwely i wneud i hwnnw wichian hefyd. Clywid yr un synau o'r ystafelloedd cyfagos. Am fod plentyn 4 mis oed gennym, a minnau heb hysbysu'r ddynes o hynny, gresynwn o feddwl be fedrai ddigwydd ganol nos. Fyddai'r preswylwyr eraill yn mynnu ad-daliad petaen nhw'n cael eu hamddifadu o gwsg gan sgrechiadau'r Cymro bach?

Ar ôl dadbacio hynny oedd raid, mentrais i lawr y grisiau i hysbysu'r ddynes fod yr etifedd gennym, ac y byddai angen dŵr cynnes arnom ar fyr rybudd, yn nhrymder nos efallai, i ddelio â'i anghenion. Roeddwn wedi paratoi fy araith ymlaen llaw, ynglŷn â'r ffaith fod pob lletty yn llawn, a'r ffordd yn bell a dieithr i'r dref nesaf petai'n penderfynu ein gorfodi i adael am fod lletya baban yn groes i'r rheolau. Roeddwn hefyd wedi talu ymlaen llaw.

Cnociais ar ddrws y gegin, ac fe ddaeth y wraig i'r amlwg ar ôl cetyn. Eglurais fy neges ac fe drodd ar ei sawdl yn sydyn ddywedwst gan fy ngadael yn sefyll wrth y drws. Symudais gam y tu mewn i'r drws ac yng ngwyll yr ystafell gwelwn fod yna annibendod o'r radd flaenaf yno. Bocsys a sachau ymhobman ac odid ddim dodrefn. Twmbwriach yn gymysgfa o lestri a sgidiau, dreiriau a dilladach ymhobman. A doeddwn i ddim o dan yr argraff mai annibendod dros dro oedd o flaen fy llygaid, ond annibendod y cymerwyd oes i'w grynhoi. Gellid cynnal sawl arwerthiant cist car yno.

Daeth y ddynes i'r golwg gan lusgo tegell o'i hôl. Esboniodd y medrwn ei ddefnyddio yn yr ystafell a mynnodd fod yna soced drydan yno'n rhywle. Wrth i mi fyseddu'r teclyn a cheisio codi amheuon ynghylch ei allu i ferwi dŵr manteisiais ar y cyfle i'w holi am ei chefndir. Siaradai mewn ffrydiau cyflym gan edrych o'i chwmpas. Deallais iddi hi a'i mam symud i Dan-y-bryn ar ddiwedd y 40au. Cafodd ei magu yn Llundain ond treuliodd gyfnod yng nghyffiniau Caerdydd adeg y rhyfel. Ni soniodd ddim am ei thad. Fe fu'n cadw lletty ers symud i Banff, ac roedd hynny, ers colli ei mam, wedi clymu ei dwylo.

Yn naturiol, roedd yn rhaid i mi holi ynghylch arwyddocâd yr enw. Oedd, roedd hi *yn* sylweddoli ei fod yn enw Cymraeg, ac roedd Cymraes academaidd fu'n lletya gyda hi wedi esbonio'r ystyr. Doedd y ffaith fy mod innau'n Gymro ac yn medru'r iaith yn rhyfeddu dim arni, a doedd hi ddim yn cofio enw nac unrhyw fanylion am gefndir y Gymraes academaidd. Ond fe ddywedodd fod y tŷ wedi ei godi yn y 20au gan Gymry a fu'n gweithio mewn gwaith glo cyfagos nes i hwnnw, o fewn byr amser i'w sefydlu, brofi'n fethiant. Ni wyddai ddim mwy na hynny, neu o leiaf doedd hi ddim am ddatgelu mwy na hynny. A doedd hi erioed, meddai, wedi ystyried newid yr enw.

Yn ffodus ni chafwyd yr un helbul yn ystod y nos. Cymerwyd mantais o'r dŵr claear yn y gawod ac fe ddaeth y ddynes â'r brecwast i'r ystafell ar hambwrdd. Roedd y tafelli tost yn denau a doedd dim peryg y byddai neb yn magu bloneg ar yr ychydig lwyeidi o greision ŷd oedd yn y fowlen. Am nad oedd yna ystafell frecwast ni chafwyd cyfle i fwrw llinyn mesur dros y preswylwyr eraill, ond gwelais ddigon o'r rhai oedd ar yr un llawr i ddod i'r casgliad mai pobl oedden nhw oedd yn chwennych teithio ar eu pennau eu hunain. Roedden nhw, o wirfodd neu o anfodd, fe dybiwn, yn chwilio am y dull amgen o deithio a lletya. Roedd noson yn Dan-y-bryn, yn ddi-os, yn gweddu i'w pererindod.

Wrth ffarwelio cyn deg o'r gloch yn unol â'r rheol gwelwn fod y ddynes yn yr un wisg yn union â'r diwrnod cynt. Roedd y siwmper raflog a'r trywsus crychlyd yn brawf nad oedd yn hoff o newid yr un dim, boed yn enw neu yn ddilladach. Nid wedi ei dal ar eiliad wan pan oedd ar ganol coflaid o waith brwnt yr oeddwn y prynhawn cynt. Yn union fel Gertie Hooper o ochrau Cas-mael roedd y ddynes, na wn ei henw, wedi dal yn ddigyfnewid er yr holl newidiadau o'i chwmpas. Doedd hyd yn oed y Japaneaid ddim wedi mennu ar ei ffordd o fyw.

A doedd dim golwg o ddynes y berllan wrth ffarwelio â Dan-y-bryn.

Ymhlith yr atyniadau eraill yn y cyffiniau roedd Mynydd Sylffur, gyda gondolas yn cludo teithwyr i'w gopa. O'r bwyty gwelid môr o fynyddoedd, a rhaid oedd edmygu'r olygfa ddyddiol a wynebai'r eryrod aur. Ar y llethrau cyfagos roedd geifr a defaid cyrnau hirion yn chwilota am borfaddyn blasus, ac yn y pellter roedd parc beison, gyda rhyddid yr anifeiliaid balch wedi ei gyfyngu gan ffens uchel. Wrth ymyl yr esgynfa roedd sawr y ffynnon sylffur yn llenwi'r ffroenau.

Roedd y Banff Springs Hotel yn llythrennol yn gastell o westy. Fe'i codwyd yn 1888 a byth er hynny bu ei berchenogion yn canolbwyntio ar ddenu cwsmeriaid ariannog. Wrth gerdded ar hyd ei gynteddoedd eang gwelwn fyseidiau o ymwelwyr, Japaneaid gan fwyaf, yn cael eu heidio o fan i fan. Roedden nhw'n gwneud pob dim fesul torf. Roedd hyd yn oed yr awyr a anedlid yno i'w deimlo'n ddrudfawr yn gymysg â'r gwynt persawr a adawai'r twristiaid o'u hôl. Teimlwn yn ddigon dinod a chyffredin o sylwi nad oedd yr un twrist yn gwisgo crys T a thrywsus cotwm. Mae'n amlwg nad oedd yr un ohonyn nhw am gyhoeddi unrhyw neges ar ei frest. Doedd 'na'r un ohonynt yn gwisgo dillad wedi eu prynu yn un o siopau cadwyn y stryd fawr. Roedd hi fel oriel y tai ffasiwn yno, a pha ryfedd fod ambell borthor yn taflu golwg amheus arnom?

Ond mentrwyd cymryd cyntun yn hafan hufen iâ'r gwesty. Er y dewis helaeth mewn blas, doedd yna ddim dewis o ran pris. Roedd y teuluoedd o'n cwmpas yn diferu o gyfoeth, ac er yr amrywiaeth acenion a'r clegar mewn gwahanol ieithoedd, roedden nhw'n un yn eu hymlyniad i ddosbarth yr *élite*. Mater o gryn falchder i'w fam a minnau oedd penderfyniad Rhydian Llŷr, yn y fan a'r lle, i gael gwared â'r gwastraff mwyaf dyfrllyd a drewllyd a waredodd erioed. Roedd y cewyn yn sdegetsh.

Haedda Llyn Louise—neu'r Llyn Emrallt, fel y'i gelwid yn wreiddiol—ymweliad. Ni welais lyn mor wyrddlas erioed. Roedd yn olygfa fawreddog ysblennydd, ac roedd twr o bobl yn sgio ar garped o eira yn y pen pellaf. Ar hyd yr ochr lle tywynnai'r haul roedd yn gynnes braf, ond roedd yn amlwg yn rhynllyd yn y cysgodion yr ochr draw. A thebyg mai ecscliwsif fyddai'r gair i ddisgrifio'r gwesty ar lan y llyn. Hyd yn oed petai yna ystafell wag yno, prin y byddai gennym newid o $1,000 o dreulio'r noson yno. Rhaid oedd chwilio eto yn nhref Banff.

Tua hanner milltir o Dan-y-bryn roedd yna lety a oedd, ar sail y gôt o baent oedd arno, yn ymddangos yn lanwedd a chartrefol. Un ystafell wag oedd yno, a honno ym mhen ucha'r tŷ, yn ôl y perchennog. Prin y gellid fod wedi codi grisiau culach na serthach. Doedd 'na'r un centimetr o ofod wedi ei wastraffu yn yr ystafell o dan y to. Er bod pob dim angenrheidiol yno roedd y pob dim hynny wedi eu teilwrio i gymryd y lleiafswm posib o le, ac am fod y nenfwd ar oleddf, doedd fiw i mi droi na throsi yn y gwely rhag taro fy mhen. Doedd y gwyntyll ddim yn gweithio, a phrin fod y ffenest fechan yn agor mwy na dwy fodfedd. Roedd yn angen-rheidiol gadael drws yr ystafell yn agored led y pen os am osgoi mogi, a hynny drwy'r nos.

Doedd y bychan ddim yn hoff o'i le. Ei ymateb oedd sgradan sgrechen am oriau. Gwyddwn fod yna bâr ieuanc nad oedd â'u bryd ar gysgu yn un o'r ystafelloedd gyferbyn, ond pâr oedrannus oedd yn yr ystafell arall, a'r gŵr yn llawn gofid y medrai esgyn a disgyn y grisiau arwain at drawiad marwol. Doedd dim cysuro ar Rhydian Llŷr, ac ofnwn lach y pâr oedrannus—ac yn wir weddill preswylwyr y tŷ. Ond a hithau'n dechrau dyddio, a minnau'n ystyried mynd â'r cynllwn bychan mas am dro, disgynnodd tawelwch llethol.

Roedd ymweld â'r ystafell faddon bitw yn fater o drefnu gofalus am ei bod yn cael ei rhannu rhwng preswylwyr yr ugain o ystafelloedd. Rhaid oedd clustfeinio i wneud yn siŵr nad oedd neb ar fin esgyn, cyn mentro disgyn. Petai dau berson yn cyfarfod ar y grisiau, byddai'n rhaid i'r naill neu'r llall ildio, a doedd hynny ddim yn hwyl os oeddech yn cludo ces lletchwith.

Roedd yna ystafell frecwast gymunedol, un hirgul gyda lled astell o fwrdd o gwmpas y waliau. Ceid digonedd o fara, creision a sudd, ond roedd prinder lle i fynd i'r afael â'r cyflenwad, ac roedd yn rhaid aros eich tro yn y cyntedd cyn mentro i'r gegin.

Clywid sŵn llifio ym mhen pella'r cyntedd, ac o giledrych trwy'r drws, gwelid saer wrthi'n troi ystafell fach yn ddwy ystafell lai.

Roedd y pâr o wastadeddau Arizona yn y gegin yn fawr eu swae, yn fawr eu hawch ac yn fawr eu maint. Trafodent gynlluniau eu diwrnod yn amrwd agored waeth pwy oedd o fewn clyw. Roedd eu hystafell nhw union gyferbyn â'r gegin. Hi oedd yr ystafell fwyaf yn y tŷ. Mae'n rhaid fod ganddyn nhw gerbyd mawr hefyd, a mentrwn sofren fod y gŵr yn gwisgo Stetson fawr. Mae'n siŵr taw Willie Nelson oedd eu harwr.

Eu barn am y llety oedd ei fod yn 'hynod o gartrefol', ond roedd bychander daearyddiaeth y tŷ mewn gwrthgyferbyniad llwyr i natur daearyddiaeth y wlad. Medrwn ddychmygu'r tŷ yng nghanol rhes o dai teras islaw Mynydd Gwyngul yng Nghwm Rhondda. Doedd e ddim yn adlewyrchiad o Ganada.

Mae dilyn trywydd fy mys ar y map ar hyd y ffordd o Banff trwy Revelstoke i gyfeiriad Kelowna yn fy atgoffa o anferthedd y tirwedd. Hwn oedd tirwedd y 'Marlborough Man'. Medrwn ei ddychmygu ar erchwyn rhaeadr ysgythrog yn edrych i lawr yn eofn i grombil ceunant gannoedd o droedfeddi obry. Saif yn ei sgidiau pen-glin lledr, ei Levis wedi cannu, ei grys gwlanen a'i het gantel lydan. Does dim byd yn ei ddychryn—mae ar delerau da â'r eirth a phob anifail arall sy'n crafu byw yn yr unigeddau. Hwn yw'r Tarzan gwareiddiedig. Mae smygu Marlborough yn ychwanegu at ei urddas. Mae'n ei gynorthwyo i bendroni uwchben ystyr bodolaeth a phob 'aeth' arall.

Oni ddarllenais rywle fod yr awdur Hunter Thompson yn llochesu rhywle yn y mynyddoedd? Treulia'r rhan fwyaf o'i amser mewn stad o dywyllwch a'r llenni wedi eu tynnu a phob cysylltiad â'r byd mawr tu hwnt wedi ei dorri. Ond bob hyn a hyn daw ysfa i adael ei ffau ac fe dreulia dridiau neu ragor yn byw bywyd i'r ymylon yn y dafarn agosaf. Rhaid fod ymwneud ag eithafion profiadau yn Las Vegas ac ar hyd traffordd fawr bywyd yn arwain at ymddygiad eithafol. Ond does dim gorchest mewn byw fel meudwy yn y Rockies. Ac onid rhywle yno yn yr entrychion y mae enaid John Denver gyda'i 'River Deep, Mountain High'?

Mae cyrraedd Kelowna yn gyfystyr â chyrraedd stad o lonyddwch bodlon. Does yna ddim o'r ofn yna sy'n eich taro'n sydyn yng nghanol y mynyddoedd, fod eich car yn mynd i ddiffygio, neu y cewch eich dal mewn storm, neu y byddwch yn colli'ch ffordd.

Mae Llyn Okanagan yn gan milltir o hyd. Honnir fod yna anghenfil, sydd wedi ei fedyddio yn Ogopogo, yn byw ar wely'r llyn, ond does dim mwy o sicrwydd o wirionedd hynny nag sydd o fodolaeth anghenfil yng ngwaelodion Llyn Tegid. Mae Dyffryn Okanagan yn ddyffryn ffrwythlon sy'n llawn perllannau a gwinllannoedd ac mae Kelowna yn dref o strydoedd llydan a dewis da o dai bwyta. Ar y cyrion roedd yna hysbysfyrddau mawrion yn tynnu sylw at ragoriaethau gwahanol nwyddau. Gosodwyd y rhain mewn tir llwm yr olwg, a deallais mai mewn tir gwarchodfeydd yn unig yr oedd hawl i'w gosod.

Doedd gan yr Almaenes a gadwai'r llety fawr i'w ddweud am hynt y Brodorion Cyntaf. Buan y deallais nad oedd hi'n gwerth-fawrogi'r sawl nad oedd yn defnyddio'i egni i'w wella ei hun. Roedd hi'n cyfrif ei bendithion ar ôl cefnu ar y brwydro yn Ewrop yn ystod yr Ail Ryfel Byd, ac ymhyfrydai yn y safon byw roedd hi a'i gŵr wedi ei feithrin yng Nghanada, a hynny trwy chwys a dyfalbarhad. Cymaint oedd ei balchder nes ei bod yn mynnu fod pawb yn diosg eu sgidiau yn y cyntedd ac yn cerdded yn eu sanau, neu yn droednoeth, ar hyd y carpedi trwchus. Doedd yr un llwchyn yn cael cyfle i danseilio ei theyrnasiad.

Ond roedd eistedd yn y *jacuzzi* yn awel gynnes y diwetydd ar do gwastad y tŷ yn brofiad i'w drysori. A'r un modd syllu ar lesni'r llyn a glesni'r awyr yn toddi'n un wrth i'r nos ddisgyn, ac yna golau'r lleuad lawn yn disgleirio ar wyneb llonydd y dŵr. Medrai'r meinaf ei glust glywed sŵn y dŵr yn taro yn erbyn y torlennydd. Ychwanegai'n odiaeth at flas y gwydraid gwin.

Rhyw fodfedd a hanner i'r chwith mae Vancouver ac Ynys Vancouver. Mae'r enw Chemainus yn fy atgoffa o dref â murluniau ar bob talcen tŷ a siop. Mae'n debyg i'r brodorion fynd ati i beintio golygfeydd yn dynodi hynodion lleol fel atyniad i ymwelwyr pan gaewyd y felin goed ar ôl canrif o droi. Mae'r enw Campbell River yn dwyn i gof Gystadleuaeth Crys T Gwlyb mewn sgubor o glwb nos, a hefyd Georges, y llanc ifanc o dras Iddewig, oedd yn fawr ei drwst, os nad ei ddawn, ynghylch cynnal clwb rygbi yn y dre. Mae Nanaimo yn fy atgoffa o hanes pump o lwythau Indiaidd yn cael eu herlid o'u tiroedd er mwyn galluogi'r Hudson Bay Company i sefydlu diwydiant glo. Roedd y cartrefi ar y gwarchod-feydd a welid yma a thraw mewn cyflwr truenus, a'r preswylwyr eu hunain yn rhoi'r argraff eu bod wedi ymneilltuo o fyd y dyn gwyn. Doedd 'na'r un edrychiad na symudiad o'r corff i ddynodi eu bod yn ymwybodol fy mod yn gyrru heibio. Roedd yr awyrgylch yn llawn merddwr os nad pydredd.

Mae Victoria yn fy atgoffa o Gymanfa Ganu Cymry Gogledd America. Cynhaliwyd y gweithgareddau mewn neuadd enfawr oedd yn rhan o rwydwaith o adeiladau yn ymyl gwesty mwyaf swanc British Columbia. Mae gwesty'r Express, a'i furiau o eiddew trwchus, yn adnabyddus am ei 'De Prydeinig'. Ceir brechdanau ciwcymbyr tenau, crympedau gyda menyn mêl ac, wrth gwrs, sgons a jam a hufen wedi eu gweini ar lestri arian gyda the o'ch dewis mewn awyrgylch llawn coethder a snobyddiaeth.
　Mae awyrgylch y loetran yng nghyntedd neuadd y Gymanfa yn gymysgedd o awyrgylch gwesty'r Angel, Caerdydd, ar fore gêm ryngwladol, ac awyrgylch cilcyn parcio'r Hen Gapel, Maenclochog ar derfyn oedfa. Mae yna ddisgwyl beichiog i rywbeth ddigwydd. Gosodwyd stondinau ar gyfer cofrestru ac ar gyfer archebu tocynnau; mae gan delynor proffesiynol stondin yno, ac ac mae swyddog o Fwrdd Croeso Cymru wedi gosod fideo o atyniadau'r 'hen wlad' i redeg yn barhaus. Prif atyniad y Gymanfa yw Côr Meibion Llanelli ac mae'r cyffro i'w deimlo o weld technegwyr cwmni teledu annibynnol o Gymru yn cludo eu hoffer i'r llwyfan er mwyn parhau i gofnodi taith y côr o'r 'hen wlad' ar gyfer S4C.
　Clywir cymysgfa o acenion ymhlith y Cymry. Croesodd rhai

eisteddfodwyr pybyr Fôr Iwerydd; iddyn nhw mae cyntedd y neuadd yn estyniad o faes yr Eisteddfod ac yn gyfle i barhau yn naws 'y pethe'. Ymddengys eraill, sydd wedi hedfan drosodd i weld perthnasau, fel pe baent yn fwy cartrefol yn pwyso ar gorlannau mart Aberteifi. Mae'n hawdd gwahaniaethu rhwng y Cymry a'r alltudion. Mae yna rai alltudion sy'n llawn brwdfrydedd dros y wisg Gymreig a'r te bach a'r pice ar y mân, tra bod eraill, sy'n ceisio treiddio'n ddyfnach i'w 'hetifeddiaeth Ewropeaidd' i'w gweld yn cario casetiau dysgu Cymraeg fel pe baent yn cario cnepyn o lo'r Rhondda. Gwelir hefyd Iancs oedrannus eu hosgo, mewn gwisgoedd sydd mewn gwrthgyferbyniad llwyr i'r Suliol syber Cymreig. 'Beth yw'r côr yma? Ydyn nhw i gyd yn goliers?' holant ymysg ei gilydd.

Mae'n anodd gwybod beth i'w wneud o'r Cymry alltud. Mae'r Cymry gyda'r parotaf o genhedloedd i ymdoddi i lif bywyd yng Nghanada ac America. Mae'r ffaith fod y Saesneg yn rhugl ar eu gwefusau yn gwneud y broses yn hawdd. A pham lai ar ryw olwg? Pa les ymfudo ac yna'u hynysu eu hunain yn eu Cymreictod? Ond mae yna genhedloedd Ewropeaidd eraill sydd yn cadw mesur helaeth o hunaniaeth o genhedlaeth i genhedlaeth. Tebyg fod hynny'n haws i Eidalwyr a Groegwyr sy'n sefydlu eu busnesau eu hunain. Pan fydd tŷ bwyta yn eiddo teuluol, mae'n haws cadw a chynnal nodweddion yr hen wlad.

Unwaith y dechreuir cystadlu yn y farchnad swyddi a chwennych gyrfa lwyddiannus ym mhrif ffrwd y wlad mae'r ymdoddi'n hawdd, a chynnal hunaniaeth yn anodd. Tebyg mai'r athroniaeth yw 'os am fod yn rhywun rhaid cofleidio'r newydd a hepgor unrhyw hualau sy'n bygwth bod yn rhwystr'. A gwella eu byd ar yr un telerau â phawb arall yw byrdwn ymfudiad y Cymry yn hytrach na sefydlu gwladfa alltud. Wrth i hynny ddigwydd, yr unig linyn cyswllt â'r famwlad yw hiraeth. Ac roedd Côr Meibion Llanelli yn abl i ddiwallu dogn helaeth o hwnnw.

Ac fel ymhob un o ddinasoedd cyfandir Gogledd America, roedd yna Gymry yn Victoria nad oedden nhw'n teimlo unrhyw reidrwydd i ymuno â'r cymdeithasau Cymreig. Iddyn nhw roedd treulio ychydig oriau yng nghyffiniau'r Gymanfa yn ddigonol, yn union fel y tyrra Cymry i dre'r Eisteddfod Genedlaethol heb fynd yn agos at y maes ei hun. Roedden nhw'n crynhoi mewn tafarn o eiddo gŵr o gyffiniau Amwythig a ymfudodd i Ganada fel bugail cyn newid trywydd er mwyn gwneud ei ffortiwn.

Yn gweini y tu ôl i'r bar yn y Swans roedd maswr rhyngwladol Canada, a chydag enw fel Gareth Rees doedd dim amau ei fod yn Gymro o ran tras. Roedd un o'r criw yn aelod o garfan Canada, ac oni bai am anaf fe fyddai wedi cynrychioli'r wlad yng Nghystad-leuaeth Cwpan y Byd yn ôl pob tebyg. Ac er ei fod yn gwlffyn o grwt, roedd Rhodri Samuel yn dalp o gynhesrwydd Cwm-gors.

Hanai Peter Richards o Dreforys, ac roedd wedi dwlu'n lân ar y grŵp Cwlwm. Roedd y rhocesi o Lanbed yr un mor ysgytwol eu canu yn y cyngherddau answyddogol ag oedden nhw wrth rannu llwyfan gyda'r Côr Meibion, Janice Rees a'r ddau hen stejer, Dafydd Edwards ac Ifan Lloyd. Medrai Peter sôn am Gymru'r 60au a bwrlwm ymchwydd cenedlaetholdeb fel petai'n ddoe.

Roedd Gren Thomas yn filiwnydd talïaidd a hanai o'r un ardal. Fe'i hyfforddwyd i astudio patrymau daearegol, ac ni pheidiai ryfeddu at batrwm bywyd. Er iddo deithio'n helaeth tystiai mai pobl y filltir sgwâr, boed yn Felindre neu yn unigeddau'r Yukon, oedd wedi creu'r argraff ddyfnaf arno.

Brodor o Dai-bach ac o linach Eidalaidd oedd Mike Antolin a thipyn o sionihoi maldodus. Richard Burton oedd yn perthyn i'r un cyfnod ag ef, yn hytrach na'i fod ef yn perthyn i'r un cyfnod â'r crwt o Bont-rhyd-y-fen. Ni chollai'r un cyfle i'w hyrwyddo ei hun, yn arbennig os oedd yna ddynes ddeniadol o fewn clyw. A doedd Mike a Peter ddim yn arfer cynildeb wrth edliw gwendidau ei gilydd.

Roedd gwreiddiau Cliff Yorath yn Nhredegar, ac fel y lleill, roedd rygbi'n un o'i hoff bynciau trafod. Ei orchest bennaf oedd chwarae'n rheolaidd fel maswr i'r Cymry yn Llundain yn y 70au pan oedd deiliaid pob safle arall yn chwaraewyr rhyngwladol. Roedd pob un o'r criw wedi byw yn ddigon helaeth i'w galluogi i dreulio oriau benbwygilydd mewn barbiciws yn ail-fyw'r hen ddyddiau.

Doedd trafod safon perfformiadau côr y sosban na'u dewis o ganeuon ddim at eu dant. Ond roedd cryn drafod ar yr hanesyn am un o unawdwyr y côr yn ceisio perswadio tywyswraig yr awyren, drwy gydol ei daith, i'w ddilyn i'w lety, a'i anhawster wedyn i daro'r nodau cywir yn y cyngherddau. Roedd consárn y criw yn fwy am fwynhad aelodau'r côr yn hytrach na'u dyletswydd i hyrwyddo rhyw ddelwedd gorfforedig o Gymru.

Yn rhannol oherwydd yr hin gynnes, mae 'na fwy o blant yn byw ar strydoedd Victoria a Vancouver nag yn unlle arall yng Nghanada, ac maen nhw'n agored i gael eu hudo gan bedlerwyr cyffuriau a hyrwyddwyr pornograffi. Roedd un o ferched y deintydd oedd wedi rhoi defnydd ei gartref i ni tra oedd ef a gweddill ei deulu'n hwylio yng ngogledd yr ynys, wedi dianc i'r stryd. Bu'n rhaid delio â galwadau ffôn yr heddlu a oedd yn ceisio hysbysu ei theulu ei bod yn eu gofal ar ôl cael ei dal yn dwyn unwaith eto. Cafwyd galwadau ffôn mynych gan weithwyr cymdeithasol yn holi ei hynt.

Yn annisgwyl y crwydrais i ganol un o ardaloedd tlotaf y dref. Roeddwn ar drywydd llyfr o'r enw *Drumbeat*, sef casgliad o ysgrifau gan arweinwyr o blith y Brodorion Cyntaf. Doedd 'na'r un o'r prif siopau llyfrau yn ei gadw, er ei fod wedi ei gyhoeddi gan wasg adnabyddus. Fe'm cynghorwyd gan un llyfrwerthwr i holi mewn siop lyfrau yn un o'r ardaloedd 'artistig', fel y'u galwai. Ni feddyliais y byddai cyfarwyddyd i droi i'r chwith ddwywaith a pharhau i gerdded nes cyrraedd y trydydd set o oleuadau, ac yna troi i'r dde, yn golygu taith o tua phedair milltir o gerdded. Roedd hynny'n haws, meddid, na rhoi cyngor ar sut i gyrraedd ar fws. A doedd y cawodydd sydyn o law o ddim help i'r ysbryd. Gwyddwn sut y teimlai'r sawl a fu ar drywydd y Greal Sanctaidd.

Cysgodais o dan ganghennau coed neu ddrws siop bob hyn a hyn a manteisio ar bob cyfle i ailholi i sicrhau fy mod yn mynd i'r cyfeiriad cywir. Pan ddeuwn at gornel stryd a gweld bariau haearn yn diogelu ffenestri'r siopau, gwyddwn ei bod yn ofynnol i mi fod yn garcus. Rhoi'r argraff fy mod yn gyfarwydd â'r ardal a pheidio â rhoi cyfle i neb amau fy mod yn petruso oedd y nod. Roedd rhaid cerdded yn dalog dalsyth hyd yn oed os nad oeddwn yn sicr o'r ffordd.

Wrth gysgodi o dan goeden fytholwyrdd a phendroni am yr ugeinfed tro a oeddwn yn mynd i'r cyfeiriad cywir, sylwais ar yr enw 'Clydfan' ar y tŷ gyferbyn. Chymerodd hi fawr o amser i mi fy mherswadio fy hun i fynd i ganu'r gloch. Cilagorwyd y drws a holwyd pwy oeddwn i a beth oedd fy musnes. Atebais yn ddwyieithog gan ddweud fy mod yn Gymro llawn chwilfrydedd ynghylch enw'r tŷ. Datglowyd y gadwyn ac fe'm gwahoddwyd i mewn gyda'r cyfarchiad, 'Dewch i mewn'.

Roedd silffoedd yr ystafell fyw yn llawn o addurniadau Cymreig. Hanai gwraig y tŷ o Donyrefail, a bob hyn a hyn ceid llifeiriant o dafodiaith bur Bro Morgannwg o'i genau. Doedd y gŵr ddim yn Gymro. Ond fe'm cysurodd trwy ddweud fy mod o fewn hanner milltir i'r siop lyfrau y chwiliwn amdani.

Deuthum o hyd i'r siop yng nghanol rhes o adeiladau diraen. Roedd estyll wedi eu gosod ar draws ffenestri nifer o'r siopau cyfagos, a'r rheiny'n blastar o bosteri yn hysbysebu cyngherddau roc a pherfformiadau theatraidd. Doedd yna fawr o lewyrch ar yr ardal a deallais pam roedd y Gymraes a'i gŵr yn ensynio nad oedd eu Clydfan mor glyd ag yr arferai fod.

Y tu mewn i'r siop, gosodwyd llyfrau blith draphlith ar fyrddau, ac yn fwndeli ar y llawr, y mwyafrif ohonynt yn llyfrau arbenigol ar bynciau astrus. Roedd y rheolwr yn cynnal sgwrs ddeallusol am gyfrinion ecoleg gyda gŵr mewn dillad carpiog, ac roedd yna feic yn pwyso yn erbyn y wal.

Sylwais nad oedd y toreth llyfrau wedi eu dosbarthu o dan unrhyw adrannau penodol. Mentrais dorri ar draws y sgwrs a gofyn a oedd yna gopi o *Drumbeat* ar gael. Newydd werthu'r copi olaf oedd yr ateb, a phwysleisiodd y rheolwr na fyddai'n dasg hawdd i ddod o hyd i gopi. Gofynnais a oedd yna ddull mwy hwylus na cherdded i ddychwelyd i ganol y dref. Dywedodd fod yna fws yn codi teithwyr bob ugain munud o arhosfan oedd lai na decllath o ddrws y siop. Diolchais iddo a throi ar fy sawdl yn benisel.

Doedd dim amdani ar ôl cyrraedd canol y dref ond troi i mewn i'r amgueddfa ger Thunderbird Park, a hynny yn rhannol er mwyn llochesu rhag y glaw, ac yn rhannol er mwyn chwalu meddyliau. Neilltuwyd adran helaeth o'r amgueddfa i sôn am dranc y llwythau Indiaidd lleol. Roedd y mwyafrif ohonynt yn ddibynnol ar heigiau'r môr, yr afonydd a'r llynnoedd, a'r poliau totem oedd pinacl eu diwylliant, gyda'r cerfiadau o adar ac anifeiliaid yn tanlinellu'r cysylltiad rhyngddyn nhw fel pobl a chwedloniaeth byd natur. Pan beidiodd yr arfer o gerfio fe beidiodd ffordd o fyw a fu'n ddigyfnewid ers canrifoedd.

Dinistriwyd llwythau cyfan gan afiechydon y dyn gwyn, a gorfodwyd y sawl a oroesodd i gyfaddawdu â ffordd newydd o fyw. Trist, ar un olwg, ac eto gorfoleddus, oedd darllen am anallu'r arweinwyr i dderbyn y syniad ei bod yn bosib i ddyn gwyn berchenogi darn o dir ar sail geiriau ar bapur. Doedd yr Indiad erioed wedi ystyried y ddaear fel eiddo, ond yn hytrach fel cynhaliaeth yr oedd yn ofynnol iddo ei pharchu. Yn hynny o beth roedd y ddaear yn gysegredig. Doedd yr Indiad erioed wedi cymryd o'r ddaear na'r môr mwy nag roedd ei angen arno. Trachwant a halogiad oedd cymryd yr hyn nad oedd ei angen. A thebyg nad oedd geiriau felly yn rhan o'i eirfa am nad oedd defnydd iddynt tan i'r Indiad weld ffordd y dyn gwyn o fyw.

Does ryfedd fod yna geisiadau ynghylch hawliau tiroedd yr ychydig fandiau Indiaidd sydd yn weddill ar warchodfeydd gwasgaredig yn dal heb eu setlo. Pa ryfedd fod yr arweinwyr Indiaidd yn rhyfeddu'n syfrdan at obsesiwn y dyn gwyn â'i ddarnau o bapur a'i daliadau am ddefnydd o ddarnau o dir? Yn ôl ffordd y brodorion o feddwl roedd y ddaear ar gael at ddefnydd pawb. Doedd gan neb hawl ecscliwsif ar y defnydd ohoni, a doedd y syniad o ymelwa arni ddim yn rhan o'u meddylfryd. Roedd gweld y darnau o wisgoedd seremonïol, ac o weddillion materol y llwythau Indiaidd, yn gyrru ias ar hyd fy meingefn.

Pa glod yw hi i'r dyn gwyn frolio ei fod wedi diogelu'r dystiol-aeth am ffordd o fyw y bu ef yn bennaf gyfrifol am ei thranc? Onid cyfeiliornad yw dyrchafu'r berthynas rhwng yr Indiad a'i amgylchedd fel perthynas gyfriniol ar ôl pregethu rhagoriaeth efengyl cynnydd cyhyd?

Euthum i eistedd yn bendrist yng nghaffi'r amgueddfa. Fe'i cawn hi'n anodd cysoni agwedd y dyn gwyn. A pham roedd hi mor anodd cael gafael ar gopi o *Drumbeat?* Ai rheswm y prif lyfrwerthwyr dros beidio â'i gadw ar eu silffoedd oedd am fod ei gynnwys yn rhy radical chwyldroadol agos at yr asgwrn?

Wrth fynd mas cymerais gip sydyn ar silffoedd siop lyfrau'r amgueddfa. A rhyfeddod y rhyfeddodau. Yno yn syllu arnaf yn ei glawr gwyrdd roedd copi o *Drumbeat.* Cyfrol o ysgrifau gan feddylwyr amlyca'r Brodorion Cyntaf yn ei dweud hi fel roedden nhw'n ei gweld hi, a hynny heb unrhyw ragymadrodd nawddoglyd gan yr un dyn gwyn.

Ac os oedd Amgueddfa'r Dalaith yn gwerthu copïau o'r llyfr, hwyrach, yn wir, fod yna'r fath beth â chydwybod sefydliadol. Onid un ffordd o geisio dihysbyddu euogrwydd ynghylch y modd y cafodd y Brodorion Cyntaf eu trin yw caniatáu llwyfan i'w harweinwyr cyfoes osod eu dadleuon?

Mae *Drumbeat: Anger and Renewal in Indian Country*, yn gyfrol sy'n dadlau nad yw'r un llwyth Indiaidd wedi ildio'i sofraniaeth wrth arwyddo cytundebau â'r dyn gwyn. Adfer eu hawliau fel cenhedloedd annibynnol gyda'u cyfundrefnau eu hunain ar eu tiriogaethau eu hunain yw eu nod. Nid ydynt am erlid y dyn gwyn, ond yn hytrach cyd-rannu. Rhybuddir fod curiad y drwm yn dal yn gadarn a'i fod yn gyfeiliant i ysgwyd bariau eu celloedd wrth iddyn nhw fynnu iawnderau.

Nid ydyn nhw yn dadlau dros ddychwelyd i'r hen ffordd o fyw mewn pebyll ac adfer arferion megis y *potlach.* Eu bwriad yw arddel yr un safonau byw â'r dyn gwyn, ond ar eu telerau eu hunain, er mwyn eu galluogi i ailgydio yn y llinyn ysbrydol sydd wedi pylu—cychwyn y broses o iacháu eu pobl ar ôl y cyfnod o ddadleoli a dadfreintio. Cynigir dadansoddiad o'u hanes sy'n wahanol i'r hyn a geir yng ngwerslyfrau'r gyfundrefn addysg. Nid ydynt am ystyried y dyn gwyn fel eu gwarchodwyr, nac am fod yn atebol i'w gyfundrefn ac yn ddibynnol ar ei haelioni.

Cofiaf fel y ceisiais fy ngosod fy hun yng nghroen un o'r Indiaid pan oeddwn yn ymlacio mewn barbiciw ar yr ynys fechan tua phum milltir o Victoria. Doedd neb wedi byw ar yr ynys ers yr Indiaid 'nôl ar droad y ganrif, ac fe fyddai unrhyw olion o breswylio yng nghanol y prysgwydd yn olion llwyth o Indiaid. I'r dynion gwyn, yr oeddwn i'n un ohonynt, roedd tawelwch yr ynys yn ddihangfa gyfleus o ruthr a bwrlwm dinas. Roedd blas arbennig i'r golwython wedi eu rhostio ar dân agored ac roedd y chwerthin yn afieithus a'r cwmni yn llawen. Ond i'r Indiaid, hwn oedd un o'u troedleoedd olaf wrth i ffordd wahanol o fyw ddisodli eu ffordd nhw ar y tir mawr.

Wrth i'r cof fy arwain draw i Vancouver ac i'r Amgueddfa Anthropolegol a'i byst totem o blith cymunedau Tsimshian a Kwakiutl, a'r cerfiadau cain yn dynodi'r cysylltiad clòs rhwng y bydol a'r arallfydol, fe ganodd ffôn yr ystafell. Roedd Robert Paterson yn fawr ei ffrwst am ei fod wedi trefnu ymweliad â *pow wow* y Mississauga, ac wedi sicrhau caniatâd i ymweld â rhai o'r Rhyfelwyr Mohawk. Ac roedd e'n dal i geisio cysylltu ag Elijah Harper. Plygais y map yn dwt gan ei roi, ynghyd â'r atgofion o'r arfordir gorllewinol, o'r neilltu.

10

O fewn hanner awr roedd Robert yng nghyntedd y Sheraton yn cyhoeddi fod pererindod y *pow wow* ar fin cychwyn. Roedd yna wên foddhaus ar ei wyneb wrth gyhoeddi fod y trefniadau wedi eu cwblhau.

'Fe fydd y cymal cyntaf yn golygu treulio noson mewn bwthyn ar ynys ger gwarchodfa Indiaidd Ojibwe. Drannoeth fe fyddwn yn ymweld ag Amgueddfa.Huron ar ein ffordd i'r *pow wow*. Rhaid cychwyn ar unwaith. Mae'r fan gen i. Felly, bant â'r cart!'

Roedd y ddau ohonom yn ymddwyn fel petaem wedi clywed cloch yr ysgol ar b'nawn Gwener. Roedd penwythnos o ryddid o'n blaenau. Ni fedrwn ddeall pam roedd golwg mor surbwch ar deithwyr eraill y draffordd. Roedd yna gyffro yn ein haros. Roeddem ar ein ffordd i fod yn ynyswyr dros nos. Roeddem yn mynd i ymuno â'r brodorion. Iahŵ. Jaboc, jaboc.

Esboniodd Robert fod y bwthyn yn eiddo i'w deulu ers dros ugain mlynedd. Roedd llawer o Dorontoiaid yn berchen ar fythynnod mewn rhannau diarffordd o'r dalaith, a doedd penwythnos ddim yn benwythnos i'r mwyafrif ohonynt yn ystod misoedd yr haf os na fedrent ddianc o fwrlwm dinas i dawelwch y mannau diarffordd. Doedd hi ddim yn ormodiaith dweud eu bod yn chwennych ychydig oriau o gymundeb â natur.

Wrth i ni daro rhigol ar hyd y draffordd daeth tinc o ddwyster i eiriau Robert.

'Dwi wedi gweld newid mawr yn y gymuned Indiaidd ers i ni fel teulu ddechrau ymweld â'r ynys. 'Nôl yn y 70au fyddai hi ddim yn anarferol gweld Indiaid wedi meddwi am saith o'r gloch y bore. Fydden nhw'n ffaelu sefyll ar eu traed erbyn hanner dydd. Fydden nhw ddim i'w gweld heb botel o whisgi yn eu pocedi. Roedd y plant yn mynd bant i gael eu haddysg ac yn dod adre adeg gwyliau wedi colli eu heneidiau brodorol. Gydag amser fydden nhw ddim yn dod adref o gwbl. Roedd pob dim i'w weld yn bwdwr yn eu plith. Doedd dim siâp ar bethau.

'Ond erbyn hyn, eithriad yw gweld Indiad wedi meddwi ar unrhyw adeg o'r dydd. Maen nhw wedi adfer mesur o hunan-barch. Maen nhw'n rhoi cyfle i'w cof llwythol eu cynnal, yn hytrach nag alcohol. Dydyn nhw ddim mor barod i ildio nawr. Mae'n debyg eu bod wedi dod i delerau â digwyddiadau fel cyflafan Wounded Knee yn hytrach na'u gwasgu o'u hymwybod. Mae'n siŵr fod yr hyn a ddigwyddodd yn Oka wedi bod yn hwb i'w balchder. Dyw'r plant sy'n mynd bant ac yn dod 'nôl ar adeg gwyliau ddim yn teimlo cywilydd o'u cefndir bellach.

'Wedyn, yr hyn sy'n fy nharo i o sylwi arnyn nhw yw cyn lleied rydyn ni'r dynion gwyn yn ei ddeall am eu ffordd o fyw. Mae'n syniad ni ohonynt fel rhyw fath o broffwydi tir yn naïf. Mae eu crefydd yn fwy cymhleth na'r syniad sydd gan y dyn gwyn ynghylch eu perthynas â'r ddaear. Ydyn, maen nhw'n caru'r ddaear yn angerddol, ond mae'r dynfa rhyngddyn nhw a'r ddaear yn rhywbeth sydd, fel popeth arall, yn newid ac yn datblygu. Addoli creawdwr y ddaear maen nhw mewn gwirionedd. Fe allwn ni elwa o'u crefydd, dwi'n siŵr.

'Rhaid sylweddoli mai'r rhai sydd wedi byw bant ac wedi dod 'nôl sydd gryfaf dros ddiogelu rhinweddau yr hen ffyrdd. Maen nhw'n sylweddoli mai dyma yw eu cartref, ac os na ddiogelan nhw nodweddion eu llwyth fe fydd rhywbeth gwerthfawr yn cael ei golli am byth. Iddyn nhw mae hynny'r un fath â thorri coed yr Amazon. Does dim modd i'r coed aildyfu ar ôl eu torri.'

Bu tawelwch llethol am gyfnod nes i mi ddechrau hymian alawon gwerin am yn ail ag emyndonau, ac roeddem yn morio canu erbyn i ni gyrraedd y fan lle'r oedd Fiona yn disgwyl gyda'r cwch i'n cludo i'r ynys. Trosglwyddwyd y llwyth ac ymhen dim roedd y cwch yn torri swch drwy'r tonnau. Roedd yn rhaid bwrw angor ryw ganllath o'r lan a chario'r bagiau ar ein hysgwyddau, gyda'r dŵr ychydig uwchlaw'r penliniau.

Safai'r bwthyn o'n blaenau yng nghanol coed talsyth. Er bod yna dai pren eraill o fewn tafliad carreg, doedd dim dwywaith ei fod yn encil o le. Roedd edrych 'nôl i gyfeiriad y bae wrth i'r nos ddisgyn yn brofiad lledrithiol. Suai'r awel drwy'r deiliach gan buro mân bothelli'r croen. Clywid adar yn clegar eu bodlonrwydd yn y coed. Daeth chipmync ar hyd y feranda yn llawn chwilfrydedd, ac yna sgathru'n sydyn o'r golwg.

Roedd chwarter awr o ddrachtio'r awyrgylch yn ddigon i anghofio pob gofid. Doedd yna ddim teimlad o fygythiad, a doedd dim angen bod yn wyliadwrus. Doedd dim yn peri i ni fod ar bigau'r drain. Hawdd oedd cau llygaid ac ymestyn y cyhyrau yng nghlydwch yr amgylchedd. Roedd pob dim yn miniogi'r pum synnwyr i greu cyfres o eiliadau tragwyddol.

Ni rannai Robert fy rhyfeddod. Nid oedd yn syllu ac yn synnu am ei fod e wedi hen gynefino â'r amgylchedd ac yn awyddus i ddychwelyd i ymdrochi yn nŵr y bae. Fe'i dilynais yn bwyllog. Roedd gorweddian yn y dŵr cynnes yn deffro delweddau o wartheg yn sefyllian mewn llynnoedd ac o wylanod yn arnofio'n fodlon braf ar frigau'r tonnau. Roedd Robert a Fiona, a'i chariad, yn dipyn mwy egnïol, â'u bryd ar ddefnyddio'r cwch i'w tywys i sgïo ar y dŵr. Penderfynais eu gwylio gan adael i'r tonnau tyner olchi drosof. Disgynnai caead ysgafn llwydaidd y nos dros bob man.

Erbyn i mi ddychwelyd i'r bwthyn roedd y barbiciw ar waith. Trefnid pob dim gan Robert a oedd yn troi'r golwython yn ddeheuig ar y radell. Roedd y powlenni salad yn orlawn a'r poteli gwin wedi eu hagor. Rhwng y coed gwelid goleuadau egwan y gymuned Ojibwe ym mhen arall y bae. Oedden nhw'n bwyta cynnyrch eu helfeydd ac yn rhostio hwyaden wyllt neu bysgod môr? Oedden nhw'n tafoli digwyddiadau'r diwrnod am yn ail â galw hen ddywediadau a hen chwedlau i gof? Hyd yn oed drwy fwg y tân gellid sawru ffresni'r pinwydd ac anadlu glendid yr aer.

Daeth gwaedd gyfeillgar o gyfeiriad y gwyll. Roedd preswylwyr y caban drws nesaf yn amneidio arnom i ymuno â nhw wrth y tân awyr-agored. Roedden nhw wedi dal eog Iwerydd anarferol o fawr ac yn awyddus i'w arddangos ac roedden nhw'r un mor awyddus i adrodd hanes ei ddal. Bu'n ymladdfa hir, ond llwyddwyd i wrthsefyll pob ystryw o'i eiddo i ddianc. Mawr oedd eu balchder. Roedden nhw'n ddynion môr, yn treulio cymaint o amser â phosib yn y caban er mwyn diwallu'r ysfa i hela. Fe fyddai hanes eu diwrnod yn sicr o gael ei ailadrodd droeon yng nghysgodion coelcerthi tân y dyfodol.

Roedd cymdeithasu o gwmpas fflamau'r tân yn dipyn gwahanol i ddal pen rheswm mewn tafarn neu festri. Dyma'r dull cyntefig o grynhoi ynghyd. Doedd 'na ddim teledu na jiwcbocs, oriel hoelion wyth na phiano i ysgogi nac i rwystro sgwrs. Crensian y coed wrth i'r fflamau eu difa oedd yr unig sŵn i gystadlu â'r geiriau. Y boncyffion yn troi'n gols oedd yr arwydd i ddirwyn y sgwrs i ben. Cymerai trefn natur drosodd, ac roedd yn bryd noswylio.

Yr awdur yn pendroni ynghylch pwy biau dail y fasarnen fach.

Roedd yna olau trydan yn y bwthyn ac roedd hi'n fwriad gan Robert i neilltuo peth amser i ddarllen cyn taro'r gobennydd. Ei ddewis lyfr oedd un o nofelau'r parodïwr slic, Tom Sharpe. Roedd Robert yn amlwg â'i draed yn solet yng nghanol dau ddiwylliant. Roedd y blaengar a'r cyfnewidiol fel y'u costrelid gan ruthr Efrog Newydd yr un mor gyfarwydd iddo â'r hynafol a'r digyfnewid fel y'u cynrychiolid gan hamdden Ynys y Cristion.

Ai'r rhamantydd ynof oedd yn mynnu tynnu cymhariaeth â stad Robinson Crusoe a phob teithiwr arall a gafodd ei adael ar ynys? A oeddwn yma, ymhell o theatr a sinema, o amgueddfa ac oriel, ac o lyfrgell a choleg, ar ymylon gwareiddiad? Neu ai yn y fan hon roedd canfod bywyd gwareiddiad? Ai dyna fyddai barn yr Indiaid? Onid oedd y coed talsyth yn rheitiach cwmni na'r nengrafwyr concrid, ac oni thaflai'r sêr well goleuni na fflachiadau neon?

Onid yw llwybrau yn amgenach cynefin na phalmentydd? Pa un yw'r jyngl mwyaf amgylchfydol gyfeillgar? Fe'm trechwyd gan gwsg.

Er mai'r bwriad drannoeth oedd dychwelyd i'r tir mawr yn y cwch, penderfynwyd fod y dŵr yn rhy arw. Roedd yn rhaid cerdded tair milltir i ben arall yr ynys erbyn wyth o'r gloch er mwyn dal y fferi boreol, y fferi a gludai nwyddau angenrheidiol ar gyfer siopau'r gymuned Ojibwe. Doedd prydlondeb ddim yn poeni'r capten. Tebyg y gwyddai pwy oedd y teithwyr arferol a phwy o'u plith oedd yn debygol o fod ar ei hôl hi.

Pobl fyr, a chanddynt wynebau crynion, llawn oedd y mwyafrif o'r Indiaid. Gwisgent ddillad rhad ac enwau timau pêl-fas ar eu cefnau, cefnau, ac mae'n bosib eu bod hefyd wedi brecwasta a swpera ar fyrgyrs neu fwydydd archfarchnad. Roedd y daith ar draws y swnt mor gyfarwydd ag anadlu iddynt. Saesneg oedd iaith cyfathrebu'r Indiaid iau. Roedd tawedogrwydd ambell Ojibwe hŷn, yr olwg bell yn eu llygaid a'r crychni ar hyd eu talcenni, yn awgrymu fod iaith y llwyth ar eu gwefusau. Tebyg fod yna gyfrinachau lu ynghlwm yn hynny o beth.

Datgelu a dadelfennu cyfrinachau yw un o amcanion Amgueddfa Canolfan Sainte Marie yn nhiriogaeth yr Huron yn ardal Midland, Ontario. Mae'r amgueddfa'n dehongli'r berthynas a fu rhwng llwyth yr Huron a chymuned o Iesuaid Ffrengig yn y fan a'r lle dros gyfnod o ddeng mlynedd yng nghanol y 17eg ganrif. Cawsom ar ddeall fod holl ddeunydd gweledol ac ysgrifenedig yr amgueddfa wedi eu hail-lunio'n ddiweddar, er mwyn pwysleisio mai gwrthdaro rhwng dau ddiwylliant anghymharus a ddigwyddodd yn y fangre rhwng 1639 a 1649, yn hytrach nag ymgais gan gwlt crefyddol i ddiwyllio ac 'achub' anwariaid paganaidd.

Mae'r safle wedi ei ailgodi ar ei ffurf wreiddiol yn ymyl afon Gwy. Rhennir y safle'n ddwy, gyda'r naill ran ar gyfer y brodorion a'r llall ar gyfer yr Iesuaid. Amgylchynir y ddwy ran gan balis pren ac mae'n arwyddocaol mai yn hanner y 'cenhadon' yn unig y ceir tyrau ar gyfer cadw gwyliadwriaeth am ysbeilwyr yn hwylio i fyny'r afon.

Yr eglwys a'r fynwent yn y canol sy'n gwahanu'r ddau safle. Gwelir trefn ac urddas yn yr hanner Ffrengig—ceir gweithdai seiri, cryddion, teilwriaid a gofaint, yn ogystal ag adeiladau ar gyfer cadw anifeiliaid, grawn a chynnyrch y gerddi. Â gofalwyr dwyieithog yng ngwisgoedd y cyfnod o gwmpas eu gorchwylion yn union fel y byddai'r deiliaid gwreiddiol dair canrif yn ôl.

Tipyn tlotach yw hi o fewn hanner y brodorion. Mae yna balis mewnol ar gyfer y rhai hynny sydd wedi eu derbyn i'r ffydd Gristnogol. Ceir Tŷ Hir a wigwamau ar gyfer y sawl sy'n dymuno preswylio ar y safle, a hefyd ysbyty ac apothecari. Y tu fas i'r palis mewnol mae 'na Dŷ Hir arall a nifer o wigwamau ar gyfer yr Indiaid hynny nad oeddynt yn barod i dderbyn y ffydd Gristnogol.

Er mai yn y 60au yr ailgodwyd y safle, clywir arogleuon hynafol ymhobman. Mae'r gymysgfa o berlysiau, gwellt, cwyr, siafins, crwyn, bara a mwg yn llenwi'r ffroenau ac yn troi olwynion y dychymyg. Mae'n gybolfa ddieithr i synhwyrau'r sawl sydd wedi arfer â thrydan a gwyntyll i sgubo pob sawr o'r neilltu. Mae mwg y tanau yn y Tŷ Hir yn eich meddiannu am nad oes yna simdde i'w arwain allan.

Mae'r Tŷ Hir yn mesur rhyw ddeugain llath ar ei hyd a thua phymtheg llath ar draws. Arferid neilltuo tua phedair llath o ofod ar gyfer pob teulu, gyda silffoedd amrwd ar hyd yr ochrau i gadw eu hychydig eiddo, sychu eu llysiau a hongian eu hysbail. Yno hefyd y cysgent, bron yn llythrennol ar ben ei gilydd, heb unrhyw breifatrwydd. Cyneuid dau neu dri thân cymunedol oddi mewn, gan ddisgwyl i'r mwg ganfod ei ffordd trwy'r rhwyllau yn yr adeiladwaith pren a thrwy'r ddau fynediad agored ym mhob pen. Amrwd ac elfennol oedd y ddarpariaeth yn yr ysbyty ac yn y wigwamau fel ei gilydd. Prin fod eu trigfannau'n fawr gwell na'r llochesi a wneir gan anifeiliaid y coedydd ar eu cyfer eu hunain.

Hawdd credu fod y sawl o blith y brodorion a gafodd flas o foethusrwydd yr Iesuaid yn ei chael hi'n hawdd cofleidio'r ffydd newydd. Ond roedd yr hen ffyrdd a'r gwahaniaethau dirfawr mewn persbectif yn ei gwneud yn amhosib i'r Huron heidio at y gwŷr mewn clogynnau duon. Eto roedd yr Huron wedi bod yn fawrfrydig wrth groesawu'r dieithriaid i'w cymunedau, ac yn wir, fe wnaed y Tad Jean de Brebeuf yn bennaeth anrhydeddus. A heb sêl bendith y brodorion ni fyddai'r Ffrancwyr wedi sefydlu Canolfan Sainte Marie fel pencadlys eu gweithgareddau. Wedi'r cyfan roedden nhw wedi mewnforio gwartheg a cheffylau mewn canŵod. Roedd llawer o'r hyn roedden nhw'n ei wneud ac yn ei rannu yn ddiddorol ac yn dderbyniol hyd yn oed os oedd yn ymddangos yn od. Ond i'r brodorion doedd dim yn odiach na syniadau'r dieithriaid ynghylch marwolaeth. Ni allent amgyffred y ddamcaniaeth o nefoedd ac uffern, ac ni fedrent ddirnad y syniad o fesur gwerth dyn ar sail ei foesoldeb. Iddyn nhw doedd 'na ddim ond daear, ac roedd pob person yn gyfartal mewn angau waeth beth oedd ei orchestion neu ei ffaeleddau.

Yn ôl Jean de Brebeuf roedd y brodorion yn credu yn anfarwoldeb yr enaid ar delerau materol. Fe fydden nhw'n aml yn rhoi bron eu heiddo i gyd yn anrhegion i eneidiau cyfeillion ymadawedig. Yn hynny o beth doedden nhw ddim yn gwahaniaethu rhwng buchedd dyn ac anifail, yn ôl y Tad Iesuaidd, a byddai'r hen bobl yn adrodd chwedlau i'r perwyl hwnnw. Doedd yna ddim sôn yn y chwedlau hynny am wobr na chosb na mangre arbennig ar gyfer eneidiau'r meirw. Ni fyddent yn wylofain nac yn galaru pan beidiai bywyd; doedd trallod ddim yn rhan o'u profiad. Sonia'r Tad de Brebeuf am y modd y bu i ŵr o'r enw Joseph Oatiz wynebu angau.

'Bu'n gorwedd ar y ddaear am bedwar neu bum mis cyn ac ar ôl ei fedyddio. Doedd e'n ddim ond esgyrn. Roedd ei orchudd mor fregus nes bod y gwyntoedd yn chwythu drwyddo o bob cyfeiriad a doedd yna ddim ond crwyn tenau rhyw anifeiliaid du—efalle gwiwerod—dros y gorchudd yn nhrymder gaeaf. Ac er nad oedd yn derbyn dim maethlon i'w fwyta, ni chlywyd ef yn grwgnach.'

Ni sonia beth oedd y clefyd a oddiweddodd y Cristion newydd-fedyddiedig, Joseph Oatiz. Ond mae'n arwyddocaol iddo dderbyn y ffydd Gristnogol yn ystod ei salwch. Honnwyd bod bron i dri chwarter y 12,000 o frodorion Huron yn y cylch wedi eu bedyddio erbyn 1648. Ond mae'n wir dweud bod miloedd o'r rheiny wedi dal clefydau'r dyn gwyn ac wedi trengi am nad oedd ganddyn nhw'r gallu i wrthsefyll yr heintiau. Faint o'r miloedd a gafodd eu bedyddio yn ystod eu salwch tybed? Doedd yna fawr o le i ddiolch i'r dieithriaid am gyflwyno ffydd a Gwaredwr os oedden nhw ar yr un pryd yn cyflwyno clefydau oedd yn eu gorfodi i gyfarfod â'u Gwaredwr honedig ynghynt na phryd. Hynny yn rhannol a arweiniodd at dranc Canolfan Sainte Marie.

Roedd brodorion Huron yn flaenllaw yn y fasnach ffwr ac roedd hi'n wrthdaro parhaus rhyngddyn nhw a'r Iroquois am oruchafiaeth o'r fasnach. Gobaith yr Iesuaid oedd defnyddio'r Huron i ledaenu cenhadaeth Crist i blith y llwythau eraill, ond ar wahân i'r elyniaeth draddodiadol, ystyriai'r Iroquois gynghreiriaeth yr Huron a'r Ffrancwyr yn fygythiad marwol. Roedden nhw o'r farn bod yr Iesuaid yn genhadon heintiau megis y frech wen a fedrai arwain at eu difodiant. Roedd yr Ewropeaid a ddeuai yn sgil y farchnad ffwr yn bygwth tanseilio eu goroesiad, ac am fod yr Huron o dan bawen yr Iesuaid, yr unig ateb yn nhyb yr Iroquois oedd dinistrio'u harweinwyr, ynghyd â Chanolfan Sainte Marie.

Lladdwyd y Tad Jean de Brebeuf a'r Tad Gabriel Lalement ynghyd â channoedd o'r Huron. Ond cyn i'r Iroquois ymosod ar y pencadlys fe benderfynodd y trigolion oedd yn weddill, er bod ganddyn nhw'r adnoddau i geisio gwrthsefyll misoedd o ymosod, losgi pob dim a diengyd i Ynys y Cristion. Ond ni chawsant lonydd yno ac ni fu llewyrch ar eu gweithgareddau. O fewn blwyddyn fe fu'n rhaid i'r dyrnaid o Ffrancwyr, ynghyd â'r ychydig Huroniaid oedd yn dal yn driw i'r achos, ffoi i Québec. Gyda hynny daeth dylanwad gwŷr y clogynnau du i ben yn ardal Midland, ond roedden nhw wedi bod yno'n ddigon hir i sarnu'r Huron fel llwyth. Hyd y gwyddys does yna ddim disgynyddion Huron. Eraill yw'r brodorion sy'n efelychu gorchwylion dyddiol tair canrif yn ôl y tu mewn i balisau cyfoes Amgueddfa Sainte Marie ymhlith yr Huron.

Rhaid nodi rhan o werthfawrogiad Esgob Ontario yn 1969 ar achlysur coffáu sefydlu Canolfan Sainte Marie dri chan mlynedd ynghynt. Roedd ei ddealltwriaeth o fuchedd yr 'anwariaid paganaidd' yn dra gwahanol i eiddo ei frodyr yn y ffydd bron bedair canrif ynghynt.

'Rhaid i ni gofio rhinweddau traddodiadol y bobloedd brodorol: eu synnwyr ysbrydol dwfn, eu hagosatrwydd at y greadigaeth ar ffurf eu cariad a'u parch at natur, eu hynawsedd rhyfeddol, eu cariad at deulu, at blant ac at yr oedrannus, a'u consárn am gymuned. Yn hyn o beth y mae'r feddyginiaeth i'n hymwneud ni â phethau materol ar draul y gwerthoedd uwch a'r amcanion Cristnogol.'

Rhyfedd fel mae'r rhod yn troi.

Roedd y *pow pow* ar ei anterth erbyn i ni gyrraedd Brantford. Wrth barcio'r fan roeddwn yn ffyddiog y byddwn yn cyfarfod â rhai o ddisgynyddion y Parchedig Peter Jones, ac y byddwn o fewn dim amser wedi lleoli ei achau'n ôl yng Nghymru. Efallai fod y ddau grwt a geisiai werthu tocynnau raffl i ni yn ei linach. Efallai mai llais ei orwyr a glywn yn galw'r dawnsfeydd dros yr uchelseinydd. Efallai, yn wir, fod un o'r lodesi prydferth a ddawnsiai o amgylch y cylch wedi etifeddu'r cof am ei bregethau. Ond rhaid peidio â rhuthro i holi hwn a'r llall. Rhaid blasu'r awyrgylch a chynefino â'r dathlu yn gyntaf. Mae'n siŵr mai mater bach fyddai canfod pob dim sydd i'w wybod am y gwron o Gymro.

Roedd mwy o rialtwch i'w weld yma nag oedd ym Mhasiant y Chwe Chenedl. Ond wedi'r cyfan roedd hi'n ganol dydd, a heulwen yn teyrnasu. Doedd dim argoel o law. Digwyddai'r cyfan mewn llecyn yng nghanol cylch o goed talsyth. Ydi'r brodorion bob amser yn cynnal eu dathliadau yng nghysgod y coed bythwyrdd? Roedd pabell wedi ei lleoli yn y canol ar gyfer y cerddorion a gyfeiliai i'r dawnsfeydd.

Cyfuniad o daro drymiau a gweryru lleisiol oedd y gerddoriaeth, a thimau o ddynion a bechgyn, o wahanol lwythau yn ôl pob tebyg, yn cymryd at y gorchwyl am yn ail. Buan y sylweddolodd Robert

Pow wow y Mississauga.

Pow wow y Mississauga—Eisteddfod y llwyth.

na chaniateid i neb ond y cerddorion a'r dawnswyr fentro o dan fargod y babell. Roedd ef wedi bwriadu tynnu lluniau o'r fangre ond fe'i hebryngwyd ef a'i gamerâu at raffau erchwyn y cylch. Tebyg petai pawb oedd â chamerâu yno yn cael yr un syniad â Robert byddai'n amhosib cadw trefn ar draddodiad y *pow wow.* Yn wir, byddai'r galwr o bryd i'w gilydd yn gwahardd tynnu lluniau yn ystod ambell ddawns oherwydd natur gysegredig y ddawns honno, ond pe na bai pawb o blith y gynulleidfa wedi clywed y cyhoeddiad, doedd 'na ddim stiwardiaid i sicrhau fod y gorchymyn yn cael ei gadw. Ni ddywedwn ei bod yn siop siafins yno o ran trefniant, ond roedd yna awyrgylch hamddenol ddihidiol. Âi pob dim yn ei flaen yn ôl ei bwysau ei hun—doedd yna'r un rhaglen nac amserlen benodol i'w dilyn.

A doedd chwysu ddim yn rhan o'r dawnsio. Cylchu'r babell mewn patrwm o gamau bychain oedd hanfod pob dawns, a doedd hi ddim yn ofynnol i godi'r gwadnau na'r sodlau fwy nag ychydig o fodfeddi oddi ar y llawr. Gellid dawnsio'n unigol neu mewn rhes, neu hyd yn oed mewn cwlwm o dri neu bedwar. Roedd y gwisgoedd llachar lliwgar yn tynnu sylw, yn ogystal â'r pluf a'r brodwaith. Ond roedd y sbectol haul a wisgai ambell hwlcyn boliog o ddawnsiwr yn difetha'r ddelwedd o baun dynol, ac yn yr un modd roedd ambell sylw o eiddo'r galwr megis 'G'd dancin out there', yn gwneud i mi feddwl am Ianc didoreth yn cnoi gwm. Ni chlywid ac ni welid yr un o'r ieithoedd brodorol yn y cylch dawnsio nac ar y stondinau.

Roedd yna wmbreth o grefftau yn amrywio o ran ansawdd ac o ran pris, a gellid prynu gwanaf o wair melys, hwyaid wedi eu gwneud o binwydd sawrus neu neclis wedi ei wneud o leiniau ac ewinedd arth. Yn y pen pella, lle nad oedd yna fawr neb yn tramwyo, roedd yna stondinau yn gwerthu cylchgronau radical megis *Nativebeat*, a gloriannai'r ymwybyddiaeth newydd ymhlith Brodorion Cyntaf ledled Canada. Tybed a oedd deunydd o'r fath yn apelio at yr hynafgwyr hynny mewn siacedi a *berets* gwyrdd a dystiai iddyn nhw fod yn filwyr yn Korea? Hwyrach fod presenoldeb y cyn-filwyr yn dystiolaeth o'r modd yr oedd hunaniaeth y llwythau wedi mynd ar chwâl. Ond hwyrach hefyd mai ymladd yn Korea o dan faner y Cenhedloedd Unedig fu'r hen gonos, ac er eu bod yno fel aelodau o gatrodydd Canada doedden nhw ddim wedi anghofio eu bod yn aelodau o genedl yr Iroquois.

Yn ymyl un stondin deuthum ar draws Alex Jacobs o Ganolfan Anishnawbe yn Nhoronto. Roedd yntau wedi dod i'r *pow wow* fel rhan o'i bererindod i ailafael yn hanes ac arferion ei bobl. Tynnodd fy sylw at y ffaith nad oedd alcohol na chyffuriau ar gael yn yr ŵyl. Roedd hynny'n fwriadol, meddai, am mai anghymwynas â'i bobl fyddai caniatáu eu gwerthu a'u defnyddio mewn digwyddiad oedd yn ceisio adfer urddas i gymunedau'r Brodorion Cyntaf. Byddai dylanwad alcohol a chyffuriau yn gwanhau gallu'r corff i amgyffred agweddau ysbrydol y diwylliant, meddai. Ystyriai'r dawnsio yn rhywbeth mwy na sioe a swae.

Pwysleisiai mai dim ond ers pum mlynedd y sefydlwyd *pow wow* Mississauga a hynny gan bobl o blith llwythau eraill. Roedd y ffaith fod yna frodorion wedi teithio o bob rhan o Ogledd America yn brawf o'u penderfyniad i gynorthwyo'r mil a mwy o'r Mississauga i ailafael yn eu traddodiadau. Mentrais ofyn iddo a oedd yn gwybod am gyfraniad y Parchedig Peter Jones i hanes y llwyth. Siglodd ei ben yn ymddiheuriol gan ddweud mai'r Ojibwe oedd ei lwyth e ac nad oedd wedi'i drwytho'i hun yn hanes y Mississauga. Ond fe'm hanogodd i holi ymhellach ymhlith y trefnwyr wrth y fynedfa.

Cerddais rhwng y boncyffion pinwydd cedyrn gan wau fy ffordd heibio i'r stondinau crefftau a'r arlwywyr bwyd. Roedd sawr y byrgyrs a'r selsig, y donyts a'r cŵn poeth a'r saim a'r winwns yn fy atgoffa o awyrgylch ffair. Medrai'r arlwywyr bwyd fod yr un mor gartrefol, os nad yn fwy cartrefol, mewn ralïau moto beics yng nghanol rhefru a rhegi. Roedd y dawnswyr yn dal i gylchynu, gydag ambell un yn ymddangos fel petai mewn gwewyr pêr o ganlyniad i'r canolbwyntio. Hwyrach fod eu dawnsfeydd hefyd wedi eu llunio i fod yn gydnaws â harmoni natur. Ai'r un yw rhythmau'r dawnsfeydd a rhythmau'r coed urddasol? Ond does bosib nad oes yna ambell ddawns gynhyrfus gynddeiriog sy'n adlewyrchu'r mellt a'r trystau a'r stormydd sy'n drysu'r hin?

Cyrhaeddais stondin y fynedfa. Edrychai'r gwragedd arnaf yn syn wrth i mi ddweud fy neges. Efallai fod fy acen, yn ogystal â natur anghyffredin fy nghais, wedi eu taflu oddi ar eu hechel.

Edrychent o un i'r llall heb fentro dweud dim. Euthum ati i ailadrodd fy nghais, ond chefais i ddim ymateb. Efallai eu bod yn gwbl gyfarwydd â'r Parchedig Peter Jones a'i wehelyth ond eu bod yn anfodlon cydnabod hynny wrth ddieithriaid. Efallai, ar y llaw arall, nad oedd yr enw yn golygu yffach o ddim iddyn nhw. Ymhen amser mentrodd un ohonyn nhw ddweud y byddai'n well i mi aros nes y deuai'r prif drefnwraig i'r adwy. Dyna a wneuthum.

Ymhen hir a hwyr fe ddaeth dynes i'm cyfarch a llyfryn tenau yn ei llaw oedd yn crynhoi hanes y Mississauga. Roedd yna gyfeiriad ynddo, meddai, at y Parchedig Peter Jones ond ni wyddai ddim mwy amdano. Esboniodd nad oedd yn aelod o lwyth y Mississauga ei hun ac na wyddai am neb o fewn y llwyth a ystyrid yn wybodus ynghylch hanes ei bobl. Dywedodd fod yna groeso i mi fenthyca'r llyfryn ond na fedrwn ei gadw am fod copïau ohono'n brin. Doedd dim ar gael i'w gwerthu, ychwanegodd.

Bodiais trwy'r tudalennau print bras ac yno ar dudalen pump roedd y cyfeiriad canlynol at y Jonesiaid: 'Ar Awst 6, 1840 galwodd y Penaethiaid Joseph Sawyer a John Jones gyfarfod o'r cyngor gyda'r bwriad o roi blaenoriaeth i drafod cynnig ynghylch mudo o lannau Afon Credit ai peidio. Cafodd y mater ei drafod yn ystod y chwe blynedd nesaf ac ni wnaed penderfyniad tan gaeaf 1846. Erbyn hynny, roedd John Jones wedi ymddeol o'r Cyngor ac yn ei le penodwyd ei nai, y Parchedig Peter Jones.'

Ymddengys i'r Parchedig Peter Jones fod yn allweddol yn nhrefniadau'r llwyth i symud i'w safle presennol. Roedd ymlediad y dyn gwyn yn cyfyngu ar eu ffordd o fyw ar gyrion Toronto, ac roedd eu tiroedd hela yn lleihau wrth i ffermwyr feddiannu mwy a mwy o dir ac wrth i'r maestrefi ehangu. Doedd 'na ddim dewis ond symud os oedden nhw am geisio cadw eu hunaniaeth. Cymathiad a difodiant fel pobl oedd yn eu haros ar lan Afon Credit. Doedd yna ddim cyfeiriad pellach at y Parchedig yn y llyfryn wyth tudalen. Ai ei swm a'i sylwedd yw nodi na fu fawr o lewyrch ar hynt y llwyth ar eu gwarchodfa? Profodd sawl menter fusnes yn fethiant a bu cymalau'r Ddeddf Indiaidd yn fodd i lesteirio datblygiad cymunedol. Bu'n rhaid i'r gwŷr adael i chwilio am waith, a doedd eu hymweliadau achlysurol o ddim help i gryfhau'r gymdeithas. Terfyna'r llyfryn trwy nodi fod holl ffyrdd y warchodfa wedi eu gorchuddio â tharmac.

Dychwelais y llyfryn i'w berchennog yn bendrist. Ond fe gododd hi fy nghalon trwy ddweud fod ganddi frith gof iddi glywed rhywun rywle, rywbryd, yn sôn fod yna lyfr swmpus wedi ei gyhoeddi am hanes y Parchedig Peter Jones—ni fedrai fod yn fwy pendant na hynny. Ni wyddai enw'r awdur, a doedd hi erioed wedi gweld y llyfr, ond fe awgrymodd fy mod yn holi mewn llyfrgell yn un o'r dinasoedd mawrion. Diolchais iddi gan fy nghysuro fy hun fy mod o leiaf wedi llwyddo i ganfod yn fras yr adeg y bu'r Parchedig yn byw ymhlith y Mississauga. Yn wir, gan ei fod yn dilyn ei ewythr fel aelod o gyngor y llwyth tybed a oedd wedi ei fagu yn eu plith? Neu oedd e wedi ymfudo o Gymru gyda'r teulu pan oedd e'n ddim o beth? Efallai nad oedd yn cofio fawr ddim am wlad ei deidiau. Ond efallai iddo ddychwelyd i Gymru i ddilyn cwrs diwinyddol ac i gael ei ordeinio. O leiaf, roedd yn annhebygol ei fod wedi dod o dan ddylanwad uniongyrchol Howel Harris na Daniel Rowland, ond medrai berw'r diwygiad fod yn ei waed.

Ni fedrwn ond rhyfeddu nad oedd neb yn y *pow wow* a fedrai fy hysbysu am hynt fy nghyd-Gymro. Roedd y Mississauga wedi colli rhan o'u cof. Roedd presenoldeb myrdd o dwristiaid a brodorion o lwythau eraill yn brawf mai bregus oedd hunaniaeth y Mississauga, ac ni fedrwn ond dyfalu ynghylch y Jonesiaid wrth deithio'n ôl i'r Sheraton yn Nhoronto. Ychwanegais un dasg arall at y rhestr roedd eisoes yn ofynnol i Robert Paterson eu cyflawni, sef canfod y llyfr a gynhwysai hanes y Parchedig Peter Jones, doed a ddelo!

'Wel, ie, falle yn hwyr neu'n hwyrach y dof ar draws y llyfr—os oes yna'r fath lyfr. Ond dim teitl, dim enw awdur, dim enw cyhoeddwr—gall fod yn anodd,' meddai'n ddidaro. 'Ond yfory byddwn yn hedfan i Montréal ac yn ymweld â'r gymuned Mohawk yn Oka ac Akwesasne. Ac efallai y byddwn ni'n cwrdd â gŵr o'r enw Alwyn Morris yno. Nawr, sgwn i a ydi e o dras Cymreig?' ychwanegodd yn gellweirus.

Roedd gan Robert fwy o ddiddordeb yn y lluniau a dynnodd yn y *pow wow*. Edrychai ymlaen yn awchus at y sialens o'u datblygu'n llwyddiannus oherwydd credai y medrai rhai ohonynt, o sicrhau fod ansawdd y goleuni yn gywir, dynnu dŵr o ddannedd. Ond tybed, ymhen canrif, a fyddai'r lluniau hynny'n tystio i ddiflaniad

104

hen ddiwylliant? Ai gwaddod hen ogoniant roeddem wedi ei weld? Ai tamaid o syrcas fyddai'n datblygu'n fwyfwy o atyniad i ymwelwyr yn unig oedd yr ŵyl? Neu, tybed, o ystyried y *pow wow* yng nghyd-destun y deffro ehangach yn hanes y Brodorion Cyntaf, ein bod wedi gweld gwreichion ffenics yn codi o'r tân? Efallai y byddai lluniau Robert yn werthfawr fel cofnod o aileni diwylliannol ymhen blynyddoedd i ddod. Ceisiais ei gysuro, hyd yn oed os oeddwn yn swnio'n ddidaro, mai dyna fyddai'n debygol o ddigwydd.

Dau hynafgwr o genedl yr Iroquois yn y *pow wow*, y naill yng ngwisg lliwgar ei lwyth, a beret a siaced werdd y llall yn tystio iddo ymladd yn Korea yn enw Canada.

11

Roeddem yn fwy tebygol o gael ein cyfarch mewn Ffrangeg nag yn Saesneg yn ninas Montréal. Mae'n rhan o dalaith Québec sydd gymaint deirgwaith â Ffrainc. Hi yw talaith fwyaf Canada. Mae ei thirwedd yn cynrychioli pumed ran o'r wlad. Ond ni ddylid parhau â'r gymhariaeth â Ffrainc. Mae'r trigolion yn eu disgrifio eu hunain fel Québeciaid yn hytrach na Ffrancwyr a hynny am eu bod wedi hen dorri cysylltiad â'r famwlad. Yn wir caniataodd Deddf Québec 1773 i'r can mil o Ffrancwyr oedd yng Nghanada gadw eu hiaith, eu crefydd a'u cyfraith gwlad. Erbyn hyn gelwir y Ffrangeg y maen nhw'n ei siarad yn 'joel'. Mae ganddynt eu diwylliant eu hunain, yn llenyddiaeth, yn ffilmiau ac yn ganu pop, nad oes a wnelo fe ddim â Ffrainc.

Erbyn i mi gwblhau trefniadau wrth ddesg y gwesty roedd Robert yn fy hysbysu fod y cerbyd roedd newydd ei logi dros y ffôn wedi cyrraedd. Doedd y daith awyren ddim wedi cymryd fawr o amser, ac roedd hi'n dal yn fore, felly gadawyd y bagiau yn nwylo'r porthorion a chyfeiriwyd trwyn y cerbyd i gyfeiriad pentre'r gymuned Mohawk.

Doedd gan Robert fawr i'w ddweud am Québecdod. Roedd yn rhaid ei brocio'n gyson i gael gwybodaeth, a doedd gan ei amharodrwydd i draethu ddim i'w wneud â rheidrwydd i ganolbwyntio ar yrru. Cyfaddefodd iddo fyw yn y dalaith am rai blynyddoedd yn ystod ei blentyndod, ond roedd yn ymarhous i gyfaddef ei fod yn medru siarad Ffrangeg. 'Tipyn bach, digon i gynnal sgwrs elfennol ac i ganfod fy ffordd o gwmpas,' meddai. Ac nid swildod a'i rhwystrai rhag cyfaddef ei fod yn medru siarad Ffrangeg cystal ag yr oedd yn siarad Cymraeg, ond elfen o gywilydd sy'n nodweddiadol o bob Canadiad sy'n byw y tu fas i'r dalaith. Mae'n ddrych o'r berthynas sy'n bodoli rhwng y Canadiaid a'r Québeciaid. Does yna ddim cyd-dynnu cymodlawn. Er bod yna statws swyddogol i'r Saesneg a'r Ffrangeg drwy'r wlad, mae llawer o'r farn fod Québec wedi mynd dros ben llestri trwy fynnu blaenoriaeth swyddogol i'r Ffrangeg. Wedi'r cyfan, Ffrangeg yw iaith naturiol y mwyafrif o drigolion y dalaith. Ond ymddengys ei bod yn well gan Ganadiaid eraill beidio â thraethu ar y pwnc yn fwy na gwneud ychydig sylwadau diraddiol. Iddyn nhw mae agwedd y Québeciaid yn drahaus, a'u safiad yn bygwth undod y wlad. Yn ddiweddarach clywais rywun yn diffinio Canadiad dewr fel person a fentrai siarad Ffrangeg yn Calgary. Prociais y gŵr o dras Albanaidd eto gan fod yn ddethol ddiplomataidd fy nghwestiynau.

'Fydda hi'n hawdd i Ffrancwr o Baris gynnal sgwrs â Chanadiad o Québec?'

'Wel, maen nhw'n dweud fod y gwahaniaeth rhwng y ddau fath o Ffrangeg yr un â'r gwahaniaeth rhwng wy wedi ei sgramblo ac wy amrwd. Mae'r eirfa'n wahanol iawn. A hefyd mae'r acen, os rhywbeth, yn debyg i acen pobol Normandi a Llydaw. Yma maen nhw'n dweud pethau fel "breuvage" yn lle "boisson", "tabagio" yn lle "tabac" a "frrwe" yn lle "froid". O ran sŵn mae'n debyg fod y "joel" yn nes at Ffrangeg y 18fed ganrif na'r Ffrangeg a glywir yn Ffrainc heddiw.'

'Rhywbeth yn debyg, efallai, i'r Gymraeg sy'n cael ei siarad ym Mhatagonia?' mentrais.

'Ie, efalle . . . mae rhywbeth yn anacronistaidd yn yr iaith ar ryw olwg, ond eto mae hi wedi datblygu ei theithi ei hun erbyn hyn. Ond dyw hi ddim yn anodd i Gymro ddeall rhywun o Batagonia hyd yn oed os yw'r acen Sbaenaidd yn gryf.'

Roedd Robert yn dechrau agor y dorau.

'Oes yna reswm arbennig pam y dylai'r iaith fod yn gymaint o bwnc llosg?'

'Wel, mae'n anodd . . . mae'n gymhleth. Mae 'na stori yn cael ei dweud am ddau gyfaill o Montréal yn cyfarfod mewn tŷ bwyta yn Alberta. Mae'r ddau yn sgwrsio yn Ffrangeg, ond dyma ddynes yn codi o'r bwrdd gyferbyn ac yn dweud wrth y ddau yn Saesneg, "Rhaid i chi siarad iaith y dyn gwyn fan hyn". "Ond pa iaith yw iaith y dyn gwyn?" atebodd un o'r ddau. "Wel, Saesneg wrth gwrs," meddai'r ddynes. "Os felly, mi ydw i'n eithriadol o wyn oherwydd mae gen i ddeallusrwydd digonol i fedru siarad dwy iaith, tra ydych chi wedi eich cyfyngu i un iaith," oedd yr ateb.

'Ond wedyn rhaid cofio nad yw trigolion Saesneg eu hiaith yn y dalaith wedi gwneud fawr o ymdrech i fod yn ddwyieithog yn ystod y ddwy ganrif ddiwethaf. Mae'r Québeciaid Ffrengig yn fwy tebygol o fod yn ddwyieithog na'r Québeciaid Seisnig. I'r mwyafrif sy'n siarad Ffrangeg mae'n debyg fod agwedd y Saeson i'w gweld yn drahaus. Dyna pam fod yna fwy o bwyslais ar orfodi'r Ffrangeg ar bawb trwy ei defnyddio o fewn y gyfundrefn addysg, ym myd busnes ac mewn gweinyddiaeth.'

'Mae'n bosib cymharu'r sefyllfa ieithyddol â'r un sy'n bodoli yng Nghymru, mae'n siŵr?'

'Wel, ydi . . . mae'n ddiddorol. Ond gan fod 80 y cant o boblogaeth y dalaith yn siarad Ffrangeg fel dewis cyntaf, mae'n haws gweithredu deddf o blaid y Ffrangeg nag y byddai i weithredu deddf hollgynhwysfawr o blaid y Gymraeg yng Nghymru. O dan yr hyn sy'n cael ei alw'n Ddeddf 101 mae'n ofynnol i bob siop arddangos ei henw mewn Ffrangeg neu fe fydd yn cael ei dirwyo am dorri'r gyfraith. Mae'n rhaid i bob cwmni sy'n cyflogi mwy na 50 o bobol ddefnyddio'r Ffrangeg fel iaith gwaith. Roedd rhai yn dehongli pwrpas y ddeddf fel ymgais i dynnu'r Saesneg mas o fywyd y dalaith wrth ei gwreiddiau. Ond i eraill yr unig bwrpas oedd gorseddu safle'r Ffrangeg i'r un graddau ag y mae'r Saesneg yn cael ei orseddu mewn taleithiau lle mae'r mwyafrif llethol o'r trigolion yn siarad Saesneg o ddewis. Dadleuai rhai fod y ddeddf yn fodd i dalu'r pwyth yn ôl ar ôl degawdau o orfodi Québeciaid Ffrangeg eu hiaith i siarad Saesneg cyn cael eu gweini mewn siopau a thai busnes. Mae'r ddeddf yn caniatáu i yrrwr bws, dyweder, wneud cyhoeddiadau uniaith Ffrangeg, hyd yn oed os yw'n medru siarad Saesneg, ac yn gwybod fod nifer o'r teithwyr yn ddieithriaid nad ydyn nhw'n deall Ffrangeg. Mae deddf, waeth pa mor anrhydeddus yw'r cymhelliad dros ei llunio, wastad yn achosi rhyw anawsterau yn ôl dehongliad yr unigolyn o sut y dylid ei gweithredu.'

Doedd dim pall ar lifeiriant Robert erbyn hyn. Roeddem wedi gadael y draffordd, wedi colli golwg ar lesni Afon St. Lawrence wrth iddi droelli i gyfeiriad Môr Iwerydd, ac yn teithio ar hyd dyffryn coediog ffrwythlon.

'Beth, felly, oedd y cymhelliad gwleidyddol y tu ôl i'r Ddeddf Iaith?'

'Wel, mae hynny'n ymwneud â Parti Québecois a phobol fel Rene Levesque. Sefydlwyd y Blaid yn 1968 ac o fewn deng mlynedd roedden nhw'n rheoli'r dalaith. Roedden nhw'n gwleidydda ar sail ymwahaniaeth, ond fe lastwreiddiwyd hynny o dipyn i beth i sofraniaeth ar y cyd. Dywedai eu gwrthwynebwyr eu bod am gael y gorau o ddau fyd. Roedden nhw am gael annibyniaeth o fewn Canada gref oherwydd, wedi'r cyfan, fedren nhw ddim ysgaru eu bywyd economaidd oddi wrth economi gweddill Canada. Yn ôl yr awdur Mordecai Richler, roedd Québec am gael ysgariad ar yr amod fod y telerau alimoni yn ffafriol. Ond fe gollodd y P.Q. rym yn 1985.

'Rhaid cofio fod nifer o gwmnïau mawr fel Sun Life wedi symud eu pencadlysoedd i Toronto yn ystod teyrnasiad P.Q., a hynny am fod amodau Deddf 101 yn feichus i gwmnïau cydwladol. Bu cwymp sylweddol ym mhrisiau eiddo, ac am ei bod yn ofynnol i'r lled-gyfoethog dalu trethi uchel roedd llawer o'r gweithlu galluog yn symud i weithio i gorfforaethau y tu fas i'r dalaith. Ond dyw hynny ddim wedi rhwystro'r gwleidyddion rhag ymgyrchu dros ryw fath o gydnabyddiaeth arbennig i'r dalaith. "Statws arbennig ar sail ei thraddodiadau a'i diwylliant unigryw" oedd y nod o fewn Cytundeb Llyn Meech, wrth gwrs. Ond Elijah Harper, y Brodor Cyntaf gyda'i blufyn gwyn, fu'n gyfrifol am fethiant y Cytundeb hwnnw.

'A chyda llaw . . . efalle y dylwn ddweud hefyd am Mordecai Richler ei fod yn manteisio ar bob cyfle i ddychanu safbwynt y Québecois yn fileinig, a'i fod oherwydd beiddgarwch ei sylwadau yn gorfod cael ei hebrwng o ambell gyfarfod cyhoeddus er mwyn ei ddiogelwch ei hun. Ac efalle ei bod yn bwysig cofio nad yw ef ei hun yn siarad Ffrangeg.'

'Sgwn i a yw wedi darllen rhai o lithiau ei gyd-Iddew, Bernard Levin, am y Celtiaid, neu straeon Caradog Evans am y Cymry?'

meddwn yn feddylgar heb gofio fod Robert wedi astudio gwaith y gŵr o Rydlewis pan oedd yn fyfyriwr yn y Brifysgol yn Abertawe.

'Wel . . . ie roedd Caradog Evans wedi ennyn dicter y Cymry am ei fod yn sgrifennu'n sarhaus amdanyn nhw yn Saesneg. Ac am fod y Cymry ar y pryd yn byw yn nrych llygaid y Sais roedden nhw'n poeni y byddai'r Saeson yn llyncu meddylfryd Caradog. Yr un modd mae'r Québecois yn poeni am adwaith yr Americanwyr i'r hyn y mae Richler yn ei sgrifennu. Am ei fod yn cyhuddo'r Québecois o fod yn wrth-Iddewig mae 'na bryder y bydd Iddewon yr Unol Daleithiau yn defnyddio eu dylanwad i rwystro buddsoddi arian yn y dalaith. Ac, wrth gwrs, Iddew yw Mordecai Richler ei hun.

'Gyda llaw, rydyn ni yng nghanol tiriogaeth y Mohawk nawr. A does ganddyn nhw fawr i'w ddweud wrth y Québecois. Dyw'r Mohawks ddim yn siarad llawer o Ffrangeg ac maen nhw o'r farn fod awdurdodau'r dalaith yn ddi-hid o'u hanghenion. Mae gwreiddyn y gynnen honno i'w chanfod ym mrwydrau'r ail ganrif ar bymtheg rhwng y Saeson a'r Ffrancwyr pan oedd y Mohawks yn ymladd ar ochr y Saeson.'

Doedd tiriogaeth llwyth y Mohawk yn Kanesatake ddim yn warchodfa swyddogol, ond roedd y baneri coch ac oren a welid yn cwhwfan uwchben simneiau nifer o'r tai yn brawf mai Brodorion Cyntaf Canada oedd y preswylwyr. Lleolid y cabanau pren tua chwarter milltir oddi wrth ei gilydd ar leiniau o dir ryw ugain llath oddi ar y ffordd. Doedd yna fawr o fywyd i'w weld yn unman. Prysgwydd a thyfiant gwyllt oedd rhwng y tai. Yma ac acw gwelid meidrioedd yn dirwyn am bellter o tua hanner milltir o'r ffordd i glosydd fferm. Doedd dim baneri i'w gweld uwchben adeiladau'r ffermydd. Nid Indiaid oedd yr hwsmoniaid. Gwelsom adeilad na fedrai fod yn ddim ond Tŷ Hir traddodiadol, ond roedd mewn cyflwr truenus. Edrychai fel neuadd bentref yng nghefn gwlad Cymru a fu'n segur ers tua ugain mlynedd.

Penderfynodd Robert droi'n ôl am ei fod yn amau iddo basio canolfan yr orsaf radio gymunedol lle'r oedd wedi trefnu i gyfarfod â rhai o'r Rhyfelwyr Mohawk. Roedd yr eriel uchel a ymestynnai i'r awyr yn dynodi mai'r caban dinod a welwyd cynt oedd yr orsaf radio. Ond roedd y drws wedi ei gloi a doedd neb i'w weld o gwmpas er ei bod yn hanner dydd. Yn sydyn fe gyrhaeddodd car jibec yr olwg, ac ohono daeth dynes syber. Aeth yn syth at ddrws yr orsaf gan gario recordydd casét o dan ei chesail. Tybiem mai hi oedd un o'r darlledwyr. Ond pan fethodd agor y drws ynganodd ebychiad os nad rheg ysgafn o rwystredigaeth. O'i holi deallwyd mai paratoi prosiect ymchwil ar hynt y Mohawk oedd ei rhawd a'i bod wedi cael siwrnai seithug i'r orsaf o'r blaen. Roedd hi'n ddiamynedd tost.

'Rown i'n hwyr, a drato os ydw i wedi ei cholli eto. Fedra i ddim neilltuo'r amser i ddod 'nôl. Mae amser yn brin. Dwi wedi paratoi'r cwestiynau'n barod a dim ond siarad i mewn i'r peiriant yma fydd yn rhaid i Ellen Gabriel ei wneud. Ble ddiawch mae hi?'

Ceisiais ei chysuro, â'm tafod yn fy moch, trwy ddweud fy mod i wedi teithio tipyn mwy o bellter na hi i ddod i weld y Mohawk, a fy mod, wrth ddysgu nad yn ôl trefn amser y mae'r brodorion yn mesur eu diwrnod, yn barod i fod yn amyneddgar. Ciliodd i fytheirio ac i dolach ei pheiriant. Ond rhaid cyfaddef fod amser yn cerdded yn araf wrth dindroi. Roedd yna gaban pren o fewn ychydig lathenni o dan yr orsaf. Er ei fod o ran golwg yn ddi-lun, roedd y cyfarth a glywid o'r cefn yn brawf fod rhywun yn byw yno. Mentrais at y drws yn betrusgar. Roeddwn yn barod i'w sgidadlan hi petai'r bleiddgi ysgyrnygus yn penderfynu ymestyn ei gadwyn i'w llawn hyd. Ymhen amser daeth gŵr byr, a'i wallt wedi ei glymu'n fwlyn ar ei wegil, i'r drws. Er nad oedd wedi ysgwyd huwcyn cwsg o'i amrannau, roedd yn serchog ei gyfarchiad. Esboniais fy mhicil. Fe'm sicrhaodd y byddai rhywun yn cyrraedd yr orsaf cyn hir, ac ychwanegodd y byddai'n ddigon parod i sgwrsio am y frwydr yn lleol am iddo fod yn ei chanol fel un o'r Rhyfelwyr. Ysgydwodd fy llaw a'i gyflwyno'i hun fel Joe David, artist a Rhyfelwr Mohawk. Fe'm siarsiodd i ddychwelyd ar ôl iddo gael cyfle i ddadebru o'i gwsg.

Sgrialodd car Americanaidd llydan rhydlyd at fynedfa'r orsaf gan adael cwmwl o lwch o'i ôl. Cafwyd '*Hi*' cyfeillgar gan y ddynes

Joe David, artist a rhyfelwr Mohawk.

a ddaeth ohono. Cyn iddi gael cyfle i osod yr allwedd yn nhwll y clo aeth yr ymchwilwraig ddwys-ddifrifol i'r afael â hi. A phwy oeddwn i i sefyll yn ei ffordd?

'Ai chi yw'r Ellen Gabriel y bues i'n ceisio trefnu i'w chyf-weld ers wythnosau?' oedd ei chyfarchiad.

Cafodd ymateb pwyllog.

'Nage, nid fi yw Ellen Gabriel . . . ond mae'n siŵr y bydd hi yma cyn hir os ydych chi wedi trefnu i gael gair â hi.'

Manteisiais ar y distawrwydd dilynol i esbonio nad oeddwn yng nghwmni'r ymchwilwraig ond fy mod wedi galw ar hap yn y gobaith o gael ychydig o hanes Brwydr Oka yn ystod haf 1990. Esboniais fy nghefndir yn fras ac fe wahoddwyd Robert a minnau i mewn i'r orsaf yn ddigon di-lol. Roedd esboniad Robert am gefndir Brwydr Oka yn dal yn glir yn fy meddwl ers y noson honno yng nghanol y cenllif a'r cesair wrth deithio'n ôl i Doronto o Basiant y Chwe Chenedl.

Aeth y ddynes i'r afael â'r mân ddyletswyddau arferol hynny o agor swyddfa. Bu'n clirio annibendod, yn symud dodrefn, yn agor ffenestri ac yn chwilio'n ofer am chwistrellwr i ddifa'r holl glêr oedd yn hedfan yn swnllyd o gwmpas yr ystafelloedd. Am fod y llaeth wedi suro rhoddodd y gorau i geisio hulio paneidiau o goffi. Gwnaeth hyn i gyd yn hamddenol a chwbl hunanfeddiannol, a hymiai ryw alaw iddi hi ei hun. Sylwais ei bod yn fyr a llydan o gorffolaeth ac yn dwt a chymen yr olwg. Gwisgai drywsus hyd at ei phenliniau a chrys llwydfelyn a sanau gwyn a sandalau. Roedd ganddi wyneb crwn, llawn a gwallt du, trwchus, ac er nad oedd yna arlliw o finlliw ar ei hwyneb roedd yna neclis trawiadol o ewinedd arth am ei gwddf. Dilynai fy llygaid bob osgo o'i heiddo, ond ni fentrais dorri ar ei thraws. Synhwyrwn eisoes nad fy anwybyddu a wnâi, ac y byddai yn ei hamser ei hun yn neilltuo ei sylw i mi.

Wrth ad-drefnu casetiau yn yr ystafell ddarlledu esboniodd mai hi oedd yn bennaf gyfrifol am gyflwyno'r darllediadau. Dywedodd mai Saesneg oedd y cyfrwng cyfathrebu oherwydd nad oedd fawr neb yn defnyddio'r iaith Mohawk ar hyn o bryd. Roedd y modd y

113

Denise David Tolley neu Tewateriiokotha.

dywedai'r 'hyn o bryd' yn awgrymu ei bod yn erfyn newid. Ychwanegodd ei bod hi wrthi'n ailddysgu'r iaith a bod ei phlant yn mynychu ysgol Mohawk lle dysgid pob dim trwy gyfrwng iaith y llwyth. Ond doedd yr ychydig oedolion oedd yn dal i gofio'r iaith ddim yn barod i'w harddel yn gyhoeddus, meddai, ac ar wahân i ambell gyfarchiad yn y Mohawk, roedd y cyflwyniadau, fel y mwyafrif o'r recordiau a glywid ar yr orsaf, yn Saesneg. Yn ôl y rhes o gasetiau o amgylch y bwrdd roedd yn amlwg fod cerddoriaeth roc trwm yn boblogaidd gan y gwrandawyr. Ymddengys mai cyfarchion oedd bwydlen y rhaglenni, a hynny am ei fod yn ddull syml o dynnu'r gymuned at ei gilydd. Doedd yna fawr o newydd-iadura nac o greu bwriadol yn rhan o'r strwythur rhaglenni. Nid oedd yna oriau darlledu penodedig, a phrin oedd y cyllid i gynnal y fenter.

Esboniodd ei bod yn cael ei galw'n Denise David Tolley, ond ei bod hefyd yn arddel yr enw Tewateriiokotha o Lwyth yr Arth. Roedd hynny, meddai, yn brawf o'r ddeuoliaeth yn ei bywyd, ac roedd y ddeuoliaeth honno wedi dwysáu yn ystod ac ar ôl ei phrofiad y tu ôl i'r báriced yn amddiffyn tir cysegredig ei phobl. Roedd yn amlwg yn barod i draethu.

'Mae fy nhad-cu a'm mam-gu yn gorwedd yn y fynwent yng nghanol y pinwydd. Dwi'n cofio fy mam-gu yn dda. Roedd hi'n fy hyffordddi yn arferion y llwyth, ond wrth i mi dyfu fe roddais lawer o'r arferion o'r neilltu. Eto, doeddwn i ddim am i darmac gael ei osod dros eneidiau fy nghyndeidiau er mwyn i chwaraewyr golff gael parcio eu ceir uwchben y beddrodau. Dwi'n dal i deimlo'n agos at fy mam-gu . . . dwi'n dal mewn cysylltiad â hi. Yn ystod y gwrthdaro . . . roedd hi yno yn sefyll wrth fy ochr. Mae'n anodd i chi ddeall, efalle, ond roedd hi'n fy nghefnogi ac yn fy niogelu . . . dwi'n siŵr o hynny. Roedd hi yn y coed ac yn yr awel . . . roeddwn yn medru teimlo'i phresenoldeb. Hi sy'n dweud wrthyf nawr i fynd 'nôl at yr hen ffyrdd. Dyma pam dwi'n benderfynol, cyn i mi farw, y byddaf yn siarad iaith fy llwyth yn rhugl. Mae'n bleser clywed fy mhlant yn siarad Mohawk nawr . . . mae'n felys i'r glust . . .'

'Ond yn ystod y gwrthdaro onid oeddech chi'n gofidio am eich bywyd, yn arbennig gan fod yna arfau yn cael eu defnyddio? Oedd y fenter yn werth yr holl ofid?'

'Oeddwn, ac oedd. Dwi'n dal i ofidio am ddiogelwch fy mhlant. Ond rhaid i chi gofio fod ewyllys ac ysbryd fy mhobol yn cryfhau yn hytrach nag yn gwanhau yn ystod dyddiau ein caethiwed yn y pinwydd. Roedd plismyn Sûreté de Québec a milwyr byddin Canada yn ein rhwystro rhag gadael y darn tir a doedden ni ddim yn fodlon ei ildio. Roedd y profiad yn ychwanegu at ein cadernid. Os ydych chi'n credu yng nghyfiawnder eich safiad dydych chi ddim yn plygu i neb. Mae balchder yn eich cynnal. Dywedon ni wrth bobol Canada am adael ein meirw mewn hedd. Dydi'r ffaith nad ydyn nhw'n ddim ond esgyrn yn y ddaear ddim yn golygu eu bod wedi diflannu. Roedden nhw'n sicr yn ein cynnal ni dros y misoedd o wrthdaro. Ar y diwrnod tyngedfennol hwnnw ar 11 Gorffennaf 1990, roedd un o'm cyndeidiau wedi gosod coeden yn fy ymyl i'm diogelu rhag y bwledi. Roeddwn i'n cuddio y tu ôl i'r goeden. A dyw hi ddim yno nawr.'

'Ond mae'n anodd derbyn yr hyn rydych chi'n ei ddweud ynghylch gwedd ysbrydol yr holl ddigwyddiad. Onid mater o hwylustod oedd hi i aelodau'r clwb golff addasu'r darn tir i ehangu eu maes parcio . . . a chithau'n ymddwyn yn benstiff?'

'Wel, ie . . . iddyn nhw . . . ond nid eu heiddo nhw oedd y tir. Dyw rheolau a deddfau'r cyngor lleol ddim yn berthnasol i dir cysegredig y Mohawk. Mae gan y Mohawk ei drefn ei hun. Doedden ni erioed wedi ildio'r fynwent i reolaeth y cyngor lleol yn Oka. Pam mae'r dyn gwyn yn ei chael hi mor anodd deall hynny? Dyw'r dyn gwyn ddim yn deall yr undod sydd rhyngom a natur. Dwi'n sylwi ar goed o wahanol faintioli ac yn eu hystyried fel cenedlaethau gwahanol o fewn yr un teulu. Mae ganddyn nhw eu heneidiau unigol er eu bod yn rhan o gwlwm teuluol. Mae hynny, wrth gwrs, yn naïf yng ngolwg y dyn gwyn. Chwennych arian ac enwogrwydd mae ef, gan gredu fod hynny'n sicrhau hapusrwydd. Yna, ar ddiwedd ei oes, mae'n sylweddoli ei fod wedi'i dwyllo ei hun ar hyd ei fywyd. Nid yw'n parchu hapusrwydd byd natur am nad yw'n gwybod beth yw hapusrwydd. Dwi wedi gweld dyfroedd yn llawn cynddaredd ym Mae James am fod y dyn gwyn yn ei lygru gyda'r hyn mae e'n ei alw yn ddatblygiad.'

'Ond hyd yn oed o arddel syniadaeth oedd yn gyfarwydd i'ch cyndeidiau cyn dyfodiad y dyn gwyn, onid yw hi'n rhy hwyr i'w hadfer gan fod cyn lleied ohonoch ar ôl?'

'Rhaid i chi ddeall fod un person yn ddigon i gynnal traddodiadau a chydwybod casgliad o bobol. Dim ond un person sydd ei angen. Dyn a ddyfeisiodd rifau, nid Duw neu'r Ysbryd Mawr. Nid mewn niferoedd mae mesur gwerth. Mae cryfder un person yn medru bod yn fwy nag eiddo lliaws. Cofiwch, mae'r gwrthdaro, er ei fod wedi cryfhau fy sêl, wedi chwalu fy mhriodas. Roedd fy ngŵr yn ystyried syniadaeth draddodiadol y Mohawk yn henffasiwn ac yn amherthnasol . . . felly roedd yn rhaid i ni wahanu. Dwi am gadw mewn cysylltiad â'm cyndeidiau a dwi'n sicr mai dechrau pethau fydd hyn i gyd . . . dechrau adnewyddiad yn hanes y Mohawk. Mae 'na gynddaredd, os nad casineb, yn dal yn fy mynwes tuag at y rhai fu'n erlid fy mhobol dros y blynyddoedd, ond dwi'n ceisio ei sianelu i gyfeiriadau creadigol er lles fy mhobol. Oni bai am hynny mae'n debyg y buaswn yn troi at alcohol a chyffuriau fel dihangfa, yn union fel llawer o'n pobol ieuanc.'

Roedd yna ddur i'w weld yn ei llygaid brown melfedaidd. Doeddwn i ddim yn ymwybodol o'r gleren oedd yn cosi fy ngwegil wrth i mi wrando ar Denise yn traethu'n bwyllog gadarn. Edrychai i fyw fy llygaid.

'Un o'r pethau mwyaf cadarnhaol a ddigwyddodd yn ystod y tri mis o warchae oedd cynnal yr arfer boreol o gynnau tybaco fel arwydd o ddiolchgarwch am y gwawrio. Roedd y weithred symbolaidd honno yn ein hatgoffa o'n perthynas glòs â'r Fam Ddaear ac yn ein gosod yn y cywair priodol ar gyfer parhau i barchu elfennau'r ddaear weddill y dydd. Efalle ei bod hi'n anodd i chi ddeall yr hyn dwi'n ei ddweud ond dwi'n gwybod beth dwi'n ei deimlo. Does dim ofn arna i bellach i ddweud be dwi'n ei deimlo, a hynny ar ôl cyfnod hir o wadu cysylltiad â'm cyndeidiau.'

Fe'm trawyd yn fud. Doedd dim amau argyhoeddiad Denise. Tebyg ei bod yn sôn am brofiadau a theimladau na fedrwn i mo'u dirnad. Be fedrwn i ei ddweud? Teimlwn yn anesmwyth. Pa hawl oedd gen i i amau ei didwylledd nac i herian ei daliadau?

'Damo'r clêr yma, maen nhw'n niwsans,' meddai Denise wrth eu swatio â'i llaw. Roedd hi wedi torri'r tyndra. Fedrwn i ddim gwneud mwy nag ysgwyd ei llaw yn gadarn. Wrth fy rhyddhau cynigiodd ein tywys i fangre'r gwrthdaro. Ni fedrwn wrthod.

Wrth adael yr orsaf roedd Ellen Gabriel, un o lefarwyr amlyca achos y Mohawk, yn traethu'n huawdl i'r meicroffon a ddelid o dan ei thrwyn gan yr ymchwilwraig. Roedd yna fwndeli o gasetiau y naill ochr i'r peiriant yn ogystal â thudalennau niferus o gwestiynau.

Roedd yn anodd dirnad beth oedd yn ein haros ar derfyn y ddwy filltir o daith i'r Coed Pin. Roedd yna 11 mis ers i'r gwrthdaro ddod i ben gyda chyrch y fyddin i dyrchu'r Rhyfelwyr o'u cuddfannau. Pwysleisiodd Denise fod yr awdurdodau wedi bod yn garcus i symud pob dim, yn bridd, yn sgerbydau cerbydau, yn gerrig, yn sbwriel a gwifrau, cyn gynted â phosib ar ôl y gwrthdaro. Doedden nhw ddim am adael dim a fedrai fod yn gofadail i safiad y Mohawk. Dim ond y sawl oedd yn gwybod am farciau bwledi ar risgl y coed a wyddai am olion gweledol y digwyddiad. Roedd yna dawelwch llethol yn ogystal â theimlad o fawredd na ellid ei fesur yng nghanol y coed talsyth. O ganlyniad i eiriau blaenorol Denise roeddem mewn cyflwr o barchedig ofn. Roedd ei thawedogrwydd yn ein gwahodd i synhwyro'r sancteiddrwydd roedd hi'n ei briodoli i'r fan. Mae'n rhaid nad oedd y coed talsyth o dros gan troedfedd o daldra yn ddim ond hadau pan ddewiswyd y darn tir fel claddfan i'r llwyth. Ac oedd, roedd yna urddas yn perthyn i'r coed pin. Roedden nhw'n teilyngu parch petai dim ond am eu hoed.

Doedd yna ddim ffiniau pendant i'r fynwent er bod yna glwyd ddur a'r enw Pine Hill Cemetery uwch ei phen mewn un cornel. Yn ymyl roedd arwydd Ffrangeg yn cyfeirio at y clwb golff. Ac er bod yr heol a arweiniai at y clwb yn rhannu'r fynwent a'r darn mwyaf coediog, ymddengys fod y darn cyfan o dir yn rhan o hir gartref cyndeidiau Denise. Roedd rhai cerrig beddau confensiynol yn y fynwent ond doedden nhw ddim mewn rhesi trefnus. Darn o bastwn a phluf gwyn a choch yn hofran oddi arno oedd uwchben un bedd. Am eiliad ildiais i'r demtasiwn Gymreig o ddarllen cerrig beddau a cheisio dyfalu pwy oedd y bobl y tu ôl i'r arysgrif. Pwy oedd Elizabeth Tewisha 1898-1974, sgwn i? Ond rhoddais y gorau i'r mynwenta o gofio nad oeddwn yn troedio ar dir cysegredig yr un o'r enwadau anghydffurfiol. Yn ôl Denise doedd yna ddim i ddynodi beddfannau y mwyafrif oedd wedi eu rhoi i orwedd yno, gan gynnwys ei thad-cu a'i mam-gu ei hun. 'Ond maen nhw yno. Dwi'n teimlo'u presenoldeb,' meddai wrth blygu yn ei chwrcwd yng nghanol y fynwent.

Er ei bod yn bwrw glaw mân yn ddyfal doedd hynny'n mennu dim ar ddwyster Denise. Troesai ei galar yn gyfrwng ysbrydoliaeth iddi ers tro. Gallwn ddychmygu ei bod yn ymweld â'r fangre yn gyson. Trwy'r diferion glaw a ddisgynnai oddi ar ddail rhai o'r coed llydanddail gwelwn nad oedd neb ond y gofalwr yn tacluso'r rhodfeydd i'w weld ar y llain golff gyferbyn. Wrth droi fy ngolygon 'nôl at Denise a safai'n weddïgar a'i llygaid ynghau, ni fedrwn lai na meddwl fod yna fwy i dir nag wyneb i daro pêl ar ei draws a bod yna fwy i fodfedd o bridd na chadw'r borfa uwch ei ben yn gymen gwta. Gadawsom Tewateriiokotha yng nghanol ei myfyrdod.

Roedd profiadau'r bore wedi creu argraff ar Robert. 'Er bod Brwydr Oka, fel y'i gelwid, wedi cael llawer o sylw yn y wasg ac ar y cyfryngau,' meddai, 'doeddwn i ddim wedi sylweddoli cymaint roedd dal gafael ar eu mynwent yn ei olygu i'r Mohawk. Roedd yna wrthdaro wedi bod ynghynt ar y ffin â'r Unol Daleithiau yn ymwneud â thai gamblo a smyglo nwyddau. Dyw'r Brodorion Cyntaf ddim yn cydnabod ffin y dyn gwyn ac mae 'na lwybr arbennig iddyn nhw i groesi'n ôl a blaen heb orfod wynebu'r swyddogion tollau. Mae rhan o gymuned Mohawk Akwesasne yng Nghanada a rhan arall yn yr Unol Daleithiau. Roedd rhywfaint o'r gwrthdaro yno yn ymwneud â'r honiad fod y Mohawk yn camddefnyddio'u "breintiau" er mwyn mewnforio nwyddau, ac yn arbennig sigaréts, heb dalu'r trethi perthnasol, a'u bod yn cynnal masnach ar sail hynny. Roedd yna honiad hefyd fod y Maffia'n gysylltiedig â'r tai gamblo ac fe arweiniodd hyn at rwyg o fewn y gymuned. Credai rhai nad oedd hapchwarae'n gydnaws â ffordd y Mohawk o fyw ond credai eraill ei bod yn bwysig cadw'r tai gamblo yn nwylo Mohawk er mwyn elwa o'r incwm. Fe gollwyd rhai bywydau yn y gwrthdaro yno.

'Credai llawer mai parhad o'r trafferth yn Akwesasne oedd y gwrthdaro yn Oka. Fe'i dehonglwyd fel ymgais arall gan y brodorion i greu gwrthdaro â'r awdurdodau er mwyn elw gwleidyddol. Fe fu sôn fod cyn-filwyr Rhyfel Fietnam a chymeriadau amheus o Efrog Newydd yn chwifio drylliau y tu ôl i'r báriceds, a doedd darllen yn y wasg am bobol a adwaenid fel Lasagnia, Noriega a Blackjack ddim yn ychwanegu at hygrededd achos y Mohawk. Ond mae'n amlwg nad o ddewis y Mohawk y bu gwrthdaro yn Oka. Amddiffyn oedden nhw yn hytrach nag ymosod. Teimlent yn rhwystredig am nad oedd yr hyn roedden nhw'n eu hystyried fel eu hawliau yn cael eu cydnabod yn ystod trafodaethau â swyddogion a gweinidogion llywodraeth Québec. Am fod eu tir cysegredig yn golygu cymaint iddyn nhw, doedd dim dewis ond rhwystro aelodau'r clwb golff rhag meddiannu'r fynwent trwy osod eu cyrff yn llythrennol ar y darn tir.

'Wrth gwrs, roedd amddiffyn mynwent oedd yn dal i gael ei defnyddio yn fwy tebygol o ennyn cydymdeimlad eang nag y byddai amddiffyn incwm tai gamblo. Doedden nhw ddim yn amddiffyn rhywbeth materol, ac felly roedd yn bosib codi'r frwydr i dir uwch a chael cefnogaeth brodorion ledled Canada. Am dri mis roedd llygaid pobol Canada wedi eu hoelio ar y digwyddiadau yn Oka, ond mae'n rhaid i mi gyfaddef nad oeddwn wedi llwyr sylweddoli arwyddocâd "Oka" nes ymweld â'r safle a chael cyfle i wrando ar Denise. Dwi'n deall nawr pam mae'r digwyddiad o safbwynt y brodorion eisoes yn cael ei ddisgrifio fel y digwyddiad mwyaf arwyddocaol yn eu hanes er Cyflafan y Ben-glin Glwyfus— Wounded Knee—yn 1890. Y bore hwnnw fe adawyd y Sioux i

Tir cysegredig y Mohawk yn Oka. Roedd clwb golff lleol am osod tarmac ar draws y fynwent er mwyn ehangu eu maes parcio. Gwelwyd gwrthdaro yma rhwng pedair mil o filwyr a deugain o Ryfelwyr Mohawk.

farw fel cŵn yn yr eira, ac wrth iddyn nhw ollwng eu hanadliad olaf a threngi fe drechwyd ysbryd yr Indiaid. Yn fwy na'r un gyflafan arall, roedd honno'n dynodi goruchafiaeth y dyn gwyn dros yr Indiaid Cochion. Petai'r fynwent yn Oka wedi ei throi'n faes parcio i chwaraewyr golff, fe fyddai hynny'n hoelen arall ym malchder pobl sydd â'u harch eisoes yn frith o hoelion. Am eu bod heb ildio yn Oka roedden nhw wedi dangos i weddill Canada fod y can mlynedd o sathru'r Indiaid o dan draed wedi dod i ben. Roedden nhw'n dechrau adennill eu hurddas, a dechreuodd pobl ddeall y byddai halogi'r fynwent wedi bod yn warth ar Ganada gyfan. Fel Canadiad dwi'n falch fy mod wedi ymweld â'r Coed Pin.'

Er bod Joe David yn ein disgwyl, unwaith eto, yn union fel gyda'i chwaer Denise, roedd yn ofynnol i ni sefyllian tra symudai gadeiriau, ad-drefnu bwndeli o bapurau a geriach, a hanner cau'r llenni nes bod yr ystafell yn lled dywyll, cyn dechrau sgwrsio. Tybed a oedd hyn yn rhan o gynhysgaeth pob Indiad ers dyddiau'r arfer o rannu'r bibell tybaco cyn dechrau trafod? Roedd yn rhaid wrth orig i greu cartrefolrwydd cyn bwrw iddi. Fel ei chwaer, roedd Joe wedi ailddarganfod ei wreiddiau ar ôl cyfnod ar ddisberod. Dywedodd iddo dreulio cyfnod o'i fywyd yn Detroit yn gwneud gwaith dienaid mewn ffatrïoedd cynhyrchu cerbydau. Ei gariad cyntaf oedd arlunio, ac er ei fod wedi ymddiddori erioed ym mhatrymau symbolaidd ei genedl, roedd y profiad o fod y tu ôl i'r báriced wedi radicaleiddio ei waith. Gwisgai grys gwyn â'r symbol o gylch meddygol—â'i phedair rhan yn cynrychioli cydbwysedd—wedi ei beintio dros ei galon. Roedd hefyd wedi astudio nifer o gredoau'r Gorllewin a'r Dwyrain ac wedi penderfynu mai'r math o heddychiaeth a arddelid gan Mahatma Gandhi oedd yn apelio ato fwyaf. Gyda'r daliadau hynny yr ymunodd â'i bobl i amddiffyn eu tir cysegredig, yn bendant o'r farn fod defnyddio arfau yn hunanddinistriol. Yn wir, dadleuodd hynny mor groch nes cael ei lysenwi'n Gandhi. Ond fe newidiodd ei agwedd pan gyrhaeddodd milwyr â thanciau a drylliau pwerus i amgylchynu'r fynwent. Penderfynodd gydio mewn dryll ei hun am fod emosiwn yn dweud wrtho y dylid gwrthwynebu'r defnydd o nerth arfog i gymryd eiddo, gyda pha ddulliau bynnag oedd yn gyfleus. Fel ei chwaer, roedd yntau'n bwyllog hamddenol ei ymarweddiad. Gofynnais iddo ddiffinio Rhyfelwr Mohawk.

'Mae'r Rhyfelwr yn unrhyw berson sy'n amddiffyn buddiannau ei bobol a'i dir . . . gall fod yn ffermwr neu'n yrrwr lorri. Does dim rheolau aelodaeth na chwrs o hyfforddiant; penderfyniad yr unigolyn yw bod yn Rhyfelwr. Mae'r unigolion wedi dod ynghyd fel Rhyfelwyr mewn ymateb i angen. Rhaid i chi ddeall fod ein traddodiad yn ein dysgu i drafod pob dim yn drylwyr nes bod pawb yn gytûn, cyn gwneud penderfyniad, a does dim ots faint o amser mae hynny'n ei gymryd, boed oriau, dyddiau neu wythnosau. Hynny oedd yn ein cadw'n gall yn ystod y gwarchae. Doedd yr amserlenni y ceisiai'r dyn gwyn eu gorfodi arnom ddim yn gwneud synnwyr i ni. Nid dyna'n ffordd o feddwl . . . rhaid gwyntyllu pob dim nes ceir cytundeb, heb gael ein cyfyngu gan amser penodedig.

'Rhaid i chi ddeall fy mod o'r farn ein bod yn genedl, ac mai fel cynrychiolwyr cenedl roedd ein cyndeidiau'n arwyddo cytundebau â'r Isalmaenwyr a'r Ffrancwyr. Ond doedd yr Ewropeaid ddim yn ein hystyried yn gyfartal â nhw. Iddyn nhw doedd y cytundebau ar y gorau yn ddim ond modd i'n plesio, ac ar y gwaethaf yn ddim ond modd i'n twyllo. Roedd yn fodd i daflu llwch i'n llygaid ac o gymryd ein tir oddi arnom ar yr un pryd. O'r funud y llofnodwyd unrhyw gytundeb roedden nhw'n ein hystyried ni'n israddol. Am ein bod yn anllythrennog ac yn anghyfarwydd â'u dulliau nhw, roedden nhw o'r farn nad oeddem yn haeddu parch mwy na mochyn mewn twlc. O ganlyniad, bum can mlynedd yn ddiwedd-arach, dydyn ni ddim yn berchen ar ein tiroedd ein hunain. Dyw hi ddim yn ormodiaith i ddweud ein bod yn byw mewn gwersyll-oedd poenydio i bob pwrpas. Gallai'r awdurdodau yn hawdd osod rhifau ar ein talcenni a marciau ar ein garddyrnau yn union fel y gwnaed i'r Iddewon. Fyddai hynny ddim yn lleihau ein hurddas. Dwi'n gwrthwynebu'r syniadaeth drefedigaethol yma fod rhai pobloedd yn well na'i gilydd. Dwi o'r farn fod ein pobol yn haeddu'r un parch â phobol o bob cenedl wâr arall.'

'Beth, felly, ydych chi'n credu y llwyddodd y gwrthdaro yn Oka i'w gyflawni o safbwynt eich pobol?'

'Wel, rhaid i chi gofio fod y peiriannau propaganda yn gweithio yn ein herbyn. Caent eu defnyddio i geisio tanseilio ein dyhead syml i ddal gafael ar ein tir, a cheisiwyd ein pardduo trwy ddyfeisio hanesion amheus am Ryfelwyr fel Lasagnia. Y gwir yw ein bod wedi ymddwyn yn anrhydeddus gydol y tri mis. Ac ie, Mohawk alltud o Efrog Newydd oedd Lasagnia a deimlodd reidrwydd i ymuno â'i bobl yn eu hawr o argyfwng, ac roedd yna eraill yno o waed cymysg a oedd yr un mor deyrngar i achos y Mohawk. Rhaid i chi ddeall fod ein cysyniad o dir yn wahanol i eiddo'r dyn gwyn. Arwyddo cytundebau i rannu defnydd y tir â'r dyn gwyn a wnaeth ein cyndeidiau, nid ildio'n hawliau. Ni throsglwyddon ni'n hawliau i'r dyn gwyn er mwyn iddo wneud fel y mynnai â thir Canada. Mae llwyth y Cree ar hyn o bryd yn hawlio defnydd o dri chwarter tirwedd Québec, ond mae'r dyn gwyn wedi ei osod ar les i gwmnïau cydwladol a hynny heb ein caniatâd ni. Mae'n fater wedyn o fargeinio am bris iawndal, ac mae hynny'n cymryd blynyddoedd am fod y dyn gwyn yn dyfeisio ffyrdd o ohirio pennu symiau teg.

'Nawr, mae'r hyn a ddigwyddodd yn Oka wedi rhoi cyfle i ni osod ein dadleuon gerbron y cyhoedd. Mae olwynion meddyliau pobol Canada yn dechrau troi . . . maen nhw'n gwrando ar ein safbwynt ac o dipyn i beth, gobeithio, fe fyddan nhw'n parchu ein dymuniadau. Fe fydd dros ddeg ar hugain ohonom yn wynebu achosion llys cyn hir, ar gyhuddiadau yn amrywio o achosi cythrwfl i gario drylliau ac o amharu ar y drefn gyhoeddus. Ond nid troseddwyr mohonom. Sut fedren ni fod wedi troseddu ar ein tir ein hunain pan nad oes gan gyfraith Canada unrhyw rym ar ein tiroedd? Ein cyfraith ni sy'n cyfrif ar ein tiroedd ni ac roedd heddlu Québec a byddin Canada yn euog o'n rhwystro ac o dresmasu ar ein tir. Meddyliwch, mewn difri, ar yr un adeg ag yr anfonwyd 800 o filwyr i gynorthwyo i erlid Saddam Hussein yn Rhyfel y Gwlff fe anfonwyd 4,000 o filwyr i Oka! A doedden ni ddim yn ymosod ar neb! Roeddwn i'n arfer byw bywyd tawel. Roedd gen i rythm eitha hamddenol a doeddwn i ddim yn ymwneud â gwleidyddiaeth mewn unrhyw fodd. Ond nawr mae pob dim wedi newid. Fydda i ddim yn pledio'n euog i'r cyhuddiadau yn fy erbyn . . . roedd gen i bob hawl i wneud yr hyn wnes i . . .'

'Sut mae hyn i gyd wedi effeithio ar fywyd bod dydd o fewn y gymdogaeth . . . oes yna harmoni . . . oes yna gadernid o'r newydd?'

'Wel, mae pethau wedi newid . . . mae 'na dyndra o hyd rhwng y rhai hynny ohonom sy'n cymryd arferion y Tŷ Hir o ddifrif a'r rhai sy'n credu fod Cyngor y Gymuned yn fwy cynrychioliadol o ddyheadau'r gymuned. Ond roedden nhw'n ddigon parod i daro bargen ynghylch neilltuo darn o dir ar gyfer ehangu maes parcio'r clwb golff. Creadigaeth y dyn gwyn yw'r cyngor . . . ei reolau ef sy'n cyfrif wrth ethol aelodau, a rhaid cael sêl ei fendith ef cyn gwario arian ar brosiectau. Roedd aelodau'r cyngor yn arfer ein galw ni yn baganiaid ac yn wrachod am ein bod yn ceisio cynnal traddodiadau ein Tŷ Hir, ac mae hynny'n profi pa mor llwydd-iannus y bu ymgais y dyn gwyn i'w cymathu. Roedden nhw hyd yn oed yn dilorni arferion eu llwyth eu hunain. Maen nhw wedi mabwysiadu gwerthoedd y dyn gwyn, a'u hunig nod mewn bywyd yw medru fforddio dau gar ac ennill digon o gyflog i anfon eu plant i brifysgol. Yn y bôn maen nhw am fod yn bobol wynion; maen nhw'n troi eu cefnau ar eu diwylliant. Mae'r eglwys hefyd wedi bod yn euog o ladd ein harferion ac er bod yr Eglwys Babyddol yn ddiweddar wedi ymddiheuro am ei hagwedd dros y blynyddoedd, mae'r drwg wedi ei wneud. Mae'n bryd i'r eglwys roi'r gorau i edifarhau am ddifrodi ein hiaith a'n hysbryd a dechrau gwneud iawn am ei chamwedd. Cofier fod yr eglwys ymhlith y tirfeddianwyr mwyaf yng Nghanada, ac mae'r brodorion yn teilyngu mwy na chydymdeimlad ac ymddiheuriad . . .

'Ond roeddech chi'n holi am y sefyllfa yma yn y gymuned . . . wel, mae'r broses o iacháu yn parhau. Fe fu'n rhaid i fi fynychu rhai seremonïau Tŷ Hir ar warchodfeydd eraill yn ddiweddar oherwydd y tyndra yn ein Tŷ Hir ni. Doedd pawb yma ddim yn cymryd y seremonïau o ddifrif, a fedrwn i, ar ôl profiad y gwrthdaro, ddim dygymod â gwagedd a gwamalu. Ond fe fydd pethau'n gwella . . .'

'A sut mae hyn oll yn debyg o effeithio ar eich celfyddyd?'

'Wel, dwi'n gwneud llawer mwy o ddarluniau alegorïaidd nag o bortreadau nawr. Mae'n debyg fy mod yn ceisio gwaredu'r gynddaredd sydd ynof. Fydd fy ngwaith fyth yr un peth eto. Dwi'n ceisio creu'r un darn o waith fydd yn cyfleu arwyddocâd Oka. Dwi wedi gwneud rhai cerfluniau tri dimensiwn gan ddefnyddio cyfarpar o faes y gad, ac mae gen i un greadigaeth mewn arddangosfa yn Nhoronto. Defnyddiais ddarn o goeden fel sail, ac mae'r gwreiddiau sydd ynghlwm wrthi yn ymestyn i bedwar cyfeiriad i ddynodi chwedl Cytundeb Coeden Bin llwythau'r Iroquois. Wedyn defnyddiais ddarnau o'r goleuadau llachar yna a ddefnyddir gan filwyr, a gwifren bigog yn corddeddu am y goeden nes cyrraedd y nenfwd. I mi mae hynny'n dweud y cwbl am ein hanes. Dyw e ddim y math o greadigaeth y medra i ei werthu er mwyn gwneud arian. Mae'n gelfyddyd beryglus efalle! Rhaid i chi ymweld â'r arddangosfa.'

Parhaodd i draethu gan bwyllo o bryd i'w gilydd er mwyn cael gafael ar yr union air i gyfleu'r hyn oedd ar ei feddwl. Byddai'n plethu ei ddwylo ac yn gwasgu ei gymalau wrth ganolbwyntio, ond ni chodai ei lais. Ar yr un pryd nid edrychai i fyw fy llygaid ond yn hytrach canolbwyntiai ei olygon ar ran o'r llawr. Roedd ganddo hefyd farn am y ffilm *Dances with Wolves*, sydd yn ôl llawer yn cyflwyno darlun o'r Indiaid sydd gyda'r tecaf a welwyd ar seliwloid.

'Wel, ie, mae'n rhaid ei bod yn newid yr agwedd sy'n bodoli'n fyd-eang tuag at y Brodorion Cyntaf. Ond y dyn gwyn sydd yn hael ei ganmoliaeth o'r driniaeth ethnig, ac mae'n rhaid fod gan hynny rywbeth i'w wneud â'i gydwybod. Ond rhaid cyfaddef fod Kevin Costner yn cyflwyno darlun cydymdeimladol. O leiaf doedd hi ddim yn y rhigol un dimensiwn arferol o'r "ymladdwr anwaraidd" a'r "Ugh. How now?" fel yn nyddiau ffilmiau John Wayne. Dwi wedi llefain y glaw droeon o weld Indiaid yn cael eu portreadu fel anifeiliaid sydd bron â bod yn ddynion ond eto ddim cweit. Mae syniad yr Ewropead o'r Indiad yn un â'r tirwedd, yn gwbl gyfeiliornus. Dyw e ddim yn deall ein dimensiwn ysbrydol. Dyw e ddim yn sylweddoli ein bod ni hefyd yn cydnabod fod yna greawdwr a bod gennym ein chwedlau a'n hesboniadau ynghylch esblygiad. Ie, rhaid parchu'r hyn mae Kevin Costner wedi ei wneud, er nad yw'r stori am y dyn gwyn yn helpu'r llwyth o Indiaid yn llwyr argyhoeddi. Ond y trueni yw nad oes gennym y modd i gynhyrchu ein ffilmiau ein hunain, gyda rheolaeth lwyr dros y gwneuthuriad. Yr un modd, mae'n drueni nad oes gennym lyfrau hanes wedi eu hysgrifennu o'n safbwynt ni. Rydym yn gorfod dibynnu ar lyfrau a ysgrifennwyd gan Ewropeaid er mwyn darllen am ein hanes, a dyw'r awduron hynny ddim gan amlaf yn ein deall ni. Ond pwy a ŵyr, falle y daw'r dydd! Mae 'na rai pobol sydd yn dechrau derbyn ein bod yn fodau dynol wedi'r cyfan, ac nad ydyn ni damaid gwahanol iddyn nhw o ran gallu ac o ran cyneddfau. Ac ar yr un pryd, rhaid cyfaddef nad yw ein pobol ni bellach mor barod i ddynwared yr Indiad twp a brwnt ar archiad y dyn gwyn. Mae pethau'n gwella!'

Clywais sŵn chwyrnu ysgafn yn y cefndir. Esboniodd Joe mai'r peiriant ffacs oedd yn derbyn neges, ac ychwanegodd fod y peiriant yn un o'r bendithion pennaf o safbwynt trefnu cefnogaeth i ymladd yr achosion llys, ond yn felltith llwyr o safbwynt caniatáu iddo ganolbwyntio ar ei grefft. Roedd enghreifftiau o'i grefft yn hongian ar y muriau. Gosodwyd gwifrau dros nifer o ddarluniau o gylchoedd symbolaidd ar gefndir tywyll. Tybiais fod y weiren yn dynodi'r gaethglud a fu'n rhwystro'r diwylliant brodorol rhag blodeuo. Mewn un llun, o dan resi o weiren bigog roedd tri phlufyn du wedi eu gosod ar gefndir tywyll. Roedd yna ddarluniau eraill o gylchoedd ar gefndir goleuach heb weiren, yn dynodi blodeuo naturiol y diwylliant, dybiwn i. Gellid dirnad siâp rhannau o anifeiliaid ac adar a ddynodai'r berthynas glòs rhwng y brodorion a'u hamgylchedd.

Wrth adael, fe'i holais pam nad oedd yna faner Mohawk yn chwifio uwchben ei gartref. Atebodd nad oedd yn credu mewn chwifio baneri, ac er na ddewisodd esbonio ymhellach, synhwyrais ei fod o'r farn mai ffordd hawdd ac arwynebol o arddangos hunaniaeth oedd chwifio baner, a'i bod yn ofynnol treiddio'n ddyfnach i ganfod gogoniant hunaniaeth y Mohawk.

Wrth deithio'n ôl i Montréal, roedd syniadau a delweddau yn cynrychioli ffordd wahanol o weld pethau yn gogordroi yn fy meddwl. Anodd oedd eu tafoli ar unwaith. Nid yn hawdd y gellid cyfnewid y syniad cyfarwydd o berchentyaeth tir fel ased am y syniad anghyfarwydd o dir i'w rannu at ddefnydd pawb. Mae'n ofynnol anghofio am werth tir yn nhermau doleri a mesur ei werth yn nhermau ysbrydol. Nid cyfoeth materol mohono, ond cartref a chynhaliwr. Efallai, petai diwylliant y brodorion wedi cael cyfle i ddatblygu ar delerau cyfartal â diwylliant y dyn gwyn, na fyddai yna agendor bellach rhwng y ddau feddylfryd ynghylch gwerth tir. Ond am i'w ffordd o fyw gael ei wasgu a'i ddifrïo mae'n ofynnol i frodorion cyfoes ymestyn 'nôl dros bedair canrif i ailafael yn llinyn eu diwylliant. Ac roedd gan Robert rai sylwadau i danlinellu'r modd y rhwystrwyd diwylliant y brodorion rhag esblygu'n naturiol yn ystod y canrifoedd diweddar.

'Rhaid cofio mai'r hyn y mae'r gair Mohawk yn ei olygu i'r mwyafrif o drigolion Canada yw dynion eofn sy'n barod i weithio ar sgerbydau adeiladau uchel heb fawr o gyfarpar diogelwch. Led-led Gogledd America, lle bynnag mae'n ofynnol codi nengrafwyr o adeiladau, fe fyddwch yn siŵr o ganfod gweithwyr Mohawk ar y safle. Does dim ofn uchder arnyn nhw. Dyna pam mae cymaint ohonyn nhw yn Efrog Newydd . . . Wedyn, tan yn ddiweddar, roedd un o gymalau'r Ddeddf Indiaidd yn arbennig o sarhaus o hunaniaeth y genedl. Y Ddeddf a benderfynai pa Indiaid oedd yn haeddu'r "statws" o gael eu hystyried yn "Indiaid" a chael derbyn y "breintiau" a ddeuai o hynny. Doedd yr Indiaid eu hunain ddim yn cael penderfynu pwy oedden nhw! Roedd hyn yn union fel petai llywodraeth Llundain yn dweud fod trigolion Blaenau

Ffestiniog yn Gymry ond nad oedd trigolion Aberteifi yn Gymry. Nawr, petai dynes Indiaidd oedd â "statws" yn penderfynu priodi Indiad o ardal arall nad oedd â "statws" fe fyddai hi a'i phlant yn colli eu statws. Dychmygwch ddynes o Stiniog yn priodi dyn o Aberteifi a hithau, a'i phlant wedyn, yn gorfod derbyn nad oedden nhw'n Gymry! Yr un modd roedd rhaid i Indiad â "statws" gael caniatâd asiant y Ddeddf cyn gwerthu ei dŷ. Diogelu a gwarchod buddiannau'r Indiaid oedd bwriad y Ddeddf, meddid, pan gafodd ei llunio yn 70au'r ganrif ddiwethaf, ond yr hyn sy'n arwyddocaol yw mai'r dyn gwyn a'i lluniodd a hynny er ei les ei hun. Does yna'r un Indiad heddiw nad yw am ddiddymu'r Ddeddf.'

Roeddwn wedi cyrraedd cyrion Montréal, â'm meddwl yn dal yn dryblith yn ceisio rhychwantu digwyddiadau canrifoedd a fu, pan gefais fy hyrddio i ganol meddylfryd y canrifoedd a fydd. O'm blaen roedd sgrin enfawr 24 metr a ddisgrifiwyd fel sgrin 'hemispherical'. Ei harbenigrwydd oedd creu yr hyn a elwir yn 'virtual reality'. Roedd cwmnïau Imax a Fujitsu wedi cydweithio i greu ffilm tri dimensiwn deng munud o hyd gyda chymorth dau gyfrifiadur cwbl arbennig, a threuliodd deugain o beirianwyr 21 mis yn cynllunio'r 31,000 o fframiau graffig. A'r hyn roedd y ffilm yn ei gyfleu fry uwchben adeiladu'r ddinas? Wel, dilyn hynt diferyn o ddŵr ar hyd gwreiddiau a changhennau gwinwydden nes ei fod yn cael ei drawsnewid yn siwgr o fewn y grawnwin ac yna'n cael ei fwyta gan racŵn. Yna dangosir y siwgr yn teithio trwy wythiennau'r anifail gan droi'n egni sy'n ei alluogi i symud. Amcangyfrifir fod y ffilm wedi costio $826,000 y funud i'w chreu. Beth fyddai ymateb brodorion Huron Sainte Marie i'r fath orchest, a beth fyddai ymateb cyndeidiau Denise David Tolley i'r fath olygfa ysblennydd? Ni fedrai fy meddwl amgyffred yr un dim.

A minnau'n ymlacio yn fy ystafell, derbyniais neges ffôn gan Robert yn honni fod yna Mohawk yn cludo telyn Geltaidd wedi galw i'm gweld. Mynnodd nad oedd yn tynnu fy nghoes. Roedd fy nghyfansoddiad eisoes wedi dioddef sawl ysgytwad yn ystod y dydd. A fedrwn i dderbyn rhagor o brofiadau annisgwyl? Yn wir, pan euthum i lawr i'r cyntedd roedd yno ŵr â'i wallt wedi ei glymu ar ei wegil, ac oedd, roedd telyn yn ei ymyl. Nid oedd yn hwyrfrydig i'w gyflwyno nac i'w ganmol ei hun. Dywedodd ei fod wedi ymweld â Chymru ac wedi canu yn Gymraeg i gyfeiliant ei delyn o'i wneuthuriad ei hun, ac iddo gael bonllefau o gymeradwyaeth mewn cyngerdd yng Nghwm Tawe. Honnodd iddo ennill ysgoloriaeth i deithio i Iwerddon ar gownt ei lwyddiant ysgubol yng nghystadlaethau cerddorol Fleadh Gogledd America, a gobeithiai gael nawdd cyffelyb i ymweld â'r Mod yn yr Alban. Doedd dim dwywaith fod y Mohawk yn ffrîc Celtaidd. Roedd y ffaith ei fod yn gwisgo côt ledr ddu yn cadarnhau hynny. Roedd yn awyddus i gynnal cyngerdd byrfyfyr ar fy nghyfer, ond roedd yn rhaid canfod ystafell gydag acwstics addas rywle o fewn y gwesty.

Ar ôl cryn ymbaratoi a thiwnio, a wnâi i ymdrechion Meic Stevens ar noson pan nad yw yn ei hwyliau ymddangos yn bitw iawn, cychwynnodd y datganiad. Yn sydyn rhoddodd y gorau i blycio'r tannau a dechrau darllen yr hyn oedd ar bapur o'i flaen, ac fe'm trawodd mor debyg i'r Gymraeg oedd seiniau rhai geiriau Mohawk. Daeth yr adroddiad i ben a chafwyd plwc arall ar y delyn cyn terfynu. Ar ôl cyfnod priodol o ddistawrwydd rhag torri ar y naws, gofynnodd i mi am fy marn. Gofynnodd beth roeddwn yn ei feddwl o'i Gymraeg. Ni fedrwn feddwl am eiriau pwrpasol. Cynigiodd roi datganiad arall. Erbyn hyn roedd Robert wedi diflannu. Esboniodd y datgeinydd fod y gerdd wedi ei chyfansoddi gyda chymorth Cymro o'r Felinheli a'i bod yn cymharu sefyllfa cenedl y Mohawk â chenedl y Cymry. Gwneuthum ymdrech i wrando'n astud. Roedd yr adroddiad yn amddifad o'r lliw y byddai beirniad eisteddfodol yn ei ddisgwyl, a doedd y lleisio ddim yn soniarus. 'Diffyg crebwyll o ystyr y geiriau—y dehongli yn ddiffygiol' fyddai'r dyfarniad mwyaf caredig, mae'n debyg. Os am syniad o ansawdd y traethu, ceisiwch ddychmygu'r Tywysog Siarl yn darllen un o gerddi Dafydd ap Gwilym. Ar ôl i'm clust gyfarwyddo â'r llais, credaf i mi ddeall y ddwy frawddeg olaf: 'Awn ninnau ymlaen yn ddiofn i sicrhau ein hetifeddiaeth a'n rhyddid, /Fel y caiff ein cyndadau huno yn dawel mewn hedd'. Fe'i llongyfarchais ar ei ymdrech, gan ddiolch am yr hedd. Awgrymais yn betrusgar y byddai'n braf clywed y fersiwn Mohawk o'r gerdd. Ond yn anffodus, neu yn ffodus, dywedodd nad oedd copi o'r gerdd ganddo. Ni phwysais arno i ddibynnu ar ei gof.

Erbyn llwyddo i ddarbwyllo'r Mohawk Celtaidd y dylai gadw'r addewid a wnaethai ynghynt i gyfarfod â chyfeillion, roedd Robert Paterson fel petai wedi diflannu oddi ar wyneb y ddaear. Doedd dim sôn amdano yn ei ystafell, ac ni adawyd neges wrth y ddesg. Doedd dim golwg ohono yn yr ystafell fwyta nac yn y bariau, a bernais mai'r peth callaf fyddai i mi archebu whisgi mawr wrth y bar a disgwyl i Mr Paterson ddod i'r golwg. Felly y bu. Goleuadau egwan oedd uwchben y bar, ac yn y cysgodion gwelwn fod yna ddynes yn eistedd yn y gornel bellaf yn sgwrsio â'r gweinydd. Euthum at y ddau, ac ar ôl archebu torrais air â'r ddynes. Ar ôl peth procio dywedodd ei bod yn hanu o Wlad Pwyl a'i bod yn bianydd yn ôl ei galwedigaeth. Fe'i gwahoddais i ehangu fy ngwybodaeth am y byd cerddorol gan ddweud nad oedd Rachmaninov yn ddim ond enw i mi, ond er yn gwenu'n ddel, roedd yn amharod i ymhelaethu naill ai am ei gyrfa na'i chefndir. Fe'm trawodd yn rhyfedd fod y gweinydd yn symud i ben arall y bar bob tro y gwnawn ymgais i barhau â'r sgwrs. Er i mi brynu diod iddi, parhau'n herciog oedd ei pharodrwydd i sôn amdani ei hun, ond eto mynnodd droeon ei bod yn giamstar ar ganu'r piano. Nid cyn i aelodau cyhyrog tîm pêl-droed Americanaidd gyrraedd y sylweddolais mai yno i foddhau chwantau cnawdol pwy bynnag a fynnai dalu amdano oedd meiledi. Edrychais o'm cwmpas gan gredu fod llygaid Robert yn chwerthin arnaf rywle yng nghysgodion tywyll yr ystafell. I mi, roedd yna gyfystyron newydd i'r enw Rachmaninov.

Pan ddaeth Robert i'r fei ni ddywedais air wrtho am y 'pianydd', ond fe'i cyhuddais o fod wedi trefnu ymweliad y Mohawk Celtaidd. Gwadodd bob dim, gan fy hysbysu mai ei ddyletswydd ef oedd fy mhlesio ac mai dyna pam yr oedd wedi archebu bwrdd ar ein cyfer mewn tŷ bwyta cyfagos. Roedd bwydlen arbennig yno'r noson honno ar gyfer cwsmeriaid rheolaidd. Pwysleisiodd fy

131

nghyfaill ei bod yn anrhydedd i gael mynediad ar y fath achlysur, ac y dylwn wneud yn fawr o'r cyfle. Y prif gwrs oedd cig aligator, ac roedd yna win gwahanol ar gyfer pob cwrs. Doedd hi ddim yn foesgar i ofyn am rywbeth nad oedd wedi ei ddarparu fel rhan o'r *cuisine*. Ceisiais ddangos fy ngwerthfawrogiad trwy gnoi a llyncu darn o'r aligator heb dagu.

Penderfynodd Robert y dylid dilyn llwybr heibio i'r clybiau nos wrth fynd 'nôl i'r gwesty. Doedd gen i ddim gwrthwynebiad am nad oedd yna ddim a fedrai fy rhyfeddu bellach. Ac ni chefais fy siomi. Mewn caffi oedd yn arbenigo ar ddarparu hufen iâ, cawsom ein gweini gan lanc oedd yn gnoadau byw dros ei wddf. Buan y sylweddolais, ar sail ei ymarweddiad, mai dannedd gwryw ac nid benyw oedd yn gyfrifol am y cnoadau. Fiw i'r un ohonom edrych i'w gyfeiriad neu fe fyddai wrth ein bwrdd mewn chwinciad yn cynnig ei wasanaeth. Gwnâi bob math o esgusodion er mwyn tynnu sgwrs, a chan amlaf roedd ei sylwadau wedi eu cyfeirio ataf i. Oedd Robert wedi cael gair yn ei glust, tybed? Tra oeddwn yn pendroni uwchben hyn ac yn ceisio penderfynu ar dacteg o wrthymosod, fe neidiodd y cadiffán bron yn llythrennol 'nôl at y cownter. Roedd rhywun wedi bwydo doleri i'r jiwcbocs ac roedd y gweinyddesau mewn un rhes y tu ôl i'r cownter cul yn perfformio'r gân. Rhaid cyfaddef eu bod yn cydsymud yn ddeheuig a bod eu hasio yn deilwng o Ysgol Ddrama Glanaethwy, Bangor. Fyddai Cefin Roberts ddim wedi coreograffio'r gân Tamla Motown fymryn yn well. Ac, wrth gwrs, roedd gan y cadiffán wên arbennig i mi wrth derfynu. Hysbysais Robert fy mod yn barod am fy ngwely, ac mai fy nymuniad oedd codi gyda'r wawr a chynnau blewyn o dybaco er mwyn sefydlogi fy mhwyll.

Doedd gwarchodfa swyddogol y Mohawk yn Kanewake ddim mwy na deng munud o daith o ganol Montréal. Roedd afon lydan St. Lawrence yn rhedeg trwy'r warchodfa ac efallai mai hynny oedd yn rhannol gyfrifol am lwyddiant un o aelodau'r gymuned yn ennill medalau yn y Gêmau Olympaidd am rwyfo *kayak*. Roedd gan y gymuned ei heddlu ei hun ar gyfer cynnal nifer o fân ddeddfau a luniwyd gan y gymuned ei hun, a gellid synhwyro'r arwahanrwydd wrth aros ger y fynedfa ac esbonio ein neges. Roedd y ddau swyddog yn cario drylliau, ac fel rhan o'u hymdrech i danlinellu eu hawdurdod, doedden nhw ddim yn fodlon i luniau gael eu tynnu o dan unrhyw amgylchiadau.

Roedd poblogaeth y warchodfa yn gyfnewidiol gan fod cymaint yn hel eu pac oddi yno am gyfnodau i chwilio am waith, ond roedd hi'n gymuned hunangynhaliol o dros 3,000 o bobl. Ceid yr adnoddau arferol yno, gan gynnwys campfa a chanolfan ar gyfer gweinyddu yr hyn a elwid yn 'Rhaglen Cynnal Urddas Ieuenctid'. Arddangosid poster lliw o ŵr ar rostrwm Olympaidd yn dal plufyn gwyn uwch ei ben. Bwriad y rhaglen oedd cyflwyno neges y poster i bob brodor ieuanc, sef ei bod yn bosib iddyn nhw hefyd ragori ym mha faes bynnag y dewisent. Y gŵr ar y poster oedd Alwyn Morris, ac fe fu ei weithred o chwifio'r plufyn gwyn wrth dderbyn medal Olympaidd o flaen llygaid y byd, yn gam tuag at adennill urddas i'r brodorion. Mae e'n byw yn y gymuned ac yn gyfrifol am weinyddu'r rhaglen.

'Fe fues i'n aelod o garfan Olympaidd Canada am 13 mlynedd,' meddai, 'ac ydw, dwi'n dal i godi'n gynnar er mwyn mynd i rwyfo ar hyd yr afon. Dwi ddim yn dawel fy meddwl nes y bydda i wedi cael blas o'r dŵr yn gynnar yn y bore. Mae'n debyg ei fod e'n therapiwtig, ac mae'n siŵr y gellid ei ddadansoddi fel ymgais yr isymwybod i ddal gafael ar ffordd o fyw oedd yn gyfarwydd i'm cyndeidiau. Dwi'n fodlon fy myd yn byw yn Kanewake, ond dwi'n gweld fod yna lawer i'w wneud i wella byd fy mhobol. Mae nifer yr hunanladdiadau 10 y cant yn uwch ar y warchodfa nag yng ngweddill y wlad . . . a'r ieuenctid sy'n colli'r ffordd yn bennaf. Mae'n ddyletswydd arna i i wneud fy ngorau i'w galluogi nhw i sylweddoli eu potensial eu hunain . . .'

Mae yna wên lydan ar ei wyneb wrth iddo draethu'n ddiflewyn-ar-dafod. Mae Alwyn Morris yn ddyn sy'n meddu ar genhadaeth, ond eto sy'n medru ymlacio'n llwyr wrth geisio ei gweithredu. Rhydd argraff o ddyn sydd yn fewnol fodlon am ei fod wedi gwireddu'r uchelgais roedd wedi ei gosod iddo'i hun. Does dim yn

Alwyn Morris, enillydd medal Olympaidd rhwyfo *kayak*.

hunanol yn ei ymarweddiad wrth iddo gyfeirio at ei lwyddiannau, a gesyd ei fywyd yng nghyd-destun cyflwr ei bobl. Gwêl fod yna dristwch. Gwêl hefyd fod yna obaith, a'i bod hi'n angenrheidiol i'w bobl weithredu eu tynged eu hunain. Doedd e ddim yn gogordroi wrth roi ei atebion; âi at golyn y gwir bob tro. Ac er gwaethaf ei enw, doedd 'na ddim ond gwaed Mohawk yn ei wythiennau. Mynegais fy siom nad oedd yr un poster ar gael yn yr iaith Mohawk, na hyd yn oed yn ddwyieithog.

'Un fendith sy wedi dod o'r cysylltiad Ewropeaidd yw'r iaith Saesneg. Dwi'n dweud hynny am fod pob cymuned yn medru'r Saesneg ac mae hynny'n ein galluogi i gyfathrebu â'n gilydd. Ar yr un pryd dwi o'r farn mai ein hieithoedd ein hunain yw'r allwedd i'n diwylliant, ond yn anffodus dyw'r ieithoedd brodorol ddim mewn bri ar hyn o bryd ac er mwyn cyfathrebu'n effeithiol penderfynwyd mai'r Saesneg yn hytrach na'r Ffrangeg y dylid ei defnyddio. Rhaid i chi sylweddoli fod fy nghenhedlaeth i wedi cael ei chosbi am siarad Mohawk yn yr ysgol. Dwi wedi colli'r iaith. Yr eglwys oedd yn cynnal yr ysgolion yr adeg hynny, ond ers i ni sefydlu ein hysgolion ein hunain mae'r iaith yn dod 'nôl. Mae Mohawk yn cael ei chlywed ac yn cael ei gweld unwaith eto. Mae'n brofiad rhyfedd i glywed fy nith yn siarad Mohawk a finne ddim yn ei deall. Mae hi'n siarad fy iaith i, ond o dan ddylanwad y meddylfryd trefedigaethol, fe gefais i fy amddifadu ohoni . . .'

'Ond sut mae'r poster hwn ohonoch chi'n rhan o'r ymgyrch i adfer balchder i'r ieuenctid?' gofynnais.

'Yn syml, dwi am i bawb sylweddoli mai person o gig a gwaed ydw i. Dwi'n cyfadde fod gen i benderfyniad a thipyn o ymroddiad. Dwi'n benstiff o ran fy argyhoeddiad, ydw, ond mae'n bosib i'r ieuenctid gyflawni beth bynnag maen nhw'n ei ddymuno trwy fabwysiadu agwedd yr un mor gadarnhaol. Dwi'n credu y dylai pawb gael y cyfle i ddatblygu eu talent i'r eithaf, ac i wneud hynny mae'n rhaid darparu'r modd a'r adnoddau ar eu cyfer. Mae'n rhaid iddyn nhw gael y gorau o ddau fyd, sef cyfarpar technolegol cyfoes, a'r dimensiwn ysbrydol brodorol. Mater o briodi'r ddau beth yw hi.

'Gwnaethpwyd gormod o benderfyniadau gan bobol ar ein rhan ni, ac mae'n hen bryd i ni fod yn rhan o'r broses. Ar yr un pryd, pwy sydd i ddweud nad yw'n cyfundrefn wleidyddol ein hunain cystal, os nad gwell, na'r gyfundrefn sydd wedi ei gorfodi arnom? Rhaid i ni ystyried y posibiliadau. Hefyd, dylen ni sicrhau fod gennym y modd i gael rhewgelloedd, fideos a soseri teledu. Wrth gwrs ei bod o fantais i ni gael y cyfle i dreiddio i fydoedd Beverley Hills ac Efrog Newydd, neu fe fyddwn ni'n unffurf ein hagwedd ac yn bodoli o fewn ffiniau. Ond ar yr un pryd, rhaid dangos i'r ieuenctid fod ein diwylliant ein hunain yn berthnasol. Y sawl sy'n troi at gyffuriau ac alcohol yw'r sawl nad ydyn nhw'n gwybod fawr ddim am eu cefndir.

'Mae'n diwylliant ni fel ysgwydd sydd wedi ei bwrw mas o le . . . dyw hi ddim yn gweithredu fel rhan o'r corff cyflawn . . . a dyw hi'n ddim mantais ar ryw olwg i fod mor agos at Montréal; mae bywyd y ddinas o reidrwydd wedi effeithio ar ein ffordd o fyw ers dros dair canrif. Mae'n haws i gymunedau brodorol yn y gogledd gadw eu harferion, ond yr un yw'r her i ni. Fe beidiodd ein hesblygiad ni fel pobol bedair canrif 'nôl; mae fel petai ein nerth ysbrydol wedi cael ei orfodi o'r golwg, ond nawr mae'n bryd iddo ddod i'r golwg unwaith eto. Does dim rhaid iddo fodoli fel grym tanddaearol mwyach. Mae angen adfer pwysigrwydd y Tŷ Hir a'r llinach llwythol, ac mae hyn yn digwydd gan bwyll . . . mae cywirdeb yn dychwelyd i'n ffordd o fyw. Mae'r agweddau trefedigaethol yn cilio . . . a dwi'n eitha balch. Pan oeddwn i yn yr ysgol roedd pob cyfeiriad at y brodorion yn gorffen gyda hanes gwrthryfel Louis Riel yn y 1870au—ac, wrth gwrs, pwysleisiwyd ei fod e wedi ei drechu. O hynny 'mlân câi pob dim ei gyflwyno o safbwynt Canada, yn union fel petai'r Brodorion Cyntaf wedi peidio â bod. Fe fydd yn cymryd amser . . . cenhedlaeth neu ddwy, mae'n siŵr, i ddad-wneud effaith hynny.'

Edrychodd Alwyn ar ei wats a'n hysbysu y byddai rhaid iddo fynd i weinyddu rhyw agwedd neu'i gilydd o'r rhaglen. Ond fe'n siarsiodd i alw heibio'r ysgol uwchradd Mohawk am mai yno roedd gobeithion y gymuned i'w gweld. Er ei bod yn gyfnod gwyliau, dywedodd y byddai yna rai athrawon yn sicr o fod yno yn darparu deunydd ar gyfer y tymor newydd.

Roedd yr ysgol mewn adeilad unllawr yng nghanol cilcyn o dir glas, ac ymddangosai pob dim yn lân a chymen. Y tu mewn, gorchuddiwyd y muriau gan siartiau ac enghreifftiau o waith y plant, ac roedd yr iaith Mohawk i'w gweld yn amlwg. Doedd Rita Phillips ddim yn athrawes, ond roedd hi'n un o nifer o drigolion hŷn yr ardal a ddeuai i'r ysgol yn gyson i gynorthwyo gyda pharatoi gwersi. Roedd ei stori yn gynrychioliadol o hanes llawer o'i chenhedlaeth.

'Mae gen i deimlad o gywilydd ynglŷn â mater yr iaith,' meddai. 'Fi oedd yr hyna o nifer o blant ac fe dreuliais lawer o'm hamser ar yr aelwyd—dyna sut y llwyddais i gadw'r iaith. Ond fe anfonwyd y plant eraill i sefydliadau addysgol ac fe dynnwyd yr iaith oddi arnyn nhw. Er i mi gadw'r iaith, wnes i ddim ei throsglwyddo i fy mhlant i. Roeddwn yn byw yn yr Unol Daleithiau ac o'r farn mai gwell fyddai i'r plant fabwysiadu'r ffyrdd newydd, ond pan ddes i 'nôl i Kanewake fe sylweddolais fod yna werth i'r iaith unwaith eto. Sylweddolais hefyd mor hawdd yw ei cholli—gall farw o fewn deugain mlynedd—felly dwi nawr yn ymroi i helpu i wneud yr ysgol yn llwyddiannus. Cofiwch, does gen i ddim tystysgrif na dim . . . dwi'n ceisio trosglwyddo'r hyn dwi'n ei gofio o gyfnod fy mhlentyndod i i'r plant yma.'

Roedd yn syndod pa mor groesawgar oedd yr athrawon. Er eu prysurdeb, roedd yna wên a chyfarchiad gan bawb ar gyfer dieithriaid. Daeth Charlie Patten, yr athro ymarfer corff, mas i eistedd ar y borfa ac i sgwrsio. Roedd ganddo yntau hefyd ei gyffes ffydd.

'Fe ges i fy magu yn sŵn y Mohawk,' meddai, 'ond roedd sŵn y Saesneg i'w chlywed hefyd. Ar y pryd doedd yna ddim pwysig-rwydd yn cael ei roi i'r gallu i siarad Mohawk, felly tuedd fy nghenhedlaeth i oedd siarad Saesneg. Roedd ein hagwedd tuag at y Mohawk yn ddihidiol . . . fydden ni fyth yn ei defnyddio. Roedd hi fel petai'n cael ei chadw mewn rhyw ddrâr. Wnes i ddim newid fy agwedd nes i mi briodi a chael plant fy hun. Pan ystyriais beth fedrwn i ei drosglwyddo i'r plant, fe benderfynais mai'r iaith a'r diwylliant Mohawk fyddai un o'r pethau mwyaf gwerthfawr, ac er mwyn gloywi fy iaith fy hun fe fanteisiais ar y cyfle i ymuno â staff yr ysgol newydd.

'Mae'n rhyfedd sut mae'r awyrgylch yn wahanol yma. Mae'n rhan o'n ffordd ni i gymryd ein hamser i ystyried pethau, ac mae hynny'n deillio o'n cred fod y Fam Ddaear yn amyneddgar, ac yn raddol y mae hi'n newid y tymhorau. Mae'r ysbryd hwnnw i'w deimlo yn yr ysgol. Fe fyddwn ni'n sôn llawer am y Fam Ddaear yn y gwersi, ac mae'r plant fel tasen nhw wedi ymlacio'n llwyr. Mae'n bleser cael bod yma. Wedyn, mae canolbwyntio ar hybu ein diwylliant yn gyfle i roi cymaint o bethau, na fyddwn fel arall yn eu hystyried, mewn persbectif. Er enghraifft, does neb bellach nad yw o'r farn mai melltith yw'r Ddeddf Indiaidd. Doeddwn i erioed wedi deall pam y cafodd ei llunio, ond nawr does gen i ddim amheuaeth mai arf y drefn drefedigaethol Brydeinig oedd hi i gael gwared ohonom ni. O leia mae hi wedi dysgu gwers i ni i beidio ag ymddiried mewn unrhyw drefn sy'n cael ei llunio ar ein cyfer gan bobol eraill.'

Cyn gadael fe ganodd y ddau—Rita a Charlie—anthem y Mohawk. Esboniwyd ei bod yn sôn am hiraeth y Mohawk am ei gartref wrth iddo alw i gof y profiadau teuluol hynny sydd wedi ei wneud yr hyn ydyw.

Mae'n rhaid fod y brwdfrydedd a welwyd ymhlith athrawon ysgol Mohawk Kanewake yr un fath â'r brwdfrydedd a welir yn ysgolion uwchradd dwyieithog de-ddwyrain Cymru. Mae athrawon sy'n cael eu rhyddhau o hualau Prydeindod yn barod i ymroi—hyd yn oed yn ystod gwyliau—i ddarparu ar gyfer eu disgyblion. Prinder gwerslyfrau oedd y broblem fwyaf yn Kanewake, ond yn hytrach na chwyno ynghylch hynny a rhoi'r ffidil yn y to, roedd yr athrawon yn bwrw ati i'w llunio o'u pen a'u pastwn eu hunain. Ni ellid fforddio disgwyl i'r un gyfundrefn fynd ati i gomisiynu a golygu a chyhoeddi ymhen pum mlynedd; rhaid oedd ymateb i'r angen ar unwaith. Mae'n siŵr y buasai'r awyrgylch yn gwbl heintus petaem wedi galw ar ddiwrnod pan oedd y plant yn yr ysgol. Yn union fel athrawon ysgolion megis Rhydfelen a Gwynllyw roedd athrawon Kanewake yn ymwybodol ei bod yn rheidrwydd ceisio trwytho pob cenhedlaeth o blant Mohawk yn eu hanes a'u diwylliant os oedd y genedl i oroesi.

Ar y daith 'nôl i Montréal, gofynnais i Robert a oedd yr enw Louis Riel a grybwyllwyd gan Alwyn Morris yn golygu rhywbeth iddo. Fel arfer cefais ateb cryno a chynhwysfawr.

'Arweinydd y Metis—pobol o waed cymysg—oedd Louis Riel, ond roedd hefyd yn ymladd dros hawliau'r Indiaid yn erbyn y goresgynwyr. Ei ymdrechion ef mewn brwydrau a sicrhaodd ddarn o dir o dros 1,000 o gyfeiriau i'r Metis ym Manitoba yn 1870. Gyda llaw, mae'n debyg mai ystyr Manitoba yw "ysbryd sy'n llefaru", ac yn ôl rhai, Riel a ddewisodd yr enw. Beth bynnag, er iddo gael ei ethol i'r llywodraeth daleithiol yn 1873, roedd yn dal ar ffo ac ni feiddiai fynd i'r senedd rhag ofn iddo gael ei ddal a'i daflu i garchar. Cafodd ei ailethol droeon er nad oedd byth yn mynychu'r senedd. Fe drodd yn arbennig o grefyddol ac fe aeth i fyw i Montana nes iddo gytuno i ddychwelyd i arwain y Metis eto yn 1884 gan fod y llywodraeth yn poeni llawer mwy am ymestyn rheilffordd y Canadian Pacific nag am gŵynion y Metis. Ond y canlyniad fu i Riel gael ei ddal, ac yn 1885 fe'i cafwyd yn euog o deyrnfradwriaeth ac fe'i crogwyd, ond mae'r brodorion hynny sy'n gwybod rhywbeth amdano yn dal i'w barchu fel arweinydd glew.'

Erbyn hyn roeddem wedi cyrraedd maes parcio'r gwesty, ac yn ôl Robert roedd gennym y dewis o naill ai dreulio noson arall ym Montréal neu ei mentro hi i Winnipeg ym Manitoba yn y gobaith o gyfarfod ag Elijah Harper. Roedd e wedi cadarnhau y byddai'r arweinydd Cree yn ei swyddfa yn y senedd-dŷ drannoeth ond heb gael sicrwydd y byddai'n medru neilltuo amser i ni. Rhybuddiodd Robert ei bod yn daith hir i Winnipeg, hyd yn oed mewn awyren, ac nad oedd am gael ei gyhuddo o'm tywys ar siwrnai seithug. Ond o ystyried helyntion y noson gynt a'm hawydd i gwrdd â'r gŵr a ynganodd y 'Na' huotlaf yn hanes Canada, penderfynais mai mentro oedd orau, doed a ddelo. A bant â ni.

12

Roedd hi'n tynnu at hanner nos wrth i ni ollwng ein bagiau yng nghyntedd gwesty'r Sheraton yn Winnipeg. Edrychwn ymlaen at gael diod gadarn a fyddai'n meirioli'r lludded cyn ffarwelio am y noson. Roeddwn am wneud yn fawr o'r cyfle i gyfarfod â'r Seneddwr Elijah Harper drannoeth, ac am gael amser i'm paratoi fy hun yn iawn. Doeddwn i ddim yn rhag-weld unrhyw drafferthion wrth y ddesg gan fod y trefniadau wedi eu gwneud cyn gadael Montréal. Wedi'r cyfan, onid oeddwn wedi siarad ar y ffôn â dynes gyfeillgar a'm cyfarchodd trwy grybwyll ei henw? Ac onid oedd hi wedi fy sicrhau y byddai pob dim yn barod ar ein cyfer, a'i bod yn ei hystyried yn bleser i roi lletry i ni? Roedd hi hyd yn oed wedi dymuno'n dda i ni yn ystod ein harhosiad ym mhrifddinas Manitoba.

Gwaetha'r modd doeddwn i ddim yn cofio ei henw. A doedd y gŵr wrth y ddesg ddim mor dwymgalon ei groeso. Oedd, roedd e'n derbyn fod ystafelloedd wedi eu neilltuo ar ein cyfer, ond am nad oedd gennym y cardiau priodol i brofi y medren ni dalu, ni allai roi allweddi'r ystafelloedd i ni. Ceisiais esbonio nad oeddwn yn berchen ar gardiau credyd ond fy mod yn rhoi fy ngair iddo y byddai fy siec yn cael ei hanrhydeddu. Ond na, doedd hynny ddim yn plesio. Fe'i hysbysais ein bod wedi aros yng ngwesty'r cwmni yn Nhoronto ac ym Montréal, a bod yna groeso iddo gysylltu â'r staff yno i gadarnhau nad twyllwyr mohonom. Ond na, ni fyddai'r swyddog perthnasol ar ddyletswydd mor hwyr y nos. Wel, beth am y ferch y bûm yn siarad â hi ar y ffôn i archebu'r ystafelloedd? Doedd hi ddim wedi sôn dim am gardiau credyd. Onid oedd wedi fy nghamarwain, meddwn? Na, oedd yr ateb, am nad oedd a wnelo honno ddim â thaliadau, a beth bynnag, roedd hi'n siarad o'r brif swyddfa yn Texas.

Wrth weld ein gwrychyn yn dechrau codi, awgrymodd y gŵr ein bod yn archebu diod wrth y bar ar gost y gwesty tra ceisiai ef ddatrys y broblem. Pwysleisiais eto y byddai ein sieciau'n sicr o gael eu hanrhydeddu, ond ni wrandawai, a cheisiais ddethol fy ngeiriau yn ofalus wrth ddweud wrtho fy mod wedi treulio'r ddeuddydd diwethaf ymhlith pobl a roddai bwys ar gywirdeb a chadw addewidion. Roedd y Mohawk, fel y Cymry, meddwn, yn ystyried dyn cystal â'i air. Ond roedd e'n rhy brysur yn byseddu ffurflenni a chardiau rhifau ffôn i wrando. Mynnodd Robert fy nhywys at y bar. Yr unig berson yn llymeitian yno oedd dynes a geisiai ymddangos mor ddeniadol ag oedd ei chorff esgyrnog yn caniatáu iddi'i wneud. Cedwais yn glir.

Ymhen hir a hwyr dychwelodd y gŵr gan ryw led ymddiheuro ei bod hi'n ofynnol iddo gadw at reolau a chanllawiau'r cwmni. Ychwanegodd ei fod wedi anfon neges ffacs i brif swyddfa fy manc yng Nghaerdydd ond na fyddai'n derbyn ateb am ychydig oriau, ac ar yr amod ein bod yn barod i dalu ag arian parod petai raid, fe gytunodd i adael inni fynd i'n hystafelloedd. Euthum dan rwgnach fod gennyf amgenach gorchwylion na hedfan yn hwyr y nos o Montréal i Winnipeg er mwyn aros mewn gwesty heb dalu. Awgrymais y dylai ddilyn cwrs carlam mewn hanfodion urddas, cywirdeb ac anrhydedd, a hynny trwy dreulio cyfnod yng nghwmni rhai o'r Brodorion Cyntaf. Ond fe giliodd o'r golwg.

Roedd yr ystafell wely yn fwy nag ambell fflat y bûm yn byw ynddi—ac, wrth reswm, yn fwy moethus. Roedd cerdded o'r ffenestr at y gwely yn flinderus. Ond yr eiliad y trawodd fy mhen y gobennydd roeddwn mewn trwmgwsg. Breuddwydiais fy mod yn marchogaeth ceffyl gwyn yn ddigyfrwy ar hyd gwastadeddau eang, heibio i yrroedd o byffalo. Roeddwn yn gwau trwyddynt ac yn gweiddi mewn iaith nad oeddwn yn ei deall. Doedd gen i ddim crys ac roedd fy wyneb a'm corff wedi eu peintio. Teithiwn ar garlam heb wybod ble'r oedd pen draw'r siwrnai nes i mi gyrraedd dwnshwn anferth—ac fe ddihunais yn chwys drabŵd. Gwneuthum yn fawr o'r arlwy wrth y bwrdd brecwast ar ôl y noson gyffrous.

Erbyn y bore roedd yna ŵr arall y tu ôl i'r ddesg. Dywedodd nad oedd yr un neges wedi cyrraedd o Gaerdydd a'i fod, o ganlyniad, mewn penbleth ynglŷn â chaniatáu i mi dalu. Yn hytrach nag ailadrodd rigmarôl y noson gynt, penderfynais fynd i'r gyfnewidfa agosaf er mwyn newid sieciau teithio a thalu ag arian parod. Dyna ddatrys penbleth gwas cwmni Sheraton, a'm galluogi innau i fynd i swyddfa Elijah Harper yn gynnar.

Roedd adeilad sgwâr senedd-dŷ Manitoba yn wir ysblennydd. Fe'i hamgylchynid gan erddi eang, lliwgar, ac roedd ehangder yn nodweddu'r ystafelloedd a'r coridorau y tu mewn hefyd. Yn y cyntedd roedd yna gerfluniau o ddau feison mawr yn dynodi mai nhw a arferai grwydro gwastadeddau'r dalaith pan godwyd y senedd-dŷ. Daeth golygfeydd fy mreuddwyd yn fyw i mi unwaith eto. Os rhywbeth, swyddfa'r Seneddwr Harper oedd yr unig ystafell a ymddangosai'n bitw. Cawsom ar ddeall fod disgwyl i gynrychiolydd Rupertsland gysylltu â'r swyddfa cyn diwedd y bore, ond pwysleisiwyd bod ei amserlen yn llawn ac na ellid addo y byddai'n barod i'n gweld. Awgrymodd ei ysgrifenyddes y dylwn alw'n ôl tua hanner dydd. Teimlwn yn obeithiol.

Treuliais awr ddigon anniddig ar lan Afon Goch. Gwelais arwydd yn dynodi mai ar lan yr afon honno y codwyd yr Eglwys Anglicanaidd gyntaf yng Ngorllewin Canada yn 1822. Dysgais mai Winnipeg, o holl ddinasoedd Gogledd America, oedd y fwyaf nodedig am Indiaid meddw ar y strydoedd. Heidient o'r gwarchodfeydd yng ngogledd y dalaith i chwilio am waith, ond o fewn dim roedden nhw'n sefydlog yn y gwter, yn treulio'u dyddiau'n syllu i wacter. Ond roeddwn am ddefnyddio fy amser mewn modd positif trwy alw i gof yr hyn a wyddwn am Elijah Harper.

Ni wyddai fawr neb amdano cyn iddo roi'r sbrag yn nram Cytundeb Llyn Meech. Gwleidydd dinod senedd daleithiol yn cynrychioli ardal anghysbell oedd e, ond o ganlyniad i un weithred syml o wrthodiad fe dyfodd yn ffigur cenedlaethol a gâi sylw beunydd mewn papurau newyddion a chylchgronau. Dymunai pobl gael ei farn ar wahanol agweddau ar y cwestiwn brodorol, ac fe gafodd gyfle i ddileu'r ddelwedd ohono fel Indiad twp a dywedwst a oedd yn fwy cartrefol ar ei warchodfa nag ar lawr y senedd-dŷ. Atgyfnerthwyd y ddelwedd honno pan fu'n rhaid iddo roi'r gorau i'w ddyletswyddau fel Gweinidog Materion Gogleddol ar ôl ei ddyfarnu'n euog o yrru â gormod o alcohol yn ei waed. Roedd e'n destun sbort ac yn gocyn hitio parod i'r sawl na chymerai faterion y Brodorion Cyntaf o ddifrif.

Ond mae'n debyg mai mater o hap a damwain oedd yr amlygrwydd a ddaeth i'w ran. Doedd neb wedi rhag-weld nac wedi cael achlust o'r hyn roedd e'n bwriadu ei wneud. Doedd y sylwebyddion gwleidyddol ddim hyd yn oed wedi gofyn am ei farn ynghylch Cytundeb Llyn Meech am nad oedden nhw'n credu fod ganddo farn. Ond o ran hynny, doedd ef ei hun ddim wedi penderfynu dweud 'Na' tan ychydig oriau cyn y digwyddiad. Nid oedd wedi cymryd rhan mewn unrhyw drafodaeth ar y mater, nac wedi lleisio ei farn yn gyhoeddus. Awgrym un o'i gynghorwyr gwleidyddol oedd y dylai sefyll ar ei draed pan ddeuai ei dro a phlufyn gwyn yn ei law a dweud 'Na' heb esbonio ei gymhelliad. Wedi'r cyfan fe fyddai'n gweithredu o fewn ei hawliau ac fe fyddai pwy bynnag oedd â diddordeb yn sicr o'i holi wedi'r digwyddiad. Dyna oedd y strategaeth a roes i'r cynrychiolydd taleithiol sylw ar draws Canada. Roedd yr ystryw mor syml, a chan fod un bleidlais yn erbyn yn ddigon i rwystro gwireddu'r cynnig o ganiatáu statws cyfansoddiadol arbennig i Québec ar sail ei harbenigrwydd diwylliannol, fe fyddai'r wlad gyfan am wybod mwy am Elijah Harper. A phetai wedi hysbysu ei fwriad ymlaen llaw, mae'n bosib y byddai yna gymal wedi ei ychwanegu i'r cytundeb yn nacáu arwyddocâd ei 'Na' neu fe fyddai addewidion wedi eu gwneud iddo yn gyfnewid am ei gefnogaeth.

Roeddwn eisoes wedi trysori un dyfyniad o'i eiddo. 'Nid y dynion gwyn yw ein gelyn. Ein gelyn yw dyfodol heb obaith. Ein gelyn yw dinistr y Fam Ddaear. Ein gelyn yw llwybr anghyfiawnder. Ein gelyn yw peidio â gweithredu nawr pan fo angen gweithredu.' Roeddwn yn awyddus i'w gyfarfod. Credwn ei fod yn ddyn bach mawr.

Euthum 'nôl i'w swyddfa a chael ar ddeall ei fod wedi ffonio ond nad oedd wedi rhoi ei air y medrai fy ngweld. Mentrais bwysleisio y buaswn yn ei hystyried yn anrhydedd i gael ychydig funudau o'i gwmni ac na fyddai'n gyfleus i mi alw drannoeth. Dywedodd ei ysgrifenyddes fod Elijah yn awyddus i dreulio'r prynhawn yng nghwmni ei bedwar plentyn am ei fod wedi addo gwneud hynny, ac am nad oedd y senedd yn eistedd ar y pryd doedd dim rheidrwydd arno i ddod draw i'r swyddfa. Wrth i mi barhau i ymbilio fe ganodd y ffôn. Ar ôl i'r ysgrifenyddes ei ateb a dweud ychydig frawddegau fe'i hestynnodd i mi gan ddweud, 'Siaradwch chi ag e.'

Ceisiais fod mor gynnil â phosib wrth esbonio fy nghefndir a'm diddordeb. Roedd y llais ar y pen arall yn porthi trwy ddweud 'Ie, ie' bob hyn a hyn. Ymddiheurais am dorri ar draws ei drefniadau, gan bwysleisio fy awydd i'w gyfarfod. Clywn yr 'Ie, ie' eto. Yna ysbaid hir o dawelwch. Doedd gen i ddim rhagor i'w ddweud heb ddechrau ailadrodd, a synhwyrwn eisoes nad oedd Elijah Harper yn un am wrando ar neb hirwyntog. 'Fe fydda i draw maes o law,' oedd ei ddyfarniad gan derfynu'r alwad. Gofynnais i'w ysgrifen-yddes pryd oedd 'maes o law', ac os oedd y seneddwr yn debyg o dorri ei air. 'Wel, "maes o law" fydd "heb fod yn hir" ac os na fydd e'n medru cadw ei addewid fe fydd yn sicr o ffonio i ddweud hynny,' meddai. Cyflwynodd boster cyhoeddusrwydd o Elijah yn dal y plufyn gwyn i mi i'w astudio.

Crwydrais ar hyd coridorau'r adeilad er mwyn lladd amser, gan gadw llygad ar y fynedfa i swyddfa Elijah Harper yn ogystal â swyddfa'r blaid roedd e'n aelod ohoni, sef y Blaid Ddemocrataidd Newydd. Yma ac acw roedd lluniau o aelodau Teulu Brenhinol Lloegr fel warged o'r dyddiau pan hawliai Prydain berchenogaeth ar diroedd Canada. Ymwelwyr a welid o gwmpas yr adeilad yn bennaf. Roedd y sawl oedd yno ar berwyl gwaith yn hawdd i'w hadnabod am eu bod yn cerdded yn bwrpasol heb unrhyw dindroi. Ymhen ychydig daeth un o'r porthorion ataf a'm tywys i ystafell arbennig wrth ymyl y siambr drafod gan ddweud fod y sawl roeddwn am ei weld ar fin cyrraedd. Fe'm tywyswyd i eistedd mewn ystafell fewnol ond gan fod cil y drws ar agor medrwn weld yr hyn oedd yn digwydd yn yr ystafell dderbyn.

Cyrhaeddodd gŵr stwca byr mewn gwasgod ledr ddu a chrys gwyn agored heb dei. Roedd ganddo wyneb crwn rhadlon ac roedd ei wallt wedi ei glymu y tu ôl i'w wegil. Er y medrwn fod wedi ei gamgymryd am un o ofalwyr neu weithwyr cynnal a chadw'r adeilad, roedd y lluniau a welais ohono yn dweud wrthyf mai hwn oedd y Seneddwr Elijah Harper. Codais ar fy nhraed. Cefais edrychiad brysiog o gydnabyddiaeth cyn iddo barhau i sgwrsio â'r ysgrifenyddesau a'r gweision sifil yn yr ystafell dderbyn. Roedd hwn eto yn gogordroi, a hyd yn oed pan ddaeth i'r ystafell fewnol roedd yn rhaid iddo symud dwy neu dair cadair cyn penderfynu rhannu ei gwmni â mi. Mae'n rhaid ei bod yn rhan o anian y brodorion i beidio â rhuthro i gyfarch neb ond i sefydlu awyrgylch hamddenol trwy gyflawni rhyw fân ddyletswyddau ym mhresenoldeb y dieithryn.

Pan benderfynodd eistedd gyferbyn â mi cofiais am gyngor Robert i estyn owns o dybaco iddo â'm llaw dde a'i gyfarch yn

144

Gymraeg. Dyna ddull traddodiadol ei bobl o gyfarch gwell i ddieithriaid. Fe'i derbyniodd yn llawen gan yngan ychydig eiriau yn iaith ei bobl. Gofynnais iddo ddweud ychydig frawddegau yn ei iaith ei hun er mwyn i mi gynefino â'i sŵn. Edrychai heibio i mi wrth siarad yn ei iaith, ac o bryd i'w gilydd roedd fel petai'n ailafael mewn rhyw bwynt neu'i gilydd trwy ollwng ffrydlif o frawddegau. Pan ofynnais iddo ddweud ychydig amdano ei hun yn Saesneg roedd yn ei chael yn ddigon hawdd i edrych ym myw fy llygad.

'Ces i fy magu gyda 'nhad-cu a'm mam-gu mewn caban pren ar warchodfa tua 400 milltir o'r fan hyn. Pysgota a gosod trapiau a wnawn yn ystod fy mhlentyndod, a thrwy ddilyn y dynion yn hela y deuthum i ddeall am arferion fy mhobol. Wyddwn i ddim fod yna ddynion gwyn i'w cael. Wrth i mi dyfu fe fyddai nyrs wen, asiant Indiaidd neu aelod o'r RCMP, yn dod heibio weithiau, ond ar wahân i hynny byd y Cree oedd fy myd. Bu'n rhaid i mi fynd i ffwrdd i gael addysg, ond er pob ymdrech i'm perswadio i anghofio am fy nghefndir fe ddysgais sut i oroesi trwy fyw o fewn fy nghalon. Pan fyddwn yn dychwelyd i'r warchodfa fe fyddai'r hen bobol yn adrodd chwedlau . . . chwedlau fyddai'n esbonio gwahanol agweddau o'r greadigaeth. Roedd Wesakjak yn arwr ac yn dwyllwr, yn medru'i drawsnewid ei hunan i wahanol ffurfiau, boed hwyaden neu gleren, ac ati. Esboniai'r straeon hyn y rhesymau dros greu pob anifail a dyna sut y byddem ni'n dysgu'r ffordd i drin bywyd . . . sut i barchu pob dim fel rhan o'r broses o barhad bywyd. Roedd y Fam Ddaear yn haeddu parch uwchlaw pob dim oherwydd hebddi fyddai yna ddim bywyd ar ein cyfer ni. Bydden ni'n cael ein dysgu i daflu esgyrn yr anifeiliaid y bydden ni'n eu lladd i'r tân yn hytrach na'u taflu i'r cŵn neu eu gadael fel sbwriel. Roedd yr esgyrn o'u llosgi yn troi'n lludw ac roedden ni'n rhoi'r lludw'n ôl yn y ddaear. Dyna sut yr oedden ni'n cael ein dysgu i barchu'r amgylchedd. A doedden ni ddim yn lladd anifeiliaid o ran hwyl er mwyn ennill rhyw gwpan neu'i gilydd, neu er mwyn hongian cyrn ar ryw wal i frolio ein gallu i ladd.'

'Sut ydych chi'n ymagweddu at y Canadiaid?' gofynnais.

Y Seneddwr Elijah Harper.

'Ein cartre ni yw Canada, a'n dymuniad yw cael ein parchu yma. Ni groesawodd y Saeson a'r Ffrancwyr i'n traethau, ac rydyn *ni'n* genedl hefyd. Trwy garedigrwydd ein pobol y llwyddodd y Saeson i oresgyn y gaeafau oer, ond does dim sôn am hynny yn y llyfrau hanes. Yn ôl y rheiny, dyw hanes Canada ddim yn dechrau tan 1492, ond mae dweud hynny yn gwbl gyfeiliornus. Roedden ni yma ganrifoedd cyn hynny, yn ein llywodraethu ein hunain, yn masnachu â chenhedloedd eraill ac yn cynaeafu cnydau. Mae'n hen bryd i'r byd cyfan sylweddoli hynny er mwyn ceisio dad-wneud y cam a wnaed â'n pobol. Dyw'r holl gytundebau mae'r dyn gwyn yn honni iddo eu harwyddo â'n harweinwyr ddim wedi ein cyfoethogi mewn unrhyw ffordd. Maen nhw wedi ein gorfodi i

146

ildio ein hawliau. Mae'n bryd nawr i'r dyn gwyn ddangos ychydig o'r caredigrwydd a ddangoswyd iddo fe gan ein pobol ni bum canrif yn ôl.

'A'r cam cyntaf fyddai diddymu'r Ddeddf Indiaidd am ei bod yn gwbl hiliol. Meddyliwch mewn difrif fod yna ddeddf wedi ei llunio er mwyn cyfyngu ar ein hawliau ar ein tiroedd ein hunain. Roedd y ddeddf yn ein gwahardd rhag canu ein caneuon a chynnal ein dawnsfeydd yn ôl ein mympwy ein hunain. Doedd gennym ddim hawl i wneud fawr ddim heb ganiatâd y Ddeddf Indiaidd. Deddf gwbl drefedigaethol. Rhaid cael gwared ohoni cyn iddi ddiddymu ein heneidiau yn llwyr.'

'Faint o help oedd eich "na" enwog, a faint o ddylanwad gafodd "Brwydr Oka" ar y "Cwestiwn Brodorol"?'

Cyn ateb chwarddodd yn harti gan edrych o'i gwmpas yn aflonydd. Dechreuodd ateb sawl gwaith ond roedd y piffian yn drech nag ef. Roedd yn amlwg wedi hen arfer â chlywed y cwestiwn, ac mae'n debyg iddo fod yn dadlau ag ef ei hun am ba mor hir y byddai'r sgwrs yn mynd yn ei blaen cyn y byddai'r cwestiwn yn codi ei ben. Ymlonyddodd.

'Ie, ie, maddeuwch i mi . . . ond yr holl sylw sydd wedi bod i "Na Llyn Meech" . . . rhaid i chi sylweddoli ein bod wedi gwrthwynebu'r cyfansoddiad ac wedi ymgyrchu dros ei newid er mwyn sefydlu ein hawliau ers ymhell cyn hynny. Ond rhaid cyfaddef fod Llyn Meech wedi profi'n gyfleus a'i fod wedi dod â'r Cwestiwn Brodorol i ben blaen y llwyfan gwleidyddol. Ond fe fydd rhaid i ni barhau â'r momentwm cyn y bydd y llywodraeth yn magu digon o ewyllys gwleidyddol i gydnabod ein hawliau. Ynglŷn â'r Rhyfelwyr Mohawk wedyn . . . rhaid deall nad carfan sy'n dibynnu ar drais a gwrthdaro mohonynt. Maen nhw'n defnyddio drylliau er mwyn cadw'r heddwch, a'u hamcan yw amddiffyn eu hetifeddiaeth. Yr hyn mae hynny'n ei olygu yn ei hanfod yw amddiffyn yr agwedd ysbrydol o'n bywydau . . . y modd yr edrychwn arnom ein hunain fel unigolion, y modd y cyflwynwn ein hunain i'r creawdwr, y modd y cynhaliwn berthynas â'r amgylchedd . . . . yn wir, ein holl ymwneud â phob dim. Ac mae'n gwerthoedd moesol, ein hymdeimlad o lawenydd a'n hymdeimlad o lonyddwch, yn dibynnu ar natur ein perthynas ysbrydol â'r Fam Ddaear.

'Mae'n anodd i chi ei ddeall, efallai. Mae'n anodd i mi ei esbonio weithiau oherwydd does dim angen i mi ei esbonio i mi fy hun. Ond ers cyfnod Adda ac Efa mae pobol wedi mabwysiadu gwerthoedd moesol. Dydyn ni damaid gwahanol i genhedloedd eraill yn hynny o beth, ond mae'r dyn gwyn yn hwyrfrydig i dderbyn hynny. I lawer o'r brodorion mae Cristnogaeth yn gyfystyr â threfn drefedigaethol. Dydyn ni ddim yn derbyn fod y drefn Gristnogol wedi ein newid er gwell oherwydd roedd gennym ein gwerthoedd moesol cyn hynny. Y dyn gwyn sydd wedi methu amgyffred ein gwerthoedd a hynny efalle am eu bod mor syml. Mae'r dyn gwyn yn cymhlethu ei fyd ei hun. Mae'n dyfeisio pob math o resymeg i gyfiawnhau Rhyfel y Gwlff, er enghraifft. Ond o ddod 'nôl at yr ysbrydol, mae'n hawdd deall y cymhellion y tu ôl i'r rhyfel.

'Mae'r dyn gwyn yn gwario biliynau o ddoleri ar arfau milwrol. I ba bwrpas? Mae e wedi anfon dyn i'r lleuad ond dyw e ddim yn medru bwydo holl blant y byd. Pa les felly yw teithio i'r lleuad? Mae 50 y cant o'r nwyddau sy'n cael eu cynhyrchu yn y byd yn cael eu defnyddio gan 5 y cant o'r boblogaeth yn unig. Mae rhywbeth o'i le ar y gwerthoedd. Ac os bydd y dyn gwyn yn dinistrio'r awyr a'r dŵr a'r fforestydd, fe fydd yn ei ddinistrio'i hun. Beth bynnag, dwi'n traethu digon . . . beth am eich hanes chi?' gofynnodd.

Bu'n holi'n ddyfal gan gyfeirio o bryd i'w gilydd yn ystod fy sylwadau am Gymru at ddigwyddiad perthnasol yn hanes ei genedl yntau. Porthai'n frwdfrydig pan soniwn am arwyddocâd dyddiadau megis 1282 a 1536 yn hanes y genedl Gymreig. Wrth ddyfynnu darnau o farwnad Gruffudd ab yr Ynad Coch fe'i darbwyllais fod gennyf innau, fel yntau, hen hanes.

Ond meddylfryd y dyn gwyn a'i poenai fwyaf. Pwysleisiodd unwaith eto mai'r dyn gwyn sydd yn sôn byth a hefyd am 'Na Llyn Meech' fel datganiad y brodorion dros statws arbennig o fewn cyfansoddiad y wlad ar sail eu diwylliant unigryw. Ychwanegodd fod y brodorion wedi bod yn ymgyrchu dros hynny ers degawdau ond nad oedd y dyn gwyn yn sylweddoli nac yn deall hynny nes iddo'i weld yng nghyd-destun Québec.

Doedd Elijah Harper ddim o'r un anian â'r gwleidydd arferol. Roedd ei ddull o lefaru'n wahanol. Nid oedd wedi dilyn cwrs yr un cwmni cysylltiadau cyhoeddus er mwyn meithrin delwedd a slicrwydd cymeriad. Doedd e'n neb ond ef ei hun. Siaradai ag afiaith y sawl oedd am rannu ei weledigaeth, nid er mwyn ennill swydd a statws ond er mwyn cyd-ddealltwriaeth dynoliaeth. Gellid ei ddychmygu yn siarad â'r un taeriнeb naturiol yn ei gaban pren ar ei warchodfa. Doedd ysblander senedd-dŷ ei dalaith ddim yn mennu ar ei ffordd o weld. Tebyg fod ffordd ei bobl o drafod pob dim nes y ceid unoliaeth barn yn dal yn rhan o'i gynhysgaeth. Doedd y bargeinio a'r cyfrwystra gwleidyddol roedd yn ei ganol yn Winnipeg ddim yn rhan o'i ffordd sylfaenol o ddirnad. Mater o chwilfrydedd iddo oedd yr holl sylw a ddaeth i'w ran. Nid oedd yn debyg o fanteisio ar hynny er mwyn llunio gyrfa iddo'i hun fel areithiwr tanbaid llawn rhethreg yn sôn am ddull amgen o fyw, gan ei harneisio'i hun wrth syniadau'r garfan werdd amgylchfydol. Nid dyna'i ffordd. Nid oedd yn rhan o'r diwylliant propaganda. Roedd Elijah Harper, 42 oed, yn byw o fewn ei galon. Roedd hi'n fraint bod yn ei gwmni.

Am fod yna daith hir yn ein hwynebu o Winnipeg i Ottawa, lle'r oedd Robert yn gobeithio trefnu cyfarfod ag un o weinidogion y llywodraeth ffederal, doedd dim amdani ond pori yn fy llyfr nodiadau.

Mae'r brodorion yn trin eu tiroedd tila â pharch na fyddai'r torrwr lawnt beunyddiol yn medru ei ddirnad mewn mil o flynyddoedd. Nid ydynt yn torri ffyrdd ac yn creu cyrsiau golff ar gladdfeydd a thiroedd cysegredig pobl eraill.

Mae'n anodd dirnad y ddaear—pridd, porfa, mwsogl a gwlith—fel mam, ond os na ellir gwneud hynny, mae'n amhosib dechrau deall y cysylltiad ysbrydol sydd rhwng y brodorion a'u hamgylchfyd.

Ai hiraeth ysbrydol oedd ym mynwes y brodor oedrannus a ddywedodd, wrth sôn am ddiflaniad y byffalo, ei fod yn dal i ddyheu am fedru sawru eu gwlyborwch?

Mae Cynulliad y Cenhedloedd Cyntaf am weld y brodorion yn cymryd rhan amlwg yng ngweinyddiaeth Canada. Galwyd am ddiddymu'r Ddeddf Indiaidd a neilltuo 15 sedd ar gyfer cynrychiolwyr y brodorion yn senedd-dŷ Ottawa. Dadleuir fod holl frodorion y wlad—boed nhw wedi eu cofrestru neu beidio—yn cynrychioli 5 y cant o'r boblogaeth ac y dylid o ganlyniad neilltuo 5 y cant o'r 298 o seddau i'w cynrychioli. Argymhellir sefydlu cynllun cyffelyb ar gyfer aelodaeth o'r seneddau taleithiol gan greu rhestr etholiadol ar wahân i'r brodorion.

> Ni fedrwn dderbyn haerllugrwydd diwylliannol y rhai hynny a ddaeth atom o'r ochr draw i'r dŵr. Rydym wedi ein cynddeiriogi ac eisoes yn ysgwyd ein cadwynau.
> *George Erasmus, cyn-lywydd Cynulliad y Cenhedloedd Cyntaf.*

> Mae ein diwylliant mor hen â'r gwyntoedd, mor brydferth â'r mynyddoedd ac mor falch â'r eryr sy'n hedfan uwchben ein tir cysegredig.
> *Y Pennaeth Dan George.*

Gyda'r afanc, nid gyda'r dyn gwyn, roedd cytundeb yr Indiad. Yn ôl teithi meddwl yr Indiad roedd yna ddealltwriaeth â'r anifail ei fod yn ei hela er mwyn defnyddio'i groen at ei ddibenion ei hun, ac nid er mwyn cyflenwi marchnad fyd-eang. Doedd y gair 'elw' ddim yn rhan o'i eirfa.

Mae yna fynd mawr ar lenyddiaeth frodorol. Ystyriwyd *The Education of Little Tree*, sef hunangofiant honedig gŵr a fagwyd ymhlith y Cherokee, yn glasur o'i fath. Rhoddwyd pwys ar ei gywirdeb. Roedd y geiriau 'Stori Wir' ar wynebddalen yr argraffiad cyntaf yn 1976, a'r un modd y 13 argraffiad dilynol. Ond dyw'r geiriau ddim i'w gweld ar argraffiadau diweddar, a dyw'r llyfr ddim ar werth mewn siopau gwarchodfeydd mwyach. Canfuwyd mai mab i rieni gwyn o Alabama oedd Asa Carter, yr awdur. Doedd e ddim wedi ei adael yn amddifad yn bump oed ac wedi ei fagu gan ei dad-cu a'i fam-gu Indiaidd yn unol â broliant yr hunangofiant. Ond roedd e wedi bod yn aelod blaenllaw o'r Ku-Klux-Klan ac roedd wedi ysgrifennu nofel o dan y teitl *Gone to Texas*. Addaswyd y llyfr hwnnw yn ffilm yn dwyn y teitl *The Outlaw Josey Wales*, gyda Clint Eastwood yn ei chyfarwyddo.

Daeth Ian Frazier, awdur *Great Plains*, ar draws Le War Lance ar y stryd yn Efrog Newydd. Roedd e dros chwe throedfedd o daldra ac yn ei ddisgrifio'i hun fel Oglala Sioux o Dde Dakota. Disgynnai ei wallt brithlwyd hyd at waelod ei gefn a medrai siarad Lakota, un o dafodieithoedd y Sioux, 'Hoka hey'. Ei dad-cu oedd Tasunke Witco—Crazy Horse. Roedd Le War wedi cerdded o Alcatraz yng Nghalifffornia i Washington D.C., gan dreulio sawl pâr o sgidie, fel rhan o orymdaith Hawliau i Indiaid. Canodd ganeuon ei bobl yng nghanol prysurdeb Sixth Avenue. Roedd Le War Lance, ŵyr Crazy Horse, yn Indiad i'r carn.

Roedd yn arfer gan Beothuks yn Newfoundland eu gorchuddio'u hunain ag ocr coch, ac o ganlyniad fe ddechreuwyd arfer yr ymadrodd 'Indiaid Cochion'. Ond fe gafodd y Beothuks heddychlon a chyfeillgar eu difodi gan bysgotwyr a mewnfudwyr gwyn. Pan alwodd John Guy a chriw o fewnfudwyr ym Mae Trinity ym mis Tachwedd 1612 fe fuon nhw'n cyfeddach gyda'r Beothuks gan drefnu i ddychwelyd i wledda ymhen y flwyddyn. Ond yn y cyfamser daeth llong bysgota arfog heibio gan danio ei magnelau i gyfeiriad yr Indiaid. Cafodd y Beothuks ofn ac fe wrthodon nhw ddelio â'r dyn gwyn ar ôl hynny. Arferent ddwyn taclau pysgota'r Ewropeaid ac fe ddechreuodd y pysgotwyr yn eu tro ladd 'yr Indiaid ddiawl'. Aed ati i ddifetha pentrefi cyfan a buan y daeth erlid a lladd Beothuks yn sbort. Er i'r bwtsieria gael ei wahardd yn 1769 fe barhaodd yr arfer tan i'r Beothuk olaf, Shanawdithit, gael ei lladd yn 1829.

Mae'n debyg mai Étienne Brule oedd y dyn gwyn cyntaf i deithio ac i fyw ymhlith y brodorion. Cyrhaeddodd y Ffrancwr ieuanc Québec yn 1608 ac ymhen dwy flynedd cafodd ganiatâd Champlain, yr arweinydd Ffrengig, i fyw ymhlith llwyth yr Algonkin. O hynny tan ei farwolaeth yn 41 oed yn 1633, bu'n byw fel brodor. Ond roedd ei ddiwedd yn echrydus. Cafodd ei boenydio, ei ladd, ac o bosib ei fwyta, gan yr Huron am iddo, yn ôl pob tebyg, fradychu'r Ffrancwyr trwy ymuno â'r Saeson yn 1629.

Yn ôl pob sôn, nid y brodorion a ddechreuodd yr arfer o benflingo, ond llywodraethwr yr Iseldiroedd Newydd. Er mwyn profi eu bod wedi lladd Indiaid, gorchmynnodd ei filwyr i ddychwelyd â haen o benglog pob Indiad marw. Mabwysiadwyd yr arfer gan yr Indiaid am fod y Saeson yn talu am bennau'r Ffrancod, a'r Ffrancod yn talu am bennau'r Saeson, a'r naill a'r llall yn talu am bennau Indiaid oedd yn cynghreirio â'r gelyn. Mynna'r mwyafrif o haneswyr fod yr arfer yn gwbl ddieithr i'r brodorion cyn dyfodiad yr Ewropeaid, ac mai ymhlith Sgythiaid de Rwsia'n unig y cofnodwyd yr arfer cynt, a hynny o leiaf 2,500 o flynyddoedd yn ôl. Ond fe ddaeth penflingo yn rhan annatod o ryfela ymhlith yr Indiaid. Y sawl oedd wedi eu lladd a flingwyd gan amlaf, ond weithiau fe benflingwyd carcharorion a'u hanfon adref yn fyw fel rhybudd i eraill i beidio ag ymosod. Mesurid statws rhyfelwr yn ôl nifer y penflingiadau.

> Mae fy niwylliant fel carw wedi ei glwyfo sy wedi'i lusgo ei hun i'r goedwig i waedu ac i farw ar ei ben ei hun.
>
> *Y Pennaeth Dan George.*

Cwmni Hudson Bay oedd y cwmni mwyaf a ddeliai â'r Indiaid, ac fe fyddai yna drefn arbennig i'w masnachu. Bob haf fe ddeuai'r Indiaid i ganolfannau'r cwmni. Cyhoeddent eu bod ar eu ffordd trwy danio'u drylliau wrth hwylio mewn cymaint â 50 o ganŵod. Byddai canolfannau Hudson Bay gan amlaf wedi eu lleoli ar lan afon er mwyn hwyluso teithio. Cyn dechrau masnachu fe fyddai penaethiaid yr Indiaid a swyddogion y cwmni yn eistedd mewn cylch ac yn tynnu ar y bibell heddwch a brawdgarwch am yn ail heb ddweud yr un gair. Ymhen hir a hwyr, ar ôl i gynrychiolydd y penaethiaid ddweud ychydig eiriau yn deisyf y byddai'r bargeinio yn ystod y dyddiau dilynol yn deg ac yn ffrwythlon, byddai'r swyddogion yn cyhoeddi fod 'y ffenestr' neu'r 'twll yn y wal' ar agor. Fyddai yna ddim ond brandi yn cael ei werthu am y tridiau nesaf, gan arwain at olygfeydd diarhebol o feddwi. Pan ddeuai'r cyflenwad brandi i ben byddai'n rhaid i'r cynrychiolwyr eistedd yn ddywedwst mewn cylch unwaith eto i dynnu ar y bibell cyn dechrau ar gyfnod o fargeinio ynghylch prisiau'r crwyn afanc. Yn ddiarwybod i'r Indiaid, fe fyddai pob math o ystrywiau yn cael eu defnyddio i'w twyllo. Fyddai'n ddim i'r cwmni wneud elw o gymaint â 200 y cant ar bob croen afanc.

Am fod cynhaliaeth yn gyforiog ar hyd arfordir y gorllewin, medrai'r brodorion yno neilltuo mwy o amser na'u cymheiriaid ar y gwastadeddau i ddatblygu eu celfyddyd. Roedd cyflenwad di-ben-draw o eog a chedrwydd ar gael ar gyfer yr Haida, Tsimshian, Kwakiutl, Bella Coola, Nootka a'r Salish. Am fod y coed cedrwydd mor fawr gellid gwneud canŵ ar gyfer cymaint â 50 o rwyfwyr. Galluogai hynny'r helwyr i fentro i'r môr mawr ar drywydd morfilod. Roedd y trawstiau a'r pyst mawr yn eu galluogi i godi tai 300 troedfedd o hyd a 60 troedfedd o led ar gyfer cartrefu deg o deuluoedd yn gyffyrddus. Defnyddid rhisgl y cedrwydd wedyn fel clogynnau glaw. Gellid dal digon o eogiaid yn ystod ychydig wythnosau'r rhedfa ddeor yn yr haf i gadw pawb mewn bwyd am flwyddyn gron. O ganlyniad neilltuid peth wmbreth o amser ar gyfer mynegiant artistig. Gwelid y gelfyddyd ar ei gorau yng nghynlluniau'r pyst totem cerfiedig a welid wrth fynedfeydd y Tai Hir. Roedd y pyst yma'n adrodd chwedlau am anifeiliaid ac adar ac yn eu cysylltu â theuluoedd arbennig o fewn y llwyth. Yn ystod misoedd gwlyb y gaeaf wedyn treulid llawer o amser yn perfformio dramâu. Y cymeriadau canolog bob amser fyddai'r eryr, a gynrychiolai awdurdod, a'r morfil, a gynrychiolai eneidiau'r rhai hynny a gollasid ar y môr. Ynghyd â chreaduriaid eraill, fe fyddai'r dramâu hyn yn llawn chwedlau am hanesion creu'r byd a hynt teuluoedd adnabyddus. Mesurid cyfoeth y teuluoedd pan gynhelid seremonïau'r *potlach*. Roedd y digwydd-iadau hyn yn gyfle i'r sawl oedd yn eu trefnu ddangos haelioni trwy roi anrhegion gwerthfawr i'r gwahoddedigion. Ond fe fyddai'n ofynnol dychwelyd yr anrhegion gan ddangos haelioni ychwanegol pan drefnid y *potlach* dilynol. Gwaharddwyd y seremonïau hyn yn 1884 am eu bod, yn ôl cenhadon Cristnogol, yn ddigwyddiadau paganaidd. Er i'r arfer barhau yn y dirgel, ac er i'r gwaharddiad gael ei godi yn 1951, ni lwyddwyd i adfer y seremonïau i'r hyn oedden nhw 'slawer dydd.

Y byffalo oedd cynhaliaeth Indiaid y gwastadeddau. Roedd yr anifail yn medru cyflenwi bron pob dim roedd ei angen ar lwythau'r Cree, Sarcee, Assiniboine, Blackfoot a'r Gros Ventre. Ystyrid tafod, afu, ymennydd a chrwb y byffalo yn neilltuol o flasus. Arferid hongian y carcas am gyfnod cyn ei dorri a'i sychu a'i gadw, a defnyddid darnau ohono i wneud *pemmican*.

Defnyddid crwyn byffalo ieuanc i wneud mocassins, legins a siacedi. Crwyn byffalo mewn tipyn o oed a ddefnyddid i orchuddio'r tîpîs, ac yn y gaeaf defnyddid y crwyn heb dynnu'r blewiach oddi arnynt fel sachau cysgu. Gellid defnyddio'r croen trwchus o wegil yr anifail, ar ôl ei sychu a'i galedu uwchben tân, fel tarian ar gyfer rhyfela, ac fe fyddai croen ffres yn addas fel carrai, y bledren a'r bola yn addas fel bagiau i ddal bwyd, dŵr a saim. O'r gewynnau gwneid edau, a rhaff o'r mwng. Gellid defnyddio'r esgyrn i greu amrywiaeth o arfau a theganau, a defnyddid y cyrn fel cwpanau yfed neu fe'u berwid nes eu bod yn feddal a'u cerfio'n llwyau. Defnyddid y cwt fel chwip a'r dom fel tanwydd.

Cyn i geffylau gyrraedd y gwastadeddau o Ganolbarth America ar ddechrau'r 18fed ganrif, roedd dros 40 miliwn o fyffalo yn crwydro'r erwau eang. Arferid eu dal trwy eu rhuthro i ffaldiau tua 600 troedfedd o hyd ar ffurf cylch gyda mynedfa o tua 200 troedfedd yn culhau ar ffurf twndish. Unwaith y bydden nhw yn y ffald fe'u lleddid â gwaywffyn. Dull arall oedd gorfodi gyr i ddisgyn dros ddibyn. Byddai'r gyrroedd yn diflannu dros y gaeaf, ond mawr fyddai'r dathlu pan ddychwelent ar gyfer yr haf. Roedd yr awch am gig ffres yn rhoi min ar y dawnsfeydd a'r seremonïau a barhâi am dridiau a mwy.

Ond gyda dyfodiad ceffylau daeth hela'n haws ac fe fesurid cyfoeth yn ôl nifer y ceffylau oedd yn eich ffald. Daeth yn haws i glystyrau o deuluoedd deithio'r tu hwnt i'w cynefinoedd arferol, ac arweiniodd hynny at fwy o anghydfod rhwng llwythau wrth iddyn nhw gyhuddo'i gilydd o dramgwyddo ffiniau tiriogaethau. Daeth dwyn ceffylau ei gilydd yn arfer cyffredin. Yna, hanner can mlynedd ar ôl i'r ceffyl gyrraedd, fe ddaeth y dyn gwyn â drylliau i'r gwastadeddau, gan ei gwneud yn haws fyth i ladd y byffalo. Lle cynt lladdwyd byffalo wrth y cannoedd, fe'u lleddid nawr wrth y miloedd, a hynny mewn helfeydd a drefnid â manylder milwrol.

Un o'r helfeydd mwyaf nodedig oedd yr un a drefnwyd ym mis Mehefin 1840 ar y gwastadedd tua 60 milltir i'r de o Winnipeg. Y Metis, sef llwyth o bobl o waed cymysg, oedd yn gyfrifol am yr helfa, ac roedd yna 1,600 ohonyn nhw wedi ymgynnull, gan gynnwys 400 o blant, ynghyd â 500 o gŵn, 400 o geffylau a 1,200 o geirt. Ac am eu bod yn bwriadu hela i gyfeiriad tiroedd y Sioux yng Ngogledd Dakota, roedd yn rhaid paratoi ar gyfer ymosodiadau'r gelyn. Etholwyd arweinydd, ynghyd â deg capten gyda deg swyddog o dan bob un, yn benodol gyfrifol am gadw trefn. Roedd disgwyl i ddeg o sgowtiaid amlinellu llwybr y daith ddyddiol ac fe luniwyd rheolau i ddelio â throseddau ac i sicrhau na fyddai unigolion yn dychryn gyrroedd cyn i grynswth yr helwyr gyrraedd. Byddai'r ceirt yn gadael y gwersyll yn blygeiniol bob bore, ac ar ôl tua deng awr a 15 milltir o deithio byddai'r sgowt yn atal yr orymdaith ac yn trefnu'r ceirt mewn cylch gyda'r siafftiau'n wynebu tuag allan. Gosodid y pebyll a'r anifeiliaid y tu mewn, gyda gwylwyr ar ddyletswydd o amgylch y gwersyll.

Pan ddeuai gyr o fyffalo o fewn golwg fe fyddai'r helwyr yn carlamu yn eu mysg â'u cegau'n llawn bwledi. Yr arfer oedd arllwys dyrnaid o bowdwr o'u cyrn i lawr gwddf y dryll a phoeri bwled wleb i'w ddilyn ac yna tanio o'u ceseiliau. Gwnaed hyn drosodd a throsodd. Medrai 400 o helwyr ladd cymaint â 1,500 o fyffalo mewn dwy awr. Medrai heliwr da ladd dwsin ei hun. Wedi'r lladdfa byddai'n rhaid dychwelyd i flingo'r creaduriaid a chario'r cig a'r crwyn 'nôl i'r gwersyll yn y ceirt. Dyletswydd y gwragedd wedyn fyddai gwneud *pemmican* a thrin y crwyn. Yn ystod deufis yr helfa yn 1840 amcangyfrifwyd fod 500 tunnell o gig a *phemmican* wedi eu cludo i'r gwersylloedd, ac roedd o leiaf yr un faint eto o gig wedi ei adael i bydru ar y gwastadeddau.

Mae'n rhaid fod drewdod yr alanas yn annioddefol. A hawdd credu'r honiad fod helwyr byffalo, oherwydd eu gerwinder, yn barod i orwedd gyda merched na fyddai hyd yn oed gyrwyr gwartheg, nad oedden nhw'n angylion o bell ffordd, yn edrych arnynt ddwywaith.

Pobl y gogledd oer yw'r Inuit, neu'r Esgimo. Inuit—'y bobl' maen nhw'n eu galw eu hunain. Eu gelynion, y Cree, sy'n eu galw yn Esgimos—'bwytawyr cig amrwd'. Mae'n debyg eu bod yn ystyried porfa a mwsogl wedi hanner ei dreulio o stumog caribŵ yn foethyn. Mae ganddyn nhw yn agos i gant o eiriau i ddisgrifio gwahanol gyflyrau o eira, ond yr un gair sy'n golygu 'arweinydd'. Mae goroesi yn dasg barhaus i'r Inuit. Gall yr heliwr dreulio oriau uwchben twll yn yr iâ gyda'i waywffon yn barod i drywanu morlo, ond os yw'n methu derbynia ei dynged yn ddirwgnach ac â i chwilio am dwll arall a threulio oriau eto yn sefyll yn stond. Does ganddo chwaith yr un gair am 'ffarwél', ond mae ganddo ddewis o eiriau i fynegi 'croeso'. Mae ei ffordd draddodiadol yntau o fyw o dan bwysau, a'r angen i briodi'r gorau o ddau fyd, yr hen a'r newydd, yn profi'n anodd.

Gerry Potts oedd y sgowt enwoca ohonyn nhw i gyd. Clerc o dras Albanaidd yn y fasnach ffwr oedd ei dad, ond roedd ei fam yn Indiad o waed pur. Bu'n gweithio i'r RCMP am ddwy flynedd ar hugain ac yn y cyfnod hwnnw dywedid nad oedd unman na fedrai ei ganfod, a hynny heb erioed ddefnyddio map na chwmpawd. Dysgodd ffyrdd yr Indiaid i'r heddlu ac fe ddarbwyllodd yr Indiaid fod cymhellion yr heddlu yn anrhydeddus. Fel gŵr ieuanc bu'n ymladd mewn nifer o sgarmesoedd rhwng llwythau, ac mewn un ymladdfa broliai iddo flingo 16 o bennau. Ei wendid penna oedd diod, ac ar ôl ambell sesiwn fe fyddai ef a'i bartner, George Star, yn cerdded 25 cam oddi wrth ei gilydd ac yna'n ceisio trimio mwstashys ei gilydd gyda bwledi eu drylliau. Pan nad oedd whisgi ar gael i'w arllwys i lawr ei gorn gwddf, fe fyddai lladdwr poen meddygol yn gwneud y tro. Pan adawodd ei wraig gyntaf ef a dychwelyd at lwyth y Crow fe briododd ddwy chwaer o lwyth y Piegan gan fyw gyda nhw mewn tîpî. Pan fu farw yn 56 oed yn

156

1896 cafodd angladd milwrol gan yr RCMP ac fe daniwyd drylliau uwchben ei fedd deirgwaith.

Rhwng 1871 a 1877 gwnaed chwech o gytundebau rhwng llywodraeth Canada a brodorion y gwastadeddau, ac i bob pwrpas roedd yr Indiaid yn ildio eu tiriogaethau. Yna ym mis Medi 1877 daeth tro Conffederasiwn y Blackfoot i arwyddo cytundeb yn cwmpasu 50,000 o filltiroedd sgwâr ar hyd De Alberta yn gyfnewid am swm bychan o arian ac addewidion mawr. Daeth 4,000 o Indiaid Blackfoot, Piegan, Stoney, Blood a Sacree ynghyd i wersylla mewn mil o tîpîs ar ddarn o dir 3½ milltir o hyd. Roedd aelodau'r RCMP yno, ynghyd â chynrychiolydd y Frenhines Victoria, sef Lefftenant Reolwr Tiriogaethau'r Gogledd Orllewin, David Laird. Bu asiantwyr y llywodraeth yn dosbarthu blawd, siwgr a the, ac fe drefnwyd chwaraeon a dawnsio i gyfeiliant curo drymiau. Roedd yna beth anniddigrwydd hefyd wrth i Indiaid garlamu heibio'r dynion gwyn yn tanio eu drylliau rhwng difri a chwarae. Dywedodd y Lefftenant Reolwr y byddai'r gyrroedd byffalo wedi eu difa cyn pen dim amser ac yn wyneb hynny roedd am gynnig hawliau a bendithion i'r Indiaid a fyddai'n parhau mewn grym cyhyd ag 'y byddai'r haul yn tywynnu a'r afonydd yn rhedeg'. Pwysleisiodd y byddai gwarchodfeydd yn cael eu sefydlu ar diroedd toreithiog ac y byddai milltir sgwâr ar gael ar gyfer pob teulu o bump. Byddai pob pennaeth yn derbyn $25 yn flynyddol a phob dirprwy bennaeth yn derbyn $15. Addawyd $12 i bob gwryw, a benyw a phlentyn arall pan arwyddid cytundeb, a $5 yn flynyddol ar ben hynny. Byddai pob pennaeth hefyd yn derbyn medal, baner a dillad newydd bob tair blynedd. Ar ben hynny addawyd cyflenwadau digonol o wartheg, bwledi, hadau a pheiriannau, a hyd yn oed athrawon. Aeth y trafodaethau yn eu blaen am dridiau cyn i Crowfoot, yr amlycaf o arweinwyr y Conffederasiwn, gyhoeddi fod amodau'r cytuneb yn dderbyniol. Talwyd $52,954 mewn arian cytundeb i 4,392 o Indiaid. Cyn pen dim roedd masnachwyr yn eu plith yn cynnig pob mathau o nwyddau a danteithion yn gyfnewid am eu harian. Ac roedd trin arian yn brofiad newydd i'r mwyafrif o Indiaid. Doedden nhw ddim yn medru dirnad gwerth doleri. Roedd yna dwyllwyr a hocedwyr ymhlith y masnachwyr hefyd. Ymhen deg i bymtheng mlynedd roedd y mwyafrif o'r Indiaid yn byw mewn tlodi enbyd ar warchodfeydd ac yn dechrau sylweddoli eu bod wedi ildio eu genedigaeth-fraint i Goron Lloegr.

Ymddengys fod llywodraethau Canada, ers cenedlaethau, wedi trin y brodorion fel pobl sydd ar eu ffordd i ddifancoll. Dyna fu'n ganolog i'w dulliau o weinyddu. 'Dwi am gael gwared â'r broblem Indiaidd. Y bwriad yw parhau tan nad oes yr un Indiad yng Nghanada nad yw wedi ei gymathu, fel na bo'r un cwestiwn Indiaidd na'r un adran Indiaidd,' meddai Campbell Scott, Dirprwy Arolygwr Materion Indiaidd yn Nhŷ'r Cyffredin yn y 20au. Ac meddai un o weision sifil Québec yn 1897, 'Efallai, o fewn chwarter canrif, na fydd yr ynfydion (*savages*) yn ddim mwy nag atgof. Ydi hi'n ddoeth i aberthu ar gyfer anghenion sy'n fwy dychmygol na gwirioneddol, ar draul buddiannau y mwyafrif o'r wladwriaeth?' Adleisiwyd ei sylwadau droeon.

> Dros yr 150 mlynedd diwethaf gwelwyd ein diwylliant a'n hieithoedd yn cael eu gwasgu a'n heconomi'n cael ei thanseilio. Roedden ni'n byw mewn tlodi tra bo'r newydd-ddyfodiaid yn byw mewn digonedd. Ond trwy hyn oll, er nad oedd lle i ni ar agenda wleidyddol y wlad, ni roeson ni'r gorau i gredu, ac i gadarnhau'n benstiff, ein hawliau hynafol.
>
> *George Erasmus, cyn-lywydd Cynulliad y Cenhedloedd Cyntaf.*

Mae pobl Winsk yng Ngogledd Ontario wedi symud eu cymuned yn ei chrynswth ugain milltir yn uwch i fyny'r afon, er mwyn parhau eu hynysrwydd. Does 'na ddim ffyrdd yn arwain at y gymuned am eu bod nhw'n ei chael hi'n haws cynnal eu hunaniaeth drwy fyw yn y dirgel yn hytrach nag yn ymyl traffordd. Hela, pysgota, gosod trapiau, a chasglu aeron a choed tân sy'n llenwi eu dyddiau. Maen nhw'n byw oddi ar y tiroedd a'r dyfroedd ac yn byw gyda'r tymhorau.

Er iddyn nhw sefydlu masnach gyda'r Hudson Bay Company ddwy ganrif yn ôl, fe lwyddodd aelodau o lwyth y Cree yn ardal

James Bay i gadw eu hunain ar wahân tan yn ddiweddar, ond trawsnewidiwyd eu byd pan gyhoeddwyd yn nechrau'r 70au fanylion cynllun hydro-electric a fyddai'n cwmpasu tiriogaeth o faintioli Ffrainc. Bwriad Corfforaeth Ddatblygu James Bay oedd creu rhwydwaith o gronfeydd a fyddai'n darparu ynni nid yn unig ar gyfer Québec, ond hefyd ar gyfer ardaloedd yn yr Unol Daleithiau. Nid ymgynghorodd y llywodraeth ffederal na thaleithiol, na'r Gorfforaeth Ddatblygu chwaith, â'r Cree ymlaen llaw ynghylch y defnydd y bwriedid ei wneud o'u tiroedd hela a'u dyfroedd pysgota.

O ganlyniad roedd arweinwyr y Cree yn gynddeiriog. Roedd yna fwriad i ddinistrio'u cynhaliaeth, a fyddai'n ddi-os yn arwain at ddiwedd ffordd o fyw. Aed â'r mater i gyfraith a bu gorfoleddu pan sicrhawyd gwaharddeb yn rhwystro creu cronfeydd. Ond byr y parhaodd y gorfoledd gan i Lys Apêl Québec wyrdroi'r waharddeb. Roedd Brwydr y Cronfeydd yn parhau. Ar ôl dadlau taer dros gyfnod o ddwy flynedd fe arwyddwyd Cytundeb James Bay a Gogledd Québec rhwng y Cree a'r llywodraethau ffederal a thaleithiol. Bu'n rhaid i'r brodorion dderbyn nad oedd modd atal rhan gyntaf y cynllun ac fe gytunwyd ar iawndal o $125 miliwn. Bellach mae ardal 15,000 kilometr sgwâr wedi ei boddi, gan ddrysu trefn natur a disodli cymunedau.

Bu'n rhaid symud cymuned Chisasibi oddi ar eu hynys i bentref modern. Mae'r newid sydyn wedi creu anawsterau cymdeithasol ac economaidd dybryd. Difwynwyd pysgod yn y cronfeydd gan arian byw methyl, ac mae adar ac anifeiliaid yr arferid eu hela wedi eu drysu, oherwydd y rheidrwydd i newid eu llwybrau mudo. Arweiniodd yr orfodaeth ar y trigolion i ymaddasu'n sydyn i ffordd wahanol o fyw at ddiota ac achosion o hunanladdiadau. Fe gafodd Matthew Coon Come addysg prifysgol y dyn gwyn, ond fe ddefnyddiodd ei ddysg er lles ei bobl, ac nid yw'n hollti blew wrth ddadansoddi cymhellion y dyn gwyn.

'Yr unig adeg y mae llywodraethau'n awyddus i siarad â'm pobol yw pan fydd angen rhywbeth arnyn nhw; pan fyddan nhw am gael eich coed . . . eich dŵr . . . y defnyddiau crai. A phan ddaw hi i hynny maen nhw'n gweithredu er eu lles eu hunain, er eu bod yn rhoi'r argraff eu bod yn ddidwyll. Maen nhw am arwyddo cytundeb, ac yna maen nhw'n eich gadael, a dyw'r addewidion ddim yn cael eu cadw. Rydych yn cael eich twyllo, a dinistrir eich ffordd o fyw . . . mae eich dyfodol yn ansicr . . . a nawr maen nhw am gyflwyno cynllun arall. Sut gallan nhw fod mor haerllug â chredu mai eu heiddo nhw yw'r tir? O ble gawson nhw ganiatâd i wneud fel a fynnon nhw gan gredu na fydd neb yn meindio? Roedden ni yma o'u blaenau.'

Mae'n dal yn fwriad gan Hydro Québec i foddi 1,000 kilometr sgwâr er mwyn creu cronfa a fydd yn arafu llifeiriant un o'r afonydd sydd yn llifo i Fae Hudson gymaint ag 85 y cant, gan sychu ei haber yn gyfan gwbl. Mae'r ardal sydd o dan sylw yn cynnwys claddfeydd llwyth y Cree. Mae Brwydr y Cronfeydd yn parhau, ac eisoes fe berswadiwyd dinas Efrog Newydd i hepgor eu cytundeb i brynu trydan gan Hydro Québec. Mae hynny ynddo'i hun yn gosod yr holl gynllun yn y fantol, ac yn rhoi gobaith i Matthew Coon Come a'i bobl yn eu brwydr dros oroesi ar eu telerau eu hunain.

Bedair canrif 'nôl, amcangyfrifir fod yna 100,000 o frodorion Mi'kmaq yn byw yn yr ardaloedd hynny a adwaenir heddiw fel Nova Scotia a Newfoundland. Ystyr Mi'kmaq yw 'y bobl ynghyd'. Y ffurf unigol yw 'Mi'kmaw'. Mi'kmakik yw'r tir, a'i ystyr yw 'gwlad cyfeillgarwch'. Yn hanesyddol rhennir eu tiroedd yn saith rhanbarth—*sakamowti*. Rhennir y rhain wedyn rhwng llwythau—*wikamow*—ac mae gan bob llwyth ei arweinydd—*sakamow*, ei arweinydd ysbrydol—*sa'ya*, a'i arweinydd rhyfel—*kepten*. Mae pob *sakamow* a *kepten* yn aelodau o Gyngor y Genedl, sef y Sante Mawi'omi. Eu henw am y Creawdwr yw Niskam. Ond erbyn canol y 17eg ganrif roedd clefydau'r dyn gwyn wedi lleihau eu nifer i draean. O dan iau y Ffrancwyr fe fabwysiadodd y Mi'kmaq y ffydd Babyddol gan lunio gwregys *wampum* i goffáu'r uniad. Ganrif yn ddiweddarach roedd y Prydeinwyr yn gwladychu'r tiroedd gan lunio nifer o gytundebau yn addo ailorseddu hawliau a breintiau'r cenhedloedd brodorol. Ond o edrych 'nôl, yr hyn a ddigwyddodd, yn ôl arweinwyr cyfoes, oedd erydu pellach ar eu hawliau, tanseilio'u harwahanrwydd, a cheisio'u gorfodi i fabwysiadu safonau Ewropeaidd. Dyna, meddid, oedd swm a sylwedd bodolaeth yr Adran Materion Indiaidd.

Parhaodd yr anniddigrwydd rhwng y brodorion difreintiedig a'r mewnfudwyr powld. Tanseiliai'r dieithriaid economi'r brodorion trwy hela a physgota'n helaeth, a gorfodwyd y Mi'kmaq i gadw dau pen llinyn ynghyd trwy chwilio am waith yn torri coed a phedlera crefftau amrwd. Disodlwyd trefniant hanesyddol y Mi'kmaq trwy gyflwyno cynghorau etholedig ar batrwm gweinyddiaeth y dyn gwyn. Roedd swyddogion yr Adran Materion Indiaidd yn eu gosod eu hunain yn 'arweinwyr' ac yn 'rhai ag awdurdod'.

Rhwng 1941 a 1953 gweithredwyd polisi o ganoli trwy orfodi pob Mi'kmaw i symud i warchodfeydd Eskasoni a Shubenacadie, a llosgwyd nifer o'u ffermydd er mwyn eu hannog i symud. Bu'n rhaid i dros fil o'r brodorion adael eu cynefin ac ymgartrefu ar y ddwy warchodfa am y byddai hynny'n ei gwneud hi'n haws i'r Adran Materion Indiaidd weinyddu 'anghenion' y brodorion. Anfonwyd y plant i ysgolion preswyl a'u cosbi am siarad eu hiaith a chynnal nodweddion eu diwylliant. Y bwriad oedd eu gorfodi i gyfnewid eu hunaniaeth genedlaethol am hunaniaeth Ewropeaidd, a'r canlyniad oedd creu ansicrwydd ymhlith tair cenhedlaeth o frodorion ynghylch eu tras. Doedden nhw ddim yn gwybod pwy oedden nhw. Er diosg eu mantell frodorol, doedden nhw ddim wedi mabwysiadu mantell Ewropeaidd; roedden nhw'n bodoli yn nhir neb ac yn tindroi mewn pydew o anobaith trwy droi am swcwr at gyffuriau ac alcohol. Er mwyn eu galluogi i barhau yn yr un rhigol, byddai'r Adran Materion Indiaidd yn estyn nawdd ariannol o wythnos i wythnos ar yr amod eu bod yn cadw at holl gymalau'r Ddeddf Indiaidd.

Weithiau fe fyddai digwyddiad cymharol ddinod yn crisialu'r gwrthdaro rhwng y Mi'kmaq a'u 'gwarchodwyr'. Digwyddiad felly oedd arestio James Mathew Simon, o warchodfa Shubenacadie, gan yr RCMP yn 1980, am fod â math o ddryll yn ei feddiant ar gyfer hela na chaniateid yn ôl y gyfraith. Penderfynodd James Simon ei amddiffyn ei hun trwy ddadlau fod cytundeb a luniwyd yn 1752 yn rhoi'r hawl iddo hela ar ei dir ei hun ym mha ddull a modd bynnag y dymunai wneud hynny. Ond barn Twrnai Cyffredinol Nova Scotia oedd fod hawliau'r ddeddf honno wedi eu hildio wrth i ddeddfau newydd gael eu llunio o fewn y dalaith yn ystod y ddwy ganrif ddilynol.

Fodd bynnag, rhoddwyd yr hawl i James Simon apelio at Lys Uchaf Canada, ac ym mis Tachwedd 1985 fe ddiddymwyd y cyhuddiadau yn ei erbyn. Gwnaed hynny ar sail cymal a ychwanegwyd at Ddeddf y Cyfansoddiad ddwy flynedd ynghynt, yn nodi y dylid cydnabod cytundebau a wnaed â'r brodorion. Roedd hawliau hela a gytunwyd rhwng cenedl y Mi'kmaq a'r Goron yn 1752, felly, yn gyfreithiol uwchlaw unrhyw ddeddfwriaeth daleithiol a luniwyd wedyn i geisio diffinio, glastwreiddio neu ddiddymu'r hawliau yma. Pwysleisiodd dyfarniad y Llys Uchaf y rheidrwydd i ddehongli'r hawliau'n hyblyg o gofio fod arferion hela wedi newid er 1752. Petai'r hawl yn cael ei lunio heddiw, meddid, fe fyddai'n ddigon rhesymol i sôn am ddrylliau yn hytrach na gwaywffyn a chyllyll. Ymhellach dywedwyd fod yr hawl yn ymwneud â hela masnachol yn ogystal â hela er mwyn cynnal a chadw teulu. Rhoes y dyfarniad, ar ôl pum mlynedd o aros, hwb o'r newydd i hyder y Mi'kmaq.

O ganlyniad, aed ati i lunio canllawiau manylach i'r hawliau hela, wedi eu seilio ar y syniad o Netukulink, sef cyfyngu'r defnydd o'r hyn mae'r Creawdwr wedi ei ddarparu er lles yr unigolyn a'r gymuned. Ystyriai'r canllawiau hyn anghenion yr amgylchedd, ac, mewn ffyrdd gwahanol, cyflawnent yr un amcanion â mesurau cwotâu a thrwyddedi deddfwriaeth y dyn gwyn. Ond doedd y dalaith ddim yn cydnabod mesurau'r Mi'kmaq.

Oherwydd y dryswch penderfynodd y brodorion gynnal helfa *moose* o'u trefniant eu hunain ym mis Medi 1988, gan bwysleisio mai'r bwriad oedd parhau'r traddodiad o ladd yr anifail er defnydd y gymuned yn unig. Roedd yr helfa *moose* 'swyddogol' i'w chynnal ym mis Hydref, ond dim ond dau ddinesydd Mi'kmaq oedd wedi bwrw eu coelbren yn llwyddiannus i gael bod ymhlith y ddau gant o helwyr. Dyfarnwyd helfa mis Medi yn anghyfreithlon, a phan gafodd ei chynnal fe arestiwyd 14 o helwyr Mi'kmaq o dan Ddeddf Bywyd Gwyllt y dalaith. Mae'r dryswch yn parhau.

Dadleua arweinwyr cenedl y Mi'kmaq fod eu pobl wedi dioddef rhagfarnau hiliol yn eu herbyn ers i'r dyn gwyn lanio ar eu tiroedd. Maen nhw'n dadlau fod hiliaeth yn rhan annatod o ymwybyddiaeth trigolion a sefydliadau Canada tuag at leiafrifoedd brodorol, ac i danlinellu hynny maen nhw'n cyfeirio at achos Donald Marshall Junior.

Yn 1971 fe gafodd llanc croenddu, Sandy Searle, ei drywanu i farwolaeth mewn parc cyhoeddus yn Sydney, Nova Scotia. Roedd Donald Marshall wedi bod yn ei gwmni y noson honno, a'r un modd, gŵr anwadal ei ymddygiad o'r enw Roy Ebsary. Ond Donald Marshall a gafodd ei gyhuddo o gyflawni'r llofruddiaeth, a dedfrydwyd ef i garchar am oes, ar sail tystiolaeth dau ŵr a honnai iddynt fod yn llygad-dystion i'r digwyddiad.

Ond roedd cyflwyniad y ddau o'u tystiolaeth mor debyg nes codi amheuon ynghylch eu cywirdeb. Tanlinellwyd hynny pan ddaeth tyst annibynnol i'r amlwg i ddweud nad oedd yr un o'r ddau unman yn agos at fangre'r digwyddiad ar y noson dyngedfennol. Roedd Roy Ebsary hyd yn oed wedi cyfaddef wrth blisman iddo chwifio cyllell yn fygythiol i gyfeiriad Sandy Searle, ond ymddengys na wnaeth yr heddlu, na chwaith cyfreithwyr yr amddiffyniad, fawr o ymdrech i archwilio'r dystiolaeth yn drwyadl. Dadleuai'r arweinwyr Mi'kmaq fod y rhagfarn greddfol yn erbyn Donald Marshall, am ei fod yn frodor, wedi milwrio yn erbyn ei siawns o gael chwarae teg.

Dair blynedd wedi'r drosedd fe ddywedodd Donna Ebsary wrth yr heddlu ei bod yn siŵr mai ei thad oedd wedi llofruddio'r llanc croenddu, ond ni wnaed dim tan 1983 pan gychwynnwyd ymgyrch o'r newydd o blaid rhyddhau Donald Marshall. Arestiwyd Rob Ebsary a'i ddedfrydu i garchar am lofruddio Sandy Searle. Ond hyd yn oed ar ôl rhyddhau'r brodor Mi'kmaq, a chyfaddef camwri, fe fu'r awdurdodau'n gyndyn i gytuno ar delerau iawndal. Pan gynhaliwyd Comisiwn Brenhinol i'r digwyddiad daeth yn amlwg fod y ffaith mai 'Indiad' oedd y diffynnydd wedi llywio rhagfarnau gweision y gyfundrefn gyfreithiol. Mae'r Mi'kmaq yn dal heb waredu eu creithiau hanesyddol—ond maen nhw'n cymryd camau hyderus tuag at wneud hynny.

Ym mis Medi 1988 fe benderfynodd nifer o frodorion Algonquin i'r gogledd o Ottawa wersylla ar dir senedd-dŷ Canada yn Ottawa. Roedden nhw am dynnu sylw at anghyfiawnder cymaint o bender-fyniadau a wnaed ynglŷn â'u tiriogaeth heb erioed ymgynghori â nhw. Roedden nhw hefyd yn hawlio tiriogaeth y senedd-dŷ ar y sail nad oedden nhw erioed wedi ildio'r defnydd ohono i neb.

Does ond rhyw 500 ohonyn nhw wedi eu neilltuo i warchodfa 54 cyfer ger ardal dwristiaeth Rapid Lake. Fe'u hadwaenir fel Mitchikanibikonginik—Pobl y Trobwll Carreg—am eu bod am ganrifoedd yn arfer gwersylla mewn dŵr bas ar lan Llyn Barriere lle ceid heigiau diddiwedd o bysgod.

Yn 1955 sefydlwyd ysgol mewn pabell ar eu gwarchodfa, gyda'r Saesneg yn gyfrwng dysgu. Rhwng 1962 a 1971 anfonwyd y plant i ysgol breswyl lle dysgid hwy trwy gyfrwng y Ffrangeg. Yna yn 1971 sefydlwyd ysgol cyfrwng Saesneg ar y warchodfa. Ychydig o'u plith sy'n llwyddo i fynd ymlaen i dderbyn addysg uwch. Mae cyfartaledd uchel o'r teuluoedd yn dal i fyw ar hela yn hytrach na derbyn cyflog am weithio mewn swyddi sefydlog.

Pan godwyd y pebyll fe gafodd yr Algonquin eu harestio a'u cyhuddo o dresmasu. Mae mater perchenogaeth tir senedd-dŷ Ottawa yn dal heb ei ddatrys.

Ym mis Medi 1988 fe benderfynodd nifer o frodorion Algonquin i'r de o Ottawa atal trafnidiaeth wrth fynedfa Parc Algonquin. Fe ddosbarthwyd taflenni yn tynnu sylw at yr hyn roedden nhw'n ei ystyried yn anghyfiawnderau a ddioddefwyd wrth ymdrin â'u tiroedd. Maen nhw'n eu hystyried eu hunain yn stiwardiaid y tir ers canrifoedd cyn i'r Ewropeaid gyrraedd Canada. Ond mewn ychydig dros 150 mlynedd mae eu coedwigoedd wedi diflannu, ac o'r 8½ miliwn cyfer o dir a arferai fod yn eu gofal, dim ond 2,000 cyfer sydd ar ôl. Er gwaethaf nifer o ddeisebau a nifer o gyfarfodydd gyda gweinidogion a swyddogion llywodraethau taleithiol a ffederal, does 'na'r un cytundeb na dealltwriaeth terfynol wedi ei bennu. Mae eu hamynedd yn pallu.

Ym mis Mehefin 1988 yng Ngogledd Ontario fe benderfynodd aelodau o genedl Teme-Augana Anishnabai atal trafnidiaeth ar ddarn o ffordd oedd yn cael ei thorri ar gyfer hwyluso gwaith cwmnïau torri coed. Roedd y cwmnïau ar fin cludo'r pinwydd gwyn olaf oddi ar diriogaeth a fu'n gartref i'r brodorion ers 6,000 o flynyddoedd.

Dywedodd eu harweinydd, Gerry Potts, 'Y tir hwn yw ein Coron. Y tir hwn, ynghyd â'r tymhorau sy'n dylanwadu arno, yw ein carreg ateb i'r gorffennol a'n trothwy i'r dyfodol.'

Rhwystrwyd y gwaith am chwe mis nes i Lys Apêl Canada orfodi datod yr atalfa. Dadleuai'r brodorion nad oedd yr atalfa'n ddim mwy na chanlyniad 112 mlynedd o rwystredigaeth wrth geisio diogelu eu hawliau tir.

Ystyr eu henw yw 'Pobl y Dyfroedd Dyfnion', ac maen nhw o'r farn nad oes neb erioed wedi byw mor unol â'r amgylchedd â'u pobl nhw. Un o'u traddodiadau hynaf yw *wisana*. Mae'r arfer yn ymwneud ag ymweliad yr anifail cynta â wigwam ar ôl i blentyn gael ei eni. Roedd yna ddisgwyl mawr am ddyfodiad yr anifail oherwydd pan ddeuai dyna fyddai llysenw'r baban, ac fe fyddai yntau'n trysori'r enw weddill ei fywyd. A pha mor brin bynnag o fwyd fyddai'r teulu fe fyddai'r anifail *wisana* yn cael llonydd. Rhan o'r ysbryd cymdogol oedd yr ymhyfrydu yn enwau *wisana* ei gilydd.

Mae hawliau'r Teme-Augana Anishnabai yn dal i gael eu trafod gan y llysoedd.

Ar ôl degawd a mwy o drafodaethau aflwyddiannus fe gyhoeddodd aelodau o genedl y Cree, yn ardal Llyn Lubicon yng Ngogledd Alberta, ym mis Hydref 1988, eu bod yn hawlio cyfrifoldeb llwyr

dros eu tiroedd. Ymhlyg wrth y cyhoeddiad roedd gwaharddiad ar
dyllu am olew, cloddio am fwynau a thorri coed. Ychydig
ddyddiau cyn y cyhoeddiad roedden nhw wedi rhoi'r gorau i'w
brwydr gyfreithiol dros hawliau tiriogaethol am eu bod wedi colli
ffydd yng nghyfundrefn gyfreithiol y wlad. Fe drefnwyd atalfeydd
ar ffyrdd ar eu tiroedd ac o fewn pum niwrnod fe'u chwalwyd gan
yr RCMP gan arestio 27 o bobl. Er i'r digwyddiad symbylu prif
weinidog y dalaith i gynnig gwarchodfa barhaol yn ymestyn dros
95 milltir sgwâr, doedd hynny ond yn ddechrau trafodaethau
dyrys gyda chynrychiolwyr y ddwy lywodraeth. Cred yr arweinwyr
fod pob ystryw wleidyddol a chyfreithiol yn cael eu defnyddio i
danseilio eu cenedligrwydd. Yn y cyfamser mae'r nifer o *moose*
sy'n cael eu saethu yn flynyddol yn lleihau. Golyga hynny fod
dwylo gwragedd hŷn, sy'n gyfarwydd â thrin y cig, yn segur. A
dyw'r gyfaredd a deimla llanc wrth saethu ei *moose* cyntaf er
mwyn profi ei ddyndod ddim yn digwydd yn aml.

> Fedrwn ni ddim fforddio bod yn besimistig. Mae ein pobol wedi
> dal at fywyn eu credoau, eu gwerthoedd a'u diwylliant, a hynny
> yn nhyb llawer o sylwebyddion, gyda dyfalbarhad anghyffredin.
> Does gennym ddim amheuaeth ynghylch ein goroesiad ymhell
> i'r dyfodol. Rydyn ni wedi bod yma erioed. Dydyn ni ddim yn
> mynd i unman. Ac yn y pen draw fe fydd rhaid i'r gyfundrefn
> wleidyddol a chyfreithiol yng Nghanada ein trin fel rhan
> barhaol a phwysig o'r wlad.
> *George Erasmus, cyn-lywydd Cynulliad y Cenhedloedd Cyntaf.*

13

Amgylchynwyd Ottawa gan niwlen ysgafn wrth i ni lanio. Rhoddai
hynny urddas hynafol i'r ddinas. Dyw hi ddim i weld mor ysgyfala
ei thoriad â Thoronto. Mae ysblander cerrig y senedd-dŷ yn
awgrymu cadernid, a glennydd llydan Afon St. Lawrence yn
awgrymu mawredd. Ni fedrwn lai na cheisio dychmygu'r
ehangder dair canrif 'nôl pan nad oedd dim ond ychydig wigwamau

i'w gweld lle heddiw mae nengrafwyr. Gwelwn yr Algonquin yn trywanu pysgod â'u gwaywffyn ac yn ymdoddi i gefndir synau byd natur wrth rostio'u helfeydd uwchben tanau agored.

Ganrif yn ddiweddarach roedd y fangre yn un o'r gwersylloedd gwaith mwyaf nodedig yng Ngogledd America. Sefydlwyd minteioedd o labrwyr o faint catrawdau mewn pebyll a thai unnos, a disgwylid iddyn nhw weithio oriau hir yn torri a chludo coed heb fawr o fwyd maethlon nac unrhyw gysuron. Doedd ryfedd mai ymladd ymysg ei gilydd yn eu meddwdod oedd yr unig weithgarwch a dorrai ar draws yr undonedd.

Erbyn heddiw mae'r strydoedd mwdlyd ac afreolus wedi eu disodli gan rai glanwedd a threfnus, ac mae'n anodd dirnad fod y gweision sifil surbwch sydd i'w gweld ymhobman yn ddisgyn-yddion gweithwyr nerth bôn braich swnllyd. Ond tebyg mai dyna'r cyferbyniad sy'n nodweddiadol o hanes unrhyw wlad ieuanc. A gwlad ar ei phrifiant yw Canada i'r sawl nad yw'n ymwybodol o hen hanes y brodorion. Ond i'r sawl sydd yn ymwybodol o'u hanes mae Canada yn wlad sydd mewn perygl o golli ei ffordd. Yn sicr doedd yna ddim ôl dylanwad y Cenhedloedd Cyntaf i'w weld yn yr Holiday Inn a fyddai'n gartref i ni am un noson.

Doedd yna ddim o'r un ysblander na moethusrwydd yma ag yng ngwestyau Sheraton. Roedd y lle ar ei waered ond eto'n ddigon cyffyrddus a chartrefol. Rhoces ieuanc oedd yn gweini y tu ôl i'r bar, ac am nad oedd ganddi neb yn gwmni, ar wahân i'r gerddor-iaeth sbaddedig a chwistrellid rywle o'r nenfwd, a chwyrnu peiriannau hapchwarae, roedd yn ddigon balch o'n gweld. Rhoes fowlen o greision ar y bwrdd o'n blaenau a'i hail-lenwi bob tro yr archebem ddiod. Roedd yn awyddus i'n plesio.

Uwch ein pennau roedd yna beiriant cwis gyda'r cwestiynau ar y sgrin yn newid o ran eu hunain bob hyn a hyn. Roedd y sŵn a ddeuai ohono yn mynnu hoelio ein sylw, ac fe'm cynddeiriogodd. Doedd dim modd i ddyn eistedd a chrynhoi ei feddyliau gan fod y peiriant cwis yn rheoli'r ystafell. Roedd yn amlwg nad oedd rheolwyr y gwesty o'r farn ei bod yn bosib i letywr ymlonyddu yn ei gwmni ei hun. Roedden nhw am ei gadw ar bigau'r drain a'i fwydo â thoreth o wybodaeth ddi-fudd.

Pwy oedd am wybod am ddeg o'r gloch y nos pa un o'r tri canlynol oedd Ymherodr Japan? Pwy oedd am wybod pa un o'r cerddi canlynol a gyfansoddwyd gan Longfellow, wrth geisio bwrw trem yn ôl ar ddiwrnod a ddechreuodd gyda chyfarfyddiad ag Elijah Harper? A phwy oedd am wybod pa un o'r grwpiau roc canlynol oedd wedi gwerthu y nifer fwyaf o recordiau, ar derfyn diwrnod o geisio ystyried profiadau tryblith cyfnod o dri chan mlynedd yn hanes y Brodorion Cyntaf?

Yn sicr doedd dim llygedyn yn nheithi meddwl y cwisfeistr oedd yn debyg o oleuo'r un cystadleuydd ynghylch gwyrdroadau hanes Canada. Pam na ellid cael cwestiwn yn holi pa un o'r swyddogion llywodraethol canlynol fu'r mwyaf mileinig yn ei driniaeth o'r brodorion? Yr ateb, yn ôl pob tebyg, fyddai 'eu bod ill tri'n gydradd fileinig'. Pam na ellid cael cwestiwn yn gofyn pa un o'r cenhedloedd brodorol canlynol na chafodd ei dwyllo gan y dyn gwyn? Yr ateb, yn ôl pob tebyg, fyddai 'yr un'. Pam na ellid cael cwestiwn yn gofyn pwy mewn gwirionedd biau'r fasarnen? Roedd fy nhu mewn yn sgrechen mewn rhwystredigaeth.

Doeddwn i ddim wedi disgwyl i'r rhoces ieuanc ddechrau llefain y glaw wrth weini diod arall. Fe'm dadebrwyd. Doedd dim cysuro arni, ac aeth o'r golwg, i geisio atal y llifeiriant. Edrychais yn syn wrth i Robert esbonio fy mod, yn ôl pob golwg, wedi pechu'n ddifrifol trwy beidio â chynnig cildwrn gyda'r tâl am ddiodydd. Esboniodd mai dyna'r arfer mewn gwestyau, yn arbennig os oedd y diodydd wedi cael eu cludo at y byrddau, a bowlenni creision wedi cael eu hail-lenwi. Syrthiais ar fy mai yn fy anwybodaeth.

Doedd fiw i mi ddadlau na ddylid cymryd cildyrnau'n ganiataol ac mai dewis y cwsmer oedd gadael cydnabyddiaeth neu beidio. Roeddwn wedi torri'r rheolau ac roedd y ferch wedi pwdu. Doedd fiw i mi chwaith geisio esbonio wrth y ferch fy mod wedi treulio'r diwrnod yn ceisio dirnad ffordd wahanol o fyw a fy mod wedi cael fy nal mewn gwewyr gwerthoedd. Gadewais yr holl arian mân oedd yn fy meddiant ar y bwrdd a'i throi hi am yr ystafell wely.

Roeddem wrth ddrws adeilad y llywodraeth ffederal yn brydlon am naw o'r gloch drannoeth. Yn ôl Robert, roedd un o'r ysgrifenyddesau y bu'n siarad â hi droeon ar y ffôn yn 'ffyddiog' y byddai Monique Landry, un o weinidogion yr Adran Materion Indiaidd, yn barod i roi o'i hamser i ni, ond roedd hi'n ofynnol inni fod yn ei swyddfa'n gynnar cyn i'w hamserlen am y diwrnod gael ei threfnu. Roedd y trefniadau diogelwch yn llym a bu raid i ni deithio mewn sawl lifft, a cherdded ar draws sawl cyntedd, cyn cyrraedd y swyddfa briodol. Ar ôl cyrraedd cawsom groeso cwrtais. Cynigiwyd paneidiau o goffi i'w hyfed a bwndel o gylchgronau i'w bodio tra oeddem yn aros. Roedd aelodau'r adran yn dal i gyrraedd, ac yn eu tro yn cilio i gorneli cartrefol. Ffrangeg oedd yr iaith a glywid amlaf. Roedd yna awyrgylch wâr i'w deimlo yno, gyda phawb yn codi o'u seddau ac yn croesi at ddesgiau eu cyd-weithwyr os am sgwrs, yn hytrach na gweiddi ar draws ei gilydd. Doedd yna ddim rhuthr i gyflawni'r un dim.

Fe'n tywyswyd i ystafell ysgafn yr olwg. Roedd yna fwrdd gwydr hirsgwar yn llenwi canol yr ystafell ac ar y muriau ddarluniau swreal nad oedden nhw'n tynnu gormod o sylw atynt eu hunain. Yn y fan hon roeddem i ddisgwyl am ddyfodiad Madame Monique Landry. Mae'n rhaid ei bod hi'n dacteg fwriadol gan swyddogion llywodraeth i gadw ymwelwyr i aros, er mwyn ychwanegu at y 'fraint' o gael eu gweld. Pan gyrhaeddodd roedd ei gwên yn llydan, a'r cysgodion tenau o liw gwyrdd o dan ei llygaid yn adleisio'r patrymau dail gwyrdd yn ei chôt ysgafn drwsiadus. Roedd ei chlustdlysau crwn gwyn yn hoelio sylw, ac yn ychwanegu at ei gosgeiddrwydd. Siaradai ag awgrym o grwth Ffrengig wrth ynganu'r cytseiniaid.

Mynnai fod y llywodraeth yn gosod agenda rhesymol ar gyfer delio â chwestiwn y brodorion. Mae yna gamau cadarnhaol yn cael eu cymryd, meddai. Mae yna gomisiwn brenhinol ar y gweill, a does yna'r un penderfyniad yn cael ei wneud heb ymgynghori'n drwyadl â chynrychiolwyr y brodorion. Pwysais arni i gondemnio'r Ddeddf Indiaidd ond dewisodd ei geiriau'n ofalus.

'Dwi'n cytuno bod angen newid ac addasu'r ddeddf,' meddai, 'a dyna be ydyn ni'n ceisio'i wneud yn raddol. Rhaid cydnabod fod y ddeddf yn y gorffennol yn rhy dadol ei hagwedd tuag at y brodorion, ac am fod amgylchiadau'n newid, mae'n briodol newid a diwygio'r ddeddf.'

'Ond onid gwir fwriad y ddeddf oedd sicrhau y byddai'r Indiaid yn dilyn yr un llwybr â'r deinosoriaid—i ebargofiant?'

Oedodd cyn ateb, a gwelwyd awgrym o wên. Gwthiodd ei thafod i'w boch cyn dechrau ar ei hateb yn gwbl jycôs.

'Fel roeddwn i'n ei ddweud, mae angen canfod dulliau gwell o ddelio â'r sefyllfa, ond dydyn ni ddim am weithredu heb gefnogaeth y brodorion eu hunain. Mae'r broses o ymgynghori a thrafod yn cymryd amser, ac nid ar chwarae bach y mae cytuno ar fesur o hunanreolaeth i'r brodorion. Mae'n rhaid bod yn ofalus wrth ddiffinio'u safle cyfreithiol a gwleidyddol o fewn fframwaith cyfansoddiad Canada.'

'Ond beth a ddywedai'r digwyddiad yn Oka wrth y llywodraeth ac wrth bobol Canada ynghylch picil y brodorion?'

'Wel, rhaid i chi ddeall nad oedd y digwyddiad yn Oka yn nodweddiadol o'r hyn sy'n digwydd ymhlith cymunedau'r Brodorion Cyntaf. Roedd llawer o'r bobol yno yn wystlon, ac roedd yna broblem arweinyddiaeth o fewn y gymuned. Ychwanegodd y digwyddiad yno at yr anawsterau, ond dwi'n ffyddiog y gellir cymodi a rhoi'r pwyslais nid yn gymaint ar integreiddio'r brodorion, ond ar ganiatáu iddyn nhw eu hawliau.'

'Ond onid oedd digwyddiad Oka yn arwydd o rwystredigaeth Indiaid ledled Canada? Onid oedden nhw'n lleisio cwynion y Brodorion Cyntaf yn gyffredinol?'

'Wel, na, rhaid i chi ddeall nad oes gwarchodfa yn Oka. Roedd yr anghydfod tir yn ymwneud ag eiddo preifat, a dwi'n gobeithio na fydd y digwyddiad yno'n cael ei efelychu yn unman arall. Mae 'na reitiach ffyrdd o drafod materion . . . Dwi'n meddwl mai rhai unigolion a lywiodd y gweithgareddau yno ac roedd hynny'n anffodus . . .'

'Ond ai amddiffynwyr eu cenedl oedd y Rhyfelwyr Mohawk, neu droseddwyr cyffredin?'

'Dydw i ddim am basio barn ar hynny . . . ond rhaid cofio bod y llywodraeth nid yn unig yn barod i wrando, ond hefyd yn barod i weithredu gyda chydweithrediad y brodorion. Dwi'n credu bod y mwyafrif ohonyn nhw'n barod i fabwysiadu'r llwybr hwnnw yn hytrach na throi at drais a gelyniaethu pobol sydd â chydymdeimlad ag achos y brodorion.'

'Oes gan y genedl Ganadaidd gydwybod dorfol ynghylch y modd y mae'r brodorion yn cael eu trin?'

'Mae'r arweinwyr brodorol yn fwy gwybodus a hyddysg y dyddiau hyn. Maen nhw'n medru trin a thrafod sefyllfaoedd yn soffistigedig, a lleisio'u cwynion yn huawdl. Ydw, dwi'n credu bod llawer o Ganadiaid nawr yn gweld na chafodd y brodorion chwarae teg yn y gorffennol. Ond yn anffodus mae Oka wedi codi anawsterau, ac fe gymer amser i greu cymod unwaith eto a fydd yn arwain at ddigwyddiadau positif o safbwynt perthynas y brodorion â'r rhai nad ydynt yn frodorion.'

Trwy gil fy llygaid gwelwn fod ei chynorthwywraig bersonol yn aflonyddu. Golygai hynny fod yr ugain munud o amser a addawyd i mi wedi dod i ben. Terfynais trwy awgrymu y gallai Canada wynebu anghydfod gwleidyddol difrifol petai'r brodorion yn datblygu eu hunaniaeth i'r un graddau ag ydoedd dair canrif yn ôl, a'r llywodraeth yn troi clust fyddar i'w anghenion. Mynnai nad oedd hynny'n debyg o ddigwydd oherwydd mai nod y llywodraeth oedd cyfannu a chymodi.

Roedd hedfan 'nôl i Doronto a chyrraedd gwesty'r Sheraton bron fel cyrraedd adref. Teimlwn fy mod ar dir cyfarwydd ac yn ailgynnau cyfeillgarwch â hen ffrind nad oeddwn wedi ei weld ers oes pys. Bron nad oedd y cilcyn glas o flaen y gwesty yn rhan ohonof, a'r llwybrau ar hyd lloriau'r gwesty a'r ganolfan siopa mor gyfarwydd nes y medrwn gerdded yn dalog hyderus ar eu hyd. Teimlwn fel cerdded i mewn i glwb Joe'r Gwyddel gan roi'r argraff fy mod yn dipyn o sionihoi oedd wedi dychwelyd gyda stôr o straeon am helyntion chwithig fy nheithiau. Am ychydig credwn fy mod yn Dorontoiad o doriad fy mogel ac yn adnewyddu adnabyddiaeth â'r hyn oedd yn rhan ohonof.

Ond wrth bendroni yn y *jacuzzi* yn y gwesty cofiais am Kahkewaquonaby ac am fy nhras Gymreig innau. Doeddwn i fyth wedi datrys dirgelwch y Parchedig Peter Jones a'i gysylltiad â'r Mississauga. Cofiais am y llyfr y soniwyd amdano gan drefnydd y *pow wow*. Euthum o dan y gawod ac â'm gwynt yn fy nwrn ymolchais a gwisgo amdanaf gan ganolbwyntio fy egni ar ganfod ffordd o ddod o hyd i'r cofiant i'r Cymro o dras Indiaidd—neu'r Indiad o dras Cymreig, pa ddisgrifiad bynnag fyddai'n gywir.

Roeddwn eisoes wedi ffarwelio â Robert. Roedd ei waith yn ystafell newyddion cwmni teledu Global yn galw, a fedrwn i ddim ei ffonio i ofyn am gyfarwyddyd. Doedd dim amdani ond llogi un o'r tacsis y tu fas i'r gwesty a gorchymyn y gyrrwr i'm cludo i'r siop lyfrau fwyaf y gwyddai amdani yn Nhoronto. Gyrrodd yn ddywedwst am yn agos i ugain munud. Er ei fod yn gorfod cymryd aml i hoe wrth oleuadau, doedd e ddim am dorri gair, a doedd e ddim yn chwilfrydig ynghylch fy mwriad i fynd i'r siop lyfrau, chwaith. Ni wyddai gymaint roedd y siwrnai yn ei olygu i mi. Pe na bawn yn canfod y llyfr fe fyddai rhan o'm perthynas â Chanada yn anghyflawn. Ond doeddwn i'n ddim mwy na chwsmer arall i'r gyrrwr tacsi.

Fe'm gadawyd yn ymyl siop lyfrau o'r enw Albert Britnell yn 765, Stryd Yonge. Ni ddywedodd y gyrrwr air am natur y siop, ac ni ddywedodd yr un dim, chwaith, am siopau llyfrau eraill y gallwn ymweld â nhw pe na bai hon yn fy mhlesio. Rhoddais ei ddoleri iddo a'i adael i'w gwân hi.

Teyrnasai tawelwch llyfrgellyddol yn siop Britnell. Roeddwn mewn ystafell hirgul a silffoedd di-ri o lyfrau o amgylch y waliau, a rhagor o lyfrau ar silffoedd llai yn y canol. Yma ac acw roedd yna bobl wedi ymgolli mewn llyfrau. Roedd yna bobl yn troi tudalennau'n araf ystyriol, ac eraill yn syllu'n freuddwydiol ddwys ar gloriau celfydd, yn ddall a byddar i bob dim o'u cwmpas. Dyma siop oedd yn hafan i'r llyfrbryf.

Tebyg y byddai'n ddigon hawdd i mi ofyn wrth y cownter a oedd yna lyfr am y Parchedig Peter Jones ar gael, ond fe fyddai hynny'n difetha'r wefr o chwilota. Cerddais yn bwyllog ar hyd y llwybrau rhwng y llyfrau, heb roi'r argraff fy mod yn chwilio am yr un gyfrol yn benodol. Fe fyddai brasgamu a rhuthro i fyseddu llyfrau yn torri ar draws yr awyrgylch, a doeddwn i ddim am darfu ar yr hedd. Hyd yn oed wrth beswch byddai'r chwilotwyr yn gwneud hynny yn ysgafn wybodus. A sisial a wnâi'r ddynes wrth y cownter wrth ddelio â chwsmeriaid.

Chwiliais am arwydd a ddynodai lyfrau yn ymwneud â hanes y Brodorion Cyntaf neu hanes Canada. Deuthum o hyd i sawl silffaid ohonynt, yn amrywio o lyfrau am fywyd gwyllt i hunan-gofiannau gwŷr amlwg, atgofion arweinwyr Indiaidd, a llyfrau am hoci iâ. Wyddwn i ddim pa fath o lyfr roeddwn i'n chwilio amdano o ran maint na diwyg, ond doedd dim yn dal fy sylw o fwrw golwg frysiog dros y silffoedd. Roedd yn rhaid mynd ati'r eilwaith, gan oedi gydag ambell lyfr nad oedd ond ei dalcen yn y golwg. Tynnais ambell un i'm dwylo ond, na, doedd yr un ohonyn nhw'n argoeli y medrai fwrw goleuni ar fuchedd y Parchedig Peter Jones.

Yna, yn sydyn, trawodd fy llygaid ar dalcen llyfr a'r teitl *Sacred Feathers* gan Donald B. Smith. Fe'i tynnais o'i le yn ofalus gan ddal fy anadl. Llyncais fy mhoeri o weld yr hyn oedd ar y clawr. Uwchben llun o ŵr talïaidd roedd y geiriau 'Sacred Feather— The Reverend Peter Jones (Kahkewaquonaby) and the Mississauga Indians'. Roeddwn wedi fy syfrdanu. Syllais ar y llun. Roedd yn amlwg yn bortread gan artist. Roedd Peter Jones i'w weld yn ddyn ieuanc lluniaidd, gydag wyneb iachus, gwallt byr tywyll a'i gern wedi ei eillio'n lân. O ran ei wyneb gellid yn hawdd ei ddychmygu ymhlith y cylchoedd crwn o orielau hynny o weinidogion a arferai fritho muriau festrïoedd capeli anghydffurfiol Cymreig.

Gwisgai gôt dywyll, drwchus, a gwregys liwgar a oedd yn amlwg yn tanlinellu'r cysylltiad Indiaidd. Yn hongian am ei wddf roedd yna ddarn arian mawr a llun naill ai aelod o deulu brenhinol neu ddyn gwyn adnabyddus arno, yn ôl pob tebyg, yn tanlinellu cysylltiad Peter Jones â'r byd Ewropeaidd. Yn gefndir i'r portread roedd yr artist wedi gosod afon lydan a chanŵ arni. Ar un o'r glennydd roedd bwthyn bychan ac ar y llall roedd yna wigwam. Telais fy neunaw doler yn dawedog, a phrin y sylweddolai'r ddynes mor wir oedd ei geiriau wrth fy hysbysu fy mod yn ddyn ffodus gan mai dyna'r copi olaf yn y siop.

Gadewais Britnell gan afael yn dynn yn y pecyn gyda'r bwriad o eistedd yn y caffi cyntaf a welwn er mwyn archwilio fy nhrysor. O dynnu'r llyfr o'i gwdyn a syllu eilwaith ar y llun fe'm trawodd yn sydyn mor debyg oedd Peter Jones i gyfaill coleg i mi. A Jones oedd cyfenw hwnnw hefyd. Penderfynais ar fympwy fod Peter Jones yn hanu o'r hen Sir Drefaldwyn a'i fod yn yr un llinach â Tom Jones, Cwm Nant yr Eira. Doeddwn i ddim ar frys i archebu paned o goffi. Trois at glawr cefn y llyfr a cheisio tafoli'r hyn a ddywedai'r broliant. Fe'i darllenais yn araf drosodd a throsodd. Dywedai fod y gwrthrych yn arweinydd croyw a chwbl ymroddedig, a'i fod wedi chwarae rhan allweddol wrth i'r Mississauga addasu i ofynion diwylliant Ewropeaidd. Roedd un adolygydd o'r farn fod y cofiant yn cyflwyno Peter Jones fel gŵr o faintioli Tecumseh a Joseph Brant yn hanes Indiaid Canada. Yn ôl yr hyn a ddyfynnwyd o enau adolygydd arall roedd cynnwys bron pob tudalen yn adleisio sefyllfaoedd cyfoes. Penderfynais aros am fy nghoffi cyn dechrau troi'r 372 o dudalennau. Roedd arnaf eisiau hoe i ystyried beth oedd yn debygol o fod yn fy nisgwyl o fewn y cloriau.

Eisteddais yn ôl yn fy nghadair gan ymestyn fy nghoesau i'w llawn hyd. Sipiais y coffi gan syllu ar y gyfrol ar y bwrdd o'm blaen o hirbell. A oeddwn ar fin darganfod hanes Cymro y medrwn ymfalchïo ynddo? Neu a fyddwn yn cael fy siomi gan ŵr oedd yn barod i ildio ei enedigaeth-fraint fel Cymro ac fel Ojibwe er mwyn chwennych breuddwyd Ewropeaidd na fyddai'n ddim ond bwa'r ach fyrhoedlog? A fyddai ei hanes yn stori o ramant lliwgar neu o syberdod duwiol? Mentrais ddarllen y rhagair o eiddo'r athro prifysgol o awdur.

Sonia fel y bu i'r Parchedig Peter Jones yn ei ddillad brodorol greu cryn argraff ar y Frenhines Victoria pan fu yn ei chwmni yn

Windsor ym mis Medi 1838. Ei neges oedd cyflwyno deiseb yn gofyn am sicrwydd Coron Lloegr na fyddai ei bobl yn colli eu tiroedd, gan bwysleisio pa mor falch oedden nhw o fedru cofleidio'r ffydd Gristnogol. Fe'i cyflwynwyd o dan yr enw Pluf Sanctaidd am mai dyna oedd ystyr ei enw brodorol o'i gyfieithu. Aeth yntau i hwyl wrth esbonio arwyddocâd gleiniau'r *wampwm* oedd ynghlwm wrth y ddeiseb. Roedd y gleiniau gwynion, meddai, yn cynrychioli heddwch a ffrwythlonder, ond roedd y gleiniau duon yn cynrychioli perygl ac ofnau. Byddai'r rhai duon yn cael eu taflu naill ochr, meddai, pe ceid sicrwydd ynghylch dyfodol tiroedd ei bobl.

Tebyg fod yr awdur yn crybwyll y digwyddiad uchod er mwyn pwysleisio dylanwad a safle'r Parchedig Peter Jones fel gŵr oedd yr un mor gartrefol mewn wigwam a phalas. Haera ei fod yn ddyn o flaen ei amser ac yn meddu ar weledigaeth anghyffredin, a'i fod yn unigryw ymhlith yr Indiaid ar sail ei wybodaeth helaeth o arferion a theithi meddwl y dyn gwyn. Roedd mab y tirfesurydd gwyn a'r fam Ojibwe neu Mississauga, meddai, yn symbol o ymdoddiad dau ddiwylliant.

Dywed iddo dreulio 14 mlynedd cyntaf ei fywyd gyda'i fam ymhlith ei phobl, yn cael ei drwytho yn arferion y llwyth. Yna, yn ystod y saith mlynedd y bu yng ngofal ei dad, fe ddysgodd arferion yr Ewropeaid. Mae Donald J. Smith yn crynhoi arwyddocâd bywyd Peter Jones trwy ddweud iddo weithredu fel pont rhwng dau ddiwylliant, yn croesi o'r naill i'r llall ac yn cynorthwyo cynheiliaid y ddau i ddeall ei gilydd. Myn fod ei hanes yn ymgorfforiad o hanes y berthynas rhwng yr Indiaid a'r gwynion yng Nghanada yn ystod cyfnod pan oedd tir ac addysg yn faterion canolog.

Roedd yr wybodaeth yma yn rhybudd i mi dderbyn Peter 'Pluf Sanctaidd' Jones fel gŵr ei gyfnod a'i amser. Penderfynais nad oeddwn am ddarllen rhagor nes fy mod ar yr awyren yn croesi Môr Iwerydd. Roeddwn yn fodlon fy mod ar fin datrys y dirgelwch ynghylch Peter Jones; credwn fod yr wybodaeth o fewn fy nghrafangau, a doeddwn i ddim yn teimlo unrhyw reidrwydd, mwy na'r gath sydd wedi cornelu llygoden, i lyncu fy mhrae ar unwaith.

Yn ystod yr ychydig oriau oedd gen i'n weddill roeddwn am ymweld ag Oriel A Space yn Heol Bathurst. Gwyddwn fod yno arddangosfa o gelfyddyd artistiaid o blith y Brodorion gan gynnwys Joe David. Roedd yr oriel wedi ei lleoli yn un o ardaloedd tlotaf Toronto. Tebyg mai ond yr ymrwymedig sydd yn ei mynychu. Dyw'r ymwelydd ysgyfala, sydd ag ychydig oriau o amser i'w lladd, ddim yn debyg o ganfod ei ffordd i'r rhan hon o'r ddinas. Roedd y poster coch a gynlluniwyd i dynnu sylw at arddangosfa Okanata wedi ei seilio ar wyneb Rhyfelwr Mohawk gyda mwgwd dros ei wefusau a'i drwyn.

Yma eto roedd yna dawelwch huawdl. Roedd y cerflun y soniodd Joe David amdano, gyda'r weiren bigog yn ymestyn o'r boncyff pren i'r nenfwd, yn hoelio sylw ar ganol y llawr. Tebyg mai dyma'r ymateb artistig mwyaf uniongyrchol i'r gwrthdaro fu yn Oka. Dywed y broliant i'r arddangosfa fod y gwrthdaro wedi profi'n gatalydd ar gyfer ysgwyd cleddyfau gwleidyddol ac ar gyfer adnewyddu synnwyr o hunan-barch a fu'n symbyliad i wrthsefyll gydag anrhydedd. Yr un pryd dywedai fod yna bobl wedi eu drysu ac mewn gwewyr meddwl oherwydd sydynrwydd yr effaith ar eu synhwyrau. Pwysleisir mai amcan yr arddangosfa yw rhoi cyfle i artistiaid gamu dros ffiniau celfyddyd er mwyn rhannu'r profiad o iacháu. Roedd yn amlwg fod digwyddiad Oka 1990 yn cael ei ystyried yn bellgyrhaeddol ei ddylanwad, yn union fel Penyberth 1936 yn hanes iacháu Cymru. Ond ymddengys mai apelio at brofiad y llygaid yn hytrach na phrofiad y glust y mae celfyddyd y Brodorion Cyntaf. Mae eu mynegiant wedi ei seilio ar liw a siâp yn hytrach nag ar gytsain ac odl.

Yn y pen blaen roedd yna ddwy set deledu yn ailddangos ffilm bob ugain munud, wedi ei saethu o'r tu ôl i'r báriceds yn Oka. Ei hamcan oedd dangos y straen a'r ymroddiad, y gwallgofrwydd a'r unplygrwydd argyhoeddiad o safbwynt y sawl oedd wedi penderfynu atal tir cysegredig rhag cael ei anrheithio. Roedd gwylio'r ffilm yn brofiad o weld hanes yn cael ei greu. O ystyried yr holl dyndra, y pryfocio a'r herian seicolegol o eiddo'r plismyn a'r milwyr, roedd yn rhyfeddol na thaniodd yr un o'r Rhyfelwyr ei wn i gyfeiriad y 'gelyn'. Ac os gwir yr honiad fod rhai o'r Rhyfelwyr eu hunain yn gyn-filwyr a fu yn Fietnam, ac eraill wedi eu magu yng nghanol Efrog Newydd, mae'n debyg eu bod yn hen gyfarwydd â thactegau herian. O geisio dadansoddi'r hyn oedd yn uno'r amddiffynwyr y tu ôl i'r báriceds, mae'n debyg fod delfrydiaeth pobl fel Joe David, o'i gymysgu â dihidrwydd llanciau—os nad dihirod—Efrog Newydd yn creu'r hafaliad priodol ar gyfer yr achlysur. Mewn gwirionedd, y gwragedd a gadwai drefn trwy atal ambell ryfelwr, hyd yn oed yn gorfforol ar adegau, rhag tynnu cliced y gwn.

Mae rhai golygfeydd wedi eu serio ar y cof. Dwi'n dal i weld y milwr ieuanc â'i wyneb wedi ei dduo, ar ei bedwar yn symud yn araf fel neidr wenwynig trwy'r borfa a'i ddryll yn barod i danio. Roedd yr olwg ar ei wyneb yn graig o benderfyniad oeraidd. Tebyg mai dyma'r diffiniad o sowldiwr proffesiynol. Dyma'r math o lun y gellir ei weld ar dudalennau cylchgronau sy'n pedlera trais proffesiynol. Gallai gwasgu un bys fod wedi creu galanas.

Cofiaf yr olygfa o Ryfelwr Mohawk yn dawnsio i sŵn disgo'r 'ghettoblaster' gan chwifio'i ddryll yn yr awyr fel petai'n cydio mewn bat pêl-fas. Roedd yn eiliad swreal a oedd hefyd yn eiliad o ollyngdod o'r tyndra affwysol o fewn y coed pin. Cofnodwyd eiliad arall o ymateb Rhyfelwr i gwestiwn newyddiadurwr gwancus yn holi a oedd e'n ymostwng i lefain o gwbl. Clywyd ieithwedd rywiog strydoedd Brooklyn ar ei gorau wrth iddo ddishmoli'r cwestiwn. Ac roedd ymateb y newyddiadurwr yr un mor ddadlennol: 'Dyna beth oe'n i'n moyn ei glywed, ddyn.'

Hwyrach nad oedd huotledd na cheinder yn rhan o fynegiant y Rhyfelwyr, ond doedd dim amau eu parodrwydd i gadw eu haddewidion wrth iddyn nhw boeri gweiddi, 'Rydyn ni'n barod i farw dros ein tir.' Yn ystod y pair profiadau yn y coed roedd llinyn bogel eu cysylltiad â'r Fam Ddaear, ar ôl cyfnod ar ddisberod, wedi ei adnewyddu. Ond y ddelwedd amlyca a ddaw i'r cof yw chwifio'r faner Mohawk yn fuddugoliaethus wrth i'r báriceds gael eu datgymalu, a'r brodorion yn hawlio iddyn nhw ddal gafael ar eu tir heb dywallt gwaed, er gwaethaf bygythiad grym yr heddlu a'r fyddin a'u holl adnoddau soffistigedig a mileinig. Un o'r rhai a ddaliai'r faner oedd merch fochgoch nad oedd hyd yn oed wedi cyrraedd ei harddegau. Dynodai ei gwên lydan wawr newydd yn hanes ei phobl.

Fe'm gadawyd yn chwys oer gan uniongyrchedd y ffilm. Roeddwn yn sicr wedi darganfod hinsawdd go wahanol i'r profiad brodorol roeddwn yn debyg o'i ddarganfod yn llyfr Donald J. Smith. Ac er bod yna gyfenwau megis Thomas a Williams ymhlith y Rhyfelwyr a'r artistiaid, doedd gen i ddim archwaeth at hyd yn oed ddyfalu a oedden nhw o dras Gymreig.

Wrth adael sylwais ar raghysbyseb o sioe i'w chynnal yn yr oriel ymhen yr wythnos. Disgrifid 'Spiritual Baloney' fel cyflwyniad barddonol/rhyddieithol o brofiadau brodorion sy'n byw ar strydoedd Toronto. Y bwriad, meddid, oedd dangos y gwacter o golli diwylliant a threftadaeth—'peintio darlun o galonnau ac ymenyddiau pobl y Cenhedloedd Cyntaf—eu gobeithion wrth gyrraedd y ddinas, ac yna eu cwymp i'r gwter wrth i alcohol ddwyn eu hurddas oddi arnynt'—yn ogystal â'r camau sy'n arwain at dröedigaeth trwy gyflenwi anghenion yr ysbryd.

Ymddengys fod y cyflwynydd, Marcel Commanda, yn gwbl gymwys i'r dasg. Yn ôl y broliant, ei gof cyntaf oedd bodoli ar y stryd yn bedair oed yng nghwmni rhieni oedd o'r farn mai alcohol oedd y peth mwyaf gwerthfawr yn y byd. Cafodd ei godi'n ddiweddarach mewn cartref maeth, ond am iddo golli'r profiad o gael ei fagu gan ei deulu, fe droes at alcohol a chyffuriau am gysur. Fe fu'n byw bywyd cwbl ddieithr i'r brodor sydd mewn cysylltiad â'i dreftadaeth. Tra oedd mewn canolfan ddiwygio, sylweddolodd nad oedd yn gwybod dim oll am ei bobl ei hun, yr Ojibwe. Derbyniodd ymweliadau gan hynafgwyr a drymwyr, ac o ganlyniad fe ganfu Marcel ei ysbrydolrwydd brodorol. Argoelai i fod yn sioe a ddywedai'n gwmws faint o'r gloch oedd hi ar y Cenhedloedd Cyntaf.

Ar ôl codi tacsi i'm cyrchu'n ôl i gyffiniau'r gwesty, fy mwriad oedd chwilio am fwyty croesawgar lle medrwn ymlacio yng nghwmni potel o win sych a thros bryd o fwyd blasus cyn anelu am y maes awyr. Ond wrth edrych ar fwydlenni mewn ffenestri deuthum ar draws tafarn Wyddelig o'r enw The New Windsor Tavern. Roedd yn rhaid mynd i mewn. Am ei bod yn gynnar yn y noson doedd yna fawr o fywyd yno, ond roedd yr ystafell yr un maint â neuadd, gyda byrddau crwn ymhobman a digonedd o betheuach ar y muriau i atgoffa'r mynychwyr o Erin. Hawdd credu fod y lle yn hafan i hiraeth unwaith y bo'r ddiod a'r lleferydd yn dechrau llifo. Roedd yna lwyfan yn y pen pella gydag offer sain eisoes yn eu lle, yn awgrymu fod yna berfformiad i'w ddisgwyl yn ddiweddarach. Pwysai tua hanner dwsin o wŷr canol oed yn afluniaidd ar y bar. Cefais yr argraff eu bod yn rhan o'r dodrefn. Roedden nhw mor jycôs â phetaen nhw newydd adael y tân mawn gartre yn Swydd Kerry ac wedi parcio'r cart a'r ceffyl wrth y drws am ychydig oriau. Ac oedd, roedd Guinness i'w gael yno.

O glustfeinio, prin y medrwn ddeall brawl y Gwyddelod. Siaradent mewn ffrydiau cyflym gyda phatrwm pendant o oslefu a fyddai o'i drawsgyweirio i dudalen gráff yn neidio lan a lawr ar ffurf pyramid. A doedd buddsoddi mewn cyflenwad o Guinness, er yn fy ngwneud yn fwy powld wrth geisio tynnu sgwrs â nhw, ddim yn gwneud eu lleferydd damaid yn fwy dealladwy. Ni fedrwn loffa dim gwybodaeth am eu cefndir, ar wahân i'r ffaith eu bod yn amlwg yn gyfarwydd â gwaith corfforol. Llanwodd y neuadd gydag amser, ac fe ddaeth gŵr barfog i'r llwyfan i ddiddanu gyda'i straeon a'i ganeuon. Ar y dweud roedd y pwyslais. Doedd y gitâr yn ddim ond teclyn i droi ato pan oedd y parablu'n pallu, a byddai'n ddim iddo oedi yng nghanol cân i adrodd rhyw stori asgwrn pen llo a ddeuai i'w feddwl. Roedd hwn yn gyfathrebwr nad oedd yn cymryd neb na dim o ddifrif. Joio oedd y nod, ac yn wir, dyna a wnaed. Aeth y pryd o fwyd yn angof. Ffeiriwyd gwin y winllan am win y gwan. Annelwig yw'r cof am yr ychydig oriau rhwng rhyferthwy'r dafarn Wyddelig a'm canfod fy hun yn hedfan uwchben y cymylau.

Gosodais y llyfr ar fy arffed. Ar ôl derbyn diod gan y weinyddes roeddwn yn barod i setlo i ddarllen gan gredu yn ffyddiog y byddwn yn gwybod pob dim am gefndir Cymreig y 'Pluf Sanctaidd' erbyn i mi osod fy nhraed ar dir Cymru unwaith eto. Doedd y cylchgronau a'r papurau a gynigid i'r teithwyr eraill o ddim diddordeb i mi. Fe fyddai eu cynnwys yn anniddorol tost o'i gymharu â'r hyn roeddwn i ar fin ei ddarganfod. Wedi'r cyfan, oni fyddai hynt Peter Jones yn debyg o roi'r honiadau ynghylch Madog a'i berthynas â'r 'Indiaid Cochion' yn y cysgod? Roedd y posibiliadau'n ddi-ben-draw. Oni ellid denu ei ddisgynyddion brodorol i seremoni Cymru a'r Byd yn yr Eisteddfod Genedlaethol? Oni ellid denu rhai ohonynt, fel aelodau Aelwyd Mississauga, i gymryd rhan yng nghystadleuaeth dawnsio Eisteddfod yr Urdd? Ond hwyrach mai effaith y Guinness yn pylu oedd meddwl ar hyd y llinellau hyn.

Mentrais ar y gyntaf o'r 14 o benodau. Fe anwyd Peter ar ddydd Calan 1802 pan oedd ei fam Tunbenahneequay, yn 21 oed. Roedd hi eisoes wedi rhoi genedigaeth i fab hynaf Augustus Jones bedair blynedd ynghynt. Ei enw e oedd Tyenteneged, neu John. Ymddengys fod y rhieni wedi cyd-fyw am gyfnod yn null y brodorion ond mai aflwyddiannus fu ymdrech Augustus i ddwyn perswâd ar ei gariad i fabwysiadu ffordd y Cristion o fyw. Oherwydd hynny, yn ôl yr awdur, fe briododd Augustus â merch 18 oed, sef Sarah Tekarihogen, merch pennaeth y Mohawks mewn seremoni Gristnogol ym mis Ebrill 1798. Roedd Augustus yn ei ddeugeiniau. Mae'n debyg fod Joseph Brant, cymydog iddo ac un o arwyr y Mohawk, wedi hwyluso'r uniad. Ond er ei werthoedd Cristnogol, ni fu pall ar ei serchiadau tuag at Tunbenahneequay. Hi oedd ei gymar pan oedd ar ei deithiau'n mesur tir, a Sarah pan oedd gartref ar ei ffermdy.

Yn ôl yr awdur fe fyddai Augustus wedi dysgu oddi wrth ei dad—'ymfudwr o Gymru a ymgartrefodd ar lan Afon Hudson yn Efrog Newydd'—nad yw'r Beibl yn caniatáu amlwreica. Ond roedd hi'n hawdd anghofio hynny gan fod y brodorion yn caniatáu i ddyn briodi faint a fynnai o wragedd ar yr amod ei fod yn eu cynnal. A dyna oedd arfer masnachwyr crwyn Prydeinig a Ffrengig. O leiaf dysgais mai ŵyr ymfudwr o Gymro oedd Peter Jones a'i fod wedi ei eni y tu fas i rwymau priodas gonfensiynol. Sgwn i a oedd y tad-cu yn gwybod am fodolaeth ei ŵyr ac a oedd yr hanes wedi cyrraedd y perthnasau gartref yng Nghymru? Beth bynnag, yn fuan wedi ei eni fe dorrodd ei dad gysylltiad â'i fam. Yn ystod blynyddoedd eu plentyndod, yr unig adeg fyddai'r bechgyn yn gweld eu tad oedd pan fyddai'r llwyth o tua hanner cant yn gwersylla yng nghyffiniau'r ffermdy yn Stoney Creek. Fe briododd eu mam yn unol ag arferion y llwyth ac fe anwyd dwy hanner chwaer iddynt—Wechekewekapawiqua a Sakagiwegua—a dau hanner brawd—Pemikishigan a Wahbunoo rhwng 1807 a 1817. Edrychai'r teithwyr yn fy ymyl yn hurt arnaf wrth i mi wneud mosiwns â'm bochau a'm gwefusau mewn ymgais i ynganu'r enwau anghyfarwydd.

Er fy mod yn ceisio brysio darllen er mwyn chwilio am gyfeiriadau at Gymru, roedd yn anodd hepgor y tudalennau a ddisgrifiai fagwraeth Peter. Doedd 'na ddim o'r fath beth â chosbi. Disgwylid i'r plant redeg yn rhydd gan ddarganfod cyfrinachau eu hamgylchedd. Meithrin hunanddibyniaeth a gwytnwch, ynghyd â sicrhau nad oedd ofn yn rhan o'u cynhysgaeth, fyddai'n cael blaenoriaeth. Adroddid storïau am Nanahbozhro, yr ysbryd a fu'n gyfrifol am greu'r ddaear trwy ddefnyddio pridd a gludwyd i'r wyneb o'r dyfnderoedd gan Muskrat pan foddwyd y byd fel yr oedd cynt. Ac am i'r anifail bychan lwyddo lle methodd eraill, penderfynodd y Crëwr ganiatáu iddo amlhau yn gyson. Am fod anifeiliaid wedi bod o gymorth i greu'r ddaear, parchai'r brodorion bob dim byw o'u cwmpas. Byddai'r oedolion hyd yn oed yn rhybuddio'r plant iau i beidio â thorri coed gwyrdd am y bydden nhw'n dioddef poen gyda phob trawiad bwyell. Credent fod ysbrydion yn llochesu ymhob dim. Fe fyddai'n arfer gyda'r machlud i ddiolch i'r haul am eu bendithio â gwres a golau gydol y dydd, ac wrth iddo godi yn y bore arferid siantio emynau o groeso. Ond roedd yna hefyd gorachod—Mamagwasewug—a chewri—Waindegons—i'w hosgoi ar bob cyfrif.

Rhoddid lle blaenllaw i ddehongli breuddwydion am eu bod yn credu mai yn ystod oriau cwsg y rhyddheid yr enaid i gyfeillachu â'r ysbrydion, a disgwylid i'r bechgyn ieuanc ymprydio am gyfnodau fel modd o dderbyn gwelediaeth. Ac roedd yna gymaint o wybodaeth i'w ddysgu wrth hela a physgota. Fe fyddai'r bysedd cyfarwydd yn gwybod wrth swmpo boliau'r hwyaid a fyddai'r gaeaf yn debyg o fod yn un caled ai peidio. Roedd yna gymaint o arwyddion i'w cofio wrth sylwi ar lwybrau tramwyo, a chymaint i'w ddysgu wrth sylwi ar ymddygiad anifeiliaid. Ond eto, er iddo gael ei gynysgaeddu yn arferion y Mississauga, roedd Kahkewaquonaby yn wahanol. Er iddo ymprydio droeon ni chafodd yr un weledigaeth, ac oherwydd hynny, doedd ganddo ddim ysbryd gwarchodol fel y cyfryw. Ac, wrth gwrs, roedd e'n hanner Cymro.

Pan oedd yn ei arddegau fe fu Peter, yn ôl pob tebyg, yn dyst i ddigwyddiad a'i rhoes ar y groesffordd o safbwynt glynu wrth hen ffyrdd y brodorion neu gofleidio ffyrdd newydd pobl ei dad. Er mwyn ceisio profi ei alluoedd arbennig penderfynodd Eryr Aur, arweinydd crefyddol yr Ojibwe, ofyn i ŵr ieuanc saethu bwled i'w gyfeiriad. Daliodd degell wrth ei wyneb gyda'r bwriad o ddal y fwled, ond fe'i saethwyd yn gelain. Cododd y digwyddiad amheuon ym meddwl Peter ynghylch grym breuddwydion a dylanwad ysbrydion.

Gwelodd ei lwyth yn ymddatod wrth i alcohol y dyn gwyn gydio yn y gwŷr. Bu farw nifer yn y gaeaf o oerfel, a nifer yn yr haf trwy foddi am eu bod yn feddw. Byddai'r gwŷr yn eu diod yn cam-drin eu gwragedd, ac arferai'r plant gwato arfau yn y gelltydd er mwyn rhwystro'u rhieni rhag lladd ei gilydd. Pan oedd yn feddw fe werthodd un o ewythrod Peter ei fab, a chrwt arall, i ddyn gwyn am naw litr o whisgi. Yna yn 1816 aeth y ddau frawd, y naill yn 18 a'r llall yn 14, i fyw at eu tad. Roedd yntau bron yn 60 oed ond roedd yn fwy tebygol o fedru cynnig rhyw drefn i fywydau eu feibion na phe baen nhw'n parhau i rygnu byw gyda'r hyn oedd yn weddill o'r Mississauga.

Anfonwyd Peter i ysgol a gedwid gan Wyddel annibynadwy ond a ystyrid yn athro ardderchog pan oedd yn sobr. Dysgu Saesneg oedd y dasg bennaf ac roedd hynny'n anodd o ystyried fod y rhan helaethaf o eiriau Ojibwe yn ferfau, a'r rheiny gan amlaf yn cael eu gosod o flaen yr enw. Doedd yna chwaith ddim o'r fath beth â chenedl enwau ac roedd llawer o eiriau Ojibwe mor gynhwysfawr eu hystyr â brawddeg gyfan yn Saesneg. Sonia'r awdur am Peter yn dychwelyd adre o'r ysgol yn gyson i fynegi syndod wrth ei dad am ryw arfer ieithyddol neilltuol. Tebyg ei fod wedi ei synnu fod angen dau air yn Saesneg sef 'blue' a 'green' i ddynodi ystyr 'zhawishkwa'. Ond ymateb y tad, meddid, fyddai hysbysu ei fab mai'r un oedd arfer y Cymry, sef defnyddio un gair, 'glas', i ddynodi 'glas' a 'gwyrdd'.

Roedd yna dri hanner brawd a phedair hanner chwaer ar yr aelwyd i'w helpu i ymarfer ei Saesneg. Cymaint oedd gafael y Saesneg ymhlith tylwyth Mohawk ei lysfam fel na chafodd Peter gyfle i feistroli eu hiaith nhw, neu fel y dywed yr awdur, 'Ni fu'n ofynnol iddo wneud.' Am bum mlynedd fe'i hyfforddwyd gan ei dad i redeg y fferm ac i arfer disgyblaeth y dyn gwyn o weithio'n galed. Roedd yn rheol nad oedd i weithio ar y Sabath ond weithiau, heb yn wybod i'w dad, byddai'n diengyd i dreulio'r diwrnod yn hela yng nghwmni hen gyfeillion. Er iddo gael ei fedyddio'n Gristion yn 18 oed, cyfaddefodd iddo wneud hynny er mwyn plesio ei dad, ac er mwyn ennill ffafrau y dyn gwyn, yn hytrach nag oherwydd argyhoeddiad dwfn. Roedd yn amlwg yn cefnu ar arferion traddodiadol teulu ei fam ac yn awyddus i fabwysiadu arferion 'cynnydd' y dyn gwyn.

Cymerais ysbaid i bwyso a mesur. Tebyg, o dan yr amgylchiadau, na ellid cystwyo Peter Jones am geisio'i 'wella ei hun'. Gallai'n hawdd fynd yn gaeth i'r ddiod fel llawer o'i gyfoedion, a gallai fodloni ar ystad o ferddwr o stablad yn ei unfan. Ond roedd ei dad o Gymro—neu Ianc o dras Gymreig—o leiaf yn barod i roi arweiniad a chyfle pendant iddo i wneud yn fawr o'i alluoedd. Ac roedd ganddo yntau'r ewyllys a'r penderfyniad i 'lwyddo'. Ond mae'n anodd credu na fyddai'r ddeuoliaeth yn ei gefndir yn creu tensiynau maes o law.

Erbyn hyn roedd pawb o'm cwmpas yn hepian cysgu. Fe fu'r gweinyddesau o gwmpas yn cynnig cysuron cyn noswylio. Ond er bod y goleuadau llachar wedi eu diffodd, roeddwn i'n dal i awchu darllen. Ailgydiais yn y llyfr gyda chymorth y golau egwan uwch fy mhen.

Yn ystod gwanwyn 1823 fe dreuliodd Peter bum diwrnod mewn gwersyll efengylu Methodistaidd yn gwrando ar bregethau tanllyd a gweddïau taer. Roedd e'n teimlo'n anesmwyth ers tro ei fod wedi hepgor un grefydd heb fabwysiadu yn ei galon un arall yn ei lle. Yn raddol daeth i gredu mai'r un Creawdwr roedd pobl ei fam a phobl ei dad yn ei addoli, ond ei bod yn bosib, o arddel y ffydd Gristnogol, i gysylltu'n uniongyrchol â'r Creawdwr trwy ei fab, Iesu Grist. Credai felly nad oedd angen cyfryngwr ysbrydol ei orffennol arno mwyach am fod Duw i'w adnabod yng Nghrist Iesu. O ganlyniad i hynny daeth i gredu ei bod yn rheidrwydd i gael gwared â phechodau ac i gael ei eni o'r newydd.

Dyna a ddigwyddodd i Peter Jones—Kahkewaquonaby—yn ôl Donald B. Smith, ym mis Mai 1823. Erbyn trydydd diwrnod y gwersyll roedd dagrau hallt edifeirwch yn powlio i lawr ei ruddiau, a'r diwrnod canlynol teimlai'n ddistadl a diymadferth. Roedd yn gyforiog o gywilydd. Aeth i'r allt i fyfyrio ac i weddïo ar ei ben ei hun gan ymbil am faddeuant a thrugaredd. Treuliodd oriau o olwg pawb. Yna, ar ôl sesiwn o weddïo ymhellach yng nghwmni'r arweinwyr, a'i chwaer Polly, oedd newydd ei hildio'i hun i Grist, fe agorodd y llifddorau, ac fe dderbyniodd Peter y weledigaeth na ddaethai i'w ran yn nyddiau plentyndod. Dyfynnir geiriau'r hanner Cymro o'i ddyddiadur.

'Yr union eiliad y cododd fy maich fe ddaeth llawenydd anesboniadwy i'm calon, a medrwn ddweud, "Abba, fy Nhad". Am fod cariad Duw nawr wedi ei ledaenu yn fy nghalon, roeddwn yn ei garu E'n angerddol, ac yn ei ganmol E yng ngŵydd y bobol. Roedd pob dim i'w weld mewn goleuni newydd, ac ymddengys fod holl greadigaeth Duw yn uno gyda mi i seinio clodydd yr Arglwydd. Roedd y bobol, coed y gelltydd, y gwyntoedd tyner, nodau swynol yr adar, a'r haul oedd ar fin codi, oll yn cyhoeddi grym a daioni yr Ysbryd Mawr.'

Rhaid ei bod yn olygfa ryfeddol. Roedd nerth ysbrydol yn disodli pydredd pechod ymhlith preswylwyr y pebyll amrwd. Hawdd dychmygu fflamau ffaglau tân yn bwrw goleuni ar ambell wyneb taer a gofidus ac ambell wyneb llawn gorfoledd a llawenydd. O

184

ddychmygu'r cyfan ym mhurdeb gwlith yr hwyr ac eiriasder y cols tân gellir dechrau deall y cyfoeth delweddol sydd i'w ganfod yn emynau'r profiad. A chanu emynau gan ei dyblu a'i threblu hi fu hanes Peter a Polly wrth gerdded adref. Rhaid eu bod yn canu geiriau a fyddai'n adlewyrchu'r un profiad ysgytwol a ddaeth i ran Ann Griffiths. Yn hynny o beth doedd yna fawr o bellter rhwng Dolwar Fach a phentref Afon Credit.

O fewn ychydig wythnosau aeth Peter ati i sefydlu capel ac ysgoldy er mwyn cenhadu ymhlith y Mississauga. Un o'r rhai cyntaf i gael eu troi oedd Tunbenahneequay, mam Peter, ac fe'i bedyddiwyd yn Sarah Henry. Ymunodd aelodau eraill o'r teulu gan gynnwys ewythr Peter, Joseph Sawyer a'i wraig, a John Jones, brawd Peter a'i wraig yntau, wyres Joseph Brant. Unwaith y llwyddodd i ailafael yn Ojibwe, pregeth fawr Peter oedd y gallu i gysylltu'n uniongyrchol â'r Enaid Mawr, trwy ei fab Iesu, gan hepgor yr hen arfer o ddefnyddio haid o gyfryngwyr. Llwyddodd i berswadio rhai o amheuwyr pennaf ei lwyth i droi'n Gristnogion, gan gynnwys ei fam-gu, a fu ers tro yn ddraenen bigog yn ei ystlys, gyda'i gwatwar a'i hoernadu.

Rhoddais y gyfrol i orwedd wyneb i waered ar fy mhen-glin gan syllu i fyw llygaid y paentiad o Plu Sanctaidd ar y clawr. Tybed a wyddai Peter am gyffro crefyddol y cyfnod yng ngwlad ei dad a'i dad-cu? Roedd pregethwyr megis John Elias, Christmas Evans a Williams o'r Wern ar eu huchelfannau, ac amcangyfrifid fod capel yn cael ei gwblhau bob wyth niwrnod yng Nghymru, gymaint oedd dylanwad gwres y diwygiadau. Mawr oedd dylanwad y sawl a esgynnai i bulpudau Cymru. Dychwelais at y llyfr.

Deuthum ar draws cyfeiriad at Peter a'i bobl yn treulio noson yn gwersylla ar dir ewythr o'r enw Ebenezer Jones, Stoney Creek, pan oedden nhw ar eu ffordd i dderbyn eu 'hanrhegion' blynyddol gan yr asiant Indiaidd. Ond, godrabitsi, doedd dim mwy o fanylion am Ebenezer. Doeddwn i'n dal ddim callach p'un ai o Gwm-cou, o Gwmrhydyceirw neu o Gwmrhydycorcyn yr hanai teulu'r Jonesiaid. Ond roedd mwy o wybodaeth am Peter.

Datgelir fod Peter wedi cael ei roi yng ngofal yr asiant am gyfnod yn gynnar yn 1812 am fod yr asiant wedi colli mab o'r un enw. Ond er i'w fam gredu ei bod yn fraint i'w mab gael ei fabwysiadu gan arweinydd gwyn, bu'n rhaid iddi gyrchu Peter adref ar ôl iddo gael ei adael allan yn yr oerfel am ddyddiau pan oedd yr oedolion i gyd yn meddwi'n tshwps. Fe fu Peter yn gloff am gyfnod o ganlyniad i hynny, a bu'n rhaid i'w fam ei gario i bobman. Ond wrth wynebu'r dyn 15 mlynedd yn ddiweddarach mynnai Peter mai'r whisgi oedd yn gyfrifol am ei gam-drin ac nid esgeulustod neu anghyfrifoldeb ar ran Capten Jim.

Yn ystod y blynyddoedd nesaf cynyddodd dylanwad Peter ymhlith ei bobl. Llwyddodd i berswadio'r asiant i roi breintiau iddynt, gan gynnwys pentref cyfan. Gwelwyd y Mississauga Cristnogol yn cyfnewid eu pebyll cymunedol am gabanau pren bychain. Tybed faint o abwyd oedd y manteision materol a'r addewid o drefn sefydlog o fyw i berswadio rhai o'i bobl i arddel y ffydd Gristnogol? Mewn byr amser roedd bechgyn ieuanc y llwyth yn dyheu am gael bod yn genhadon yn hytrach nag yn rhyfelwyr. Roedden nhw wedi eu Hewropeiddio.

Roedd yn amlwg fod Peter Jones yn gwbl o ddifrif ynghylch ei dasg o genhadu. Poenai am ddylanwadau asiantaethau crefyddol eraill. Roedd yr Eglwys Babyddol, yn ei dyb ef, yn eglwys i'w hosgoi am nad oedd yn rhoi pwyslais ar bechod personol, a doedd Eglwys Loegr, am ei bod yn barod i gymuno meddwon a phuteiniaid, yn fawr gwell. Ond roedd llawer o'r llywodraethwyr Prydeinig yn aelodau o Eglwys Loegr, ac o ganlyniad yn anfoddog i ildio i bob un o geisiadau Peter Jones pan fyddai'n erfyn am hawliau i'w bobl gerbron yr asiant. Mater perchenogaeth tir oedd asgwrn pob cynnen. Mynnai'r brodorion mai ildio gofal dros dro o'u tiroedd i'r dyn gwyn a wnaed, ond honnai'r dyn gwyn fod pob hawl gweinyddol wedi ei hildio hefyd. Ceisiwyd taro bargen â Peter a'i frawd, John, ar yr amod eu bod yn ymuno ag Eglwys Loegr, ond ni thyciodd hynny.

A doedd pob ymdrech i genhadu ymhlith y llwythau brodorol ddim yn llwyddiannus. Er bod Pazhekezhikquashkum—'y sawl sy'n troedio'r awyr'—arweinydd Indiaidd Ynysoedd Walpole ger Llyn St. Clare, yn gwrtais ei groeso, roedd e'n gadarn ei argyhoeddiad nad oedd am ddim i'w wneud â chrefydd y dyn gwyn. Roedd e o'r farn fod ei 'dad', brenin Lloegr, a'i 'lysdad', arlywydd yr Unol Daleithiau, wedi achosi loes i'w bobl a'i fod yn ystyried y Saeson a'r Americaniaid fel dau lafn siswrn yn cau am y brodorion. 'Well gen i arddel crefydd fy nghyndeidiau a'u dilyn i'r gorllewin pell pan ddaw'r amser,' oedd ei ddedfryd, waeth beth a ddywedai Peter Jones.

Ond roeddwn innau ar fin dechrau'r wythfed bennod—hanner ffordd trwy'r llyfr a hanner ffordd ar draws Môr Iwerydd—a heb ganfod fawr ddim am gefndir Cymreig Kahkewaquonaby.

Soniai'r bennod nesa amdano'n mynychu cyfarfodydd arbennig yn un o gapeli amlyca'r enwad yn Efrog Newydd fel rhan o daith i godi arian. Sonnir amdano'n cyflwyno parti o saith o blant Indiaidd yn canu'n swynol ac yn ateb cwestiynau sylfaenol yn Saesneg. Roedd y gynulleidfa wedi eu synnu gan y modd roedd yr Indiaid bach wedi eu 'gwareiddio'—hyn, wrth gwrs, mewn tref o 200,000 o bobl o bob tras ar wahân i frodorol. Wrth i'r dref dyfu fe wasgarwyd yr Indiaid Munsee brodorol, a'r unig Indiaid a welid ar y strydoedd oedd y rhai a fodlonai fyw ar delerau'r dyn gwyn. Roedd yr enw Manhattan, a olygai 'man lle cesglid coed ar gyfer gwneud bwâu', wedi hen golli ei ystyr. Hanner canrif ynghynt roedd Augustus Jones yn dechrau ar ei yrfa fel mesurydd tir yn Efrog Newydd. Ond does dim cyfeiriad at y cysylltiadau teuluol.

Cymaint oedd llwyddiant Peter Jones nes iddo gael ei benodi'n 'Genhadwr i'r Llwythau Indiaidd'. Roedd y Tadau Methodistaidd wedi ei swcro ac wedi ei gynghori i beidio ag ymhél â helyntion hawliau tir, gan ei argyhoeddi fod meddu ar efengyl yn bwysicach i'w bobl na meddu ar dir. Cyflwr eu heneidiau oedd yn haeddu'r sylw blaenaf, meddid, ac wrth gwrs, am ei fod yn ddwyieithog ac yn gyffyrddus o fewn dau ddiwylliant, roedd y Parchedig Peter Jones yn ddelfrydol ar gyfer y gwaith. Bonws oedd ei huotledd a'i grebwyll. Yn wir, cymaint oedd ei lwyddiant nes iddo gael ei ddewis i fynd ar daith genhadol i Brydain yn 1831. Glaniodd yn Lerpwl ym mis Ebrill ar ôl pum wythnos o siwrnai. Teimlwn yn sicr y byddai'n manteisio ar y cyfle hwn i ymweld â'i dylwyth Cymreig ym Maentwrog neu Fargam, meddyliwn. Ond na, doedd dim briwsionyn o sôn am hynny.

Er iddo ymweld â Bryste, Birmingham, Lerpwl, Manceinion, Leeds, Hull, Efrog a 'mân drefi', does dim sôn am naill ai Caerdydd na Chaernarfon. Diau y byddai wedi tynnu torfeydd i'r ardaloedd hynny fel y gwnaeth ymhobman arall. Rhythai cynulleidfaoedd yn syn ar y gŵr mewn dillad Indiaidd yn traethu o bulpudau Methodistaidd. Rhoddent yn hael hefyd tuag at yr achos o 'ledaenu'r efengyl ymhlith Indiaid tlawd', ac wrth draddodi trigain o bregethau a chant o areithiau am hanes ei bobl llwyddodd i godi £1,000. Ond y rhyfeddod yw, hyd yn oed yn y dyfyniadau o'r llythyrau a anfonai at ei frawd, John, does dim sôn am dylwyth eu tad. Treuliai'r ychydig oriau hamdden oedd ganddo yn cywiro cyfieithiadau o'r Efengylau i Ojibwe. Oni fyddai'n ymwybodol o Feibl Cymraeg William Morgan ym meddiant ei dad-cu, ei dad neu ei ewythr? Oni fyddai chwilfrydedd wedi ei arwain i ryw ran o Gymru?

Beth petai wedi ymweld â Chymru? Efallai y byddai wedi cyfarfod â'i ddarpar wraig yno. A phetai wedi priodi lodes o'r Brithdir neu Frynaman, beth fyddai ei hanes wedyn? A fyddai wedi derbyn gofal eglwys yn y Bermo neu Bontlotyn? Beth bynnag, dyw hynny'n ddim ond dyfalu gwag. O droi fy nhrwyn 'nôl i'r llyfr, gwelais mai'r gwir amdani yw iddo gyfarfod â'i ddarpar wraig, Eliza Fields, pan oedd yn orweddiog o'r *pneumonia* ym Mryste. Priododd y ddau yn Efrog Newydd ar 8 Medi 1833. Roedd hi'n 29 oed ac yntau'n 31 oed.

O leiaf fe gafodd yr uniad gryn gyhoeddusrwydd. Cyhoeddodd nifer o bapurau fod uniad rhwng 'rhosyn Saesneg' ac Indiad yn annerbyniol. Yn ogystal â bod yn wrth-Fethodistaidd, roedd agwedd papurau Efrog Newydd yn tanlinellu'r rhagfarnau hiliol oedd yn rhemp ar y pryd. Dylid cofio fod yna ysgol o feddwl a gredai nad oedd pobl groendywyll o'r un hiliogaeth â dynion gwyn ac roedd llawer o'r 'ysgolheigion' hyn o'r farn mai gwastraff ar amser ac adnoddau oedd cenhadu ymhlith yr 'Indiaid Cochion'. Fe fyddai chwarter canrif yn mynd heibio cyn i syniadau Charles Darwin weld golau dydd.

Yn ôl ymhlith pobl ei gŵr fe gafodd Eliza ei henwi yn Kecheahgahoneque—y ddynes o'r tu hwnt i'r dyfroedd gleision. Doedd dygymod â ffordd wahanol o fyw ddim yn hawdd iddi. Hwyrach mai'r newid syfrdanol i'w chyfansoddiad fu'n gyfrifol am iddi golli dau blentyn yn y groth ac i ddau arall gael eu geni'n farw rhwng 1834 ac 1836. Ar ôl arfer â sidetrwydd Llundain a chymorth morwynion i wneud pob dim, roedd ymdopi ar ei phen ei hun, yn arbennig pan fyddai Peter ar ei deithiau cenhadu, yn anodd. Roedd arfer yr Indiaid o gerdded i mewn i'w thŷ yn ddirybudd yn ei tharo'n arswydus o anghwrtais ar ôl magwraeth o dderbyn dieithriaid wrth y drws. Ond o ddeall nad oedd arfer felly hyd yn oed yn ymarferol pan oedd ei chymdogion yn byw mewn pebyll, daeth i sylweddoli fod y Mississauga yn bobl naturiol gwrtais a charedig.

Ystyrid Eliza yn ddynes dduwiol a daionus, a bu'n rhaid iddi brofi ei gwerth droeon pan oedd clefydau yn sgubo trwy'r pentref. Collwyd peth wmbreth o fywydau, gan gynnwys nifer o'i thylwyth yng nghyfraith. Ond tybed, pan fyddai hi a'i gŵr yn seiadu gyda'r nos, a fu'n sôn wrtho am ei chyfeillgarwch yn nyddiau ieuenctid â phregethwr o Gymro? Datgelir iddi hi a'r Parchedig Theophilus Jones dreulio peth amser yng nghwmni ei gilydd yn Brighton. A fyddai hynny wedi sbarduno Peter i sôn am dylwyth ei dad? A wyddai Eliza unrhyw fanylion am gysylltiadau Cymreig ei gŵr? A wnaed holl hanes yr ach yn hysbys iddi ar achlysur marwolaeth ei thad yng nghyfraith, Augustus Jones, yn 1836? Hyd yma dyw'r llyfr ddim yn taflu unrhyw oleuni ar y gorffennol pell Cymreig.

Ond deellir fod Peter Jones a'i briod yn wynebu cryn aniddigrwydd ymhlith eu praidd. Pan wrthododd Peter rannu tir roedd e'n ystyried iddo'i etifeddu, roedd yna garfan o'r farn fod hynny'n gyfystyr â chyhoeddi ei fod yn torri cysylltiad â'r llwyth. Roedd perchentyaeth tir, wrth gwrs, yn gysyniad dieithr i'r brodorion, a diau fod y syniad o eiddo preifat yn cael ei weld fel enghraifft o ddylanwad Mrs Eliza Jones. Roedd y ddau yn awyddus i weld eu cyd-Fethodistiaid yn eu cyflwyno'u hunain i'r byd fel Cristnogion yn hytrach nag fel Indiaid ac yn ceisio canfod ffyrdd o hybu hynny.

Ond doedd dim modd diffodd yr hen ddiwylliant yn llwyr. Hwyrach ei fod yn llai amlwg, ond roedd yn dal yno dan yr wyneb. Ojibwe oedd yr iaith gyfathrebu y tu fas i furiau'r ysgol, ac roedd ymlyniad yr hen do wrth yr hen arferion yn niwtraleiddio dylanwad yr ysgol ddyddiol ar y to iau. Credai'r hen bobl, waeth beth a ddysgid yn yr ysgol, mai eryr anferth yn curo'i adenydd ac yn fflachio'i lygaid a greai fellt a tharanau. Ac iddyn nhw, petai yna wirionedd yn yr honiad fod y byd yn grwn ac yn troi o amgylch yr haul, fe fyddai'r llynnoedd yn gwacáu o gael eu troi ben i waered. Tebyg mai oherwydd gafael yr hen do y penderfynwyd yn ddiweddarach ar bolisi o anfon plant i ysgolion preswyl. Byddai'n haws eu diddyfnu o'r arferion llwythol o'u hatal rhag dychwelyd at eu teuluoedd beunos.

Cododd fy ngobeithion o ddarllen fod yna ail ymweliad â Phrydain ar y gweill yn 1838. Cafodd y Parchedig Peter Jones lwyddiant ysgubol ymhob man. Roedd capeli'n orlawn oriau cyn dechrau'r oedfaon, a rhoddwyd croeso brwd i'r hanner Cymro hanner Indiad a'i wraig ble bynnag yr aent. Ac wele'r frawddeg ganlynol: 'O Loegr aeth Peter i Gymru ac Iwerddon ac fe basiodd trwy'r Alban.' Ond, och, ni cheir unrhyw fanylion am ei ymweliad â gwlad ei deidiau Cymreig. Ai Blaenau Ffestiniog neu Ystradgynlais sydd yn ei hawlio? Ai ym Mhen-clawdd neu ym Mhen-y-bedd y mae ei hynafiaid yn gorwedd?

Tebyg y dylwn nodi iddo ymweld â'r Frenhines Victoria ac iddo gael addewid y byddai'n derbyn gweithredoedd tir y Mississauaga gan Goron Prydain. Am fod Prydain wedi diddymu caethwasiaeth, credai y byddai'n sicrhau cyfiawnder i frodorion Gogledd America hefyd, ond aeth yr addewid ynghylch y gweithredoedd yn angof yn ddiweddarach.

Pan ddychwelodd Peter Jones i Ganada roedd yn obeithiol ynghylch sicrhau tiroedd parhaol i'w bobl. A golygfa sy'n cyniwair

190

y dychymyg yw honno o gyfarfod rhwng pymtheg o arweinwyr yr Iroquois a dau gant o arweinwyr a rhyfelwyr Ojibwe yn Afon Credit ar 21 Ionawr 1840. Roedden nhw wedi ymgynnull o gwmpas tanllwyth o dân gyda'r bwriad o lunio cytundeb a fyddai'n uno holl frodorion gogledd Canada. Yn unol â defodau'r genedl roedd yn ofynnol i bawb smygu'r bibell heddwch. Cafodd y chwythiad cyntaf o fwg ei anelu tua'r awyr fel arwydd o ddiolch-garwch i'r Ysbryd Mawr am gynnal bywydau a chaniatáu cynnal y Cyngor. Anelwyd yr ail chwythiad o fwg tua'r ddaear fel arwydd o ddiolchgarwch i'r Fam Ddaear am ei chynhaliaeth; ac fe anelwyd y trydydd chwythiad tuag at yr haul fel arwydd o werthfawrogiad am gynnal goleuni. Doedd y ddefod ddim yn weithred i'w rhuthro. A'r un modd doedd y trafod dilynol ddim i'w derfynu nes bod pob barn wedi ei mynegi a phob agwedd wedi ei gwyntyllu. Pwyll a dyfalbarhad sy'n nodweddu sesiynau seneddol y brodorion.

Ar ôl diwrnod o drafod roedd Peter Jones yn ffyddiog fod ei gynllun o dynnu arweinwyr yr holl lwythau ynghyd er mwyn ffurfio ffrynt unedig ar gyfer delio â'r dyn gwyn yn mynd i lwyddo. Roedd e'n ymwybodol o'r polisi dieflig yn yr Unol Daleithiau o erlid Indiaid oddi ar eu tiroedd, ac ofnai y byddai llywodraethwyr Canada yn efelychu polisi'r Arlywydd Andrew Jackson a oedd eisoes yn nodedig fel erlidiwr Indiaid. Yn ystod y 40au bu'n gyfrifol am erlid miloedd o Indiaid i diroedd y gorllewin. Mae'r Cherokee yn cofio hyd heddiw am 'y daith ddagrau' y bu'n rhaid i'w cyndeidiau ei gwneud.

Ymddangosai fod yna gytundeb hanesyddol ar fin cael ei lunio gan Indiaid Gogledd America, ond ar yr ail ddiwrnod gosodwyd sbrag yn y dram a hynny ar fater dehongli hawliau hela a physgota. Roedd yr hen elyniaeth rhwng yr Iroquois a'r Ojibwe yn drech na'r angen i uno yn wyneb bygythiadau gelyn oedd yn gyffredin i bawb. Chwalwyd y cyngor a doedd gan yr Ojibwe ddim dewis ond llunio deiseb ar eu liwt eu hunain i'w hanfon at y Llywodraethwr Cyffredinol yn ymbilio am sicrwydd o diroedd parhaol.

Treuliodd Peter Jones y blynyddoedd nesaf yn dadlau dros hawliau ei bobl ond heb fesur helaeth o lwyddiant. Roedd yr asiant bob amser yn styfnig ei agwedd a'r Llywodraethwyr Cyffredinol yn feistri ar dactegau o oedi a chreu ymraniadau. Bu Peter hefyd yng nghanol gwleidydda crefyddol o fewn ei enwad. Roedd yna garfan oedd yn ddilornus o'i gyfieithiadau o'r efengylau ac emynau i Ojibwe. Ac roedd y rhwygiadau crefyddol yn gwanhau achos yr Indiaid dros hawliau tiriogaethol. Doedd yna fawr o le gan yr awdurdodau i ofni ynghylch ildio grym tra oedd y brodorion yn rhanedig.

Cythruddwyd Peter yn 1844 gan weithred un o'i hanner brodyr, George Henry, neu Maungwudaus. Penderfynodd George, oedd ddeng mlynedd yn iau na Peter, fynd â chriw o ddawnswyr wedi eu gwisgo a'u haddurno yn y dull traddodiadol ar daith i Brydain er mwyn difyrru torfeydd a chadarnhau rhagfarnau mai anifeiliaid heb eu dofi oedd yr Indiaid Cochion. Dyma eiriau Peter: 'Yn enw anrhydedd fy nghenedl rwy'n cywilyddio pan glywaf am unrhyw weithred sy'n iselhau cymeriad yr Indiad yng ngolwg y werin grefyddol'. Rhwbiwyd halen ar y briw pan ymunodd George Henry â'r Eglwys Babyddol pan oedd ym Mhrydain.

O leiaf mae safiad fel yr uchod yn cadarnhau nad oedd yn fwriad gan Peter Jones droi ei gefn ar ei bobl. Ymddengys nad oedd yn uchelgais ganddo i fod yn Ewropead rhonc, ac er iddo briodi Saesnes, ei ddymuniad oedd creu synthesis rhwng yr hen ffordd o fyw a ffordd y Cristion o fyw. Ond crëwyd rhwystrau lu, yn bennaf gan lywodraethwyr Prydeinig y wlad, a châi Peter Jones ei ddal yn y canol. Yn ôl y Brodorion, roedd Pluf Sanctaidd yn lladmerydd cymwys i'w dyheadau am ei fod yn deall dull y dyn gwyn, ac yn ôl y dyn gwyn roedd y Parchedig Peter Jones yn gymorth da iddo am ei fod wedi ei drwytho ym mhethau'r Indiaid.

Ymddengys mai'r unig lawenydd a ddaeth i'w ran yn y 40au oedd genedigaeth ei blant, Charles Augustus neu Wahweyakuhmegro (y sawl sy'n cylchynu'r byd), Frederick neu Wahbegwuna (lili wen) a Peter Edmund neu Kahkewaquonaby (pluf sanctaidd). Yn y cyfnod hwn fe symudodd y teulu o Afon Credit i le o'r enw Munceytown, ger London, er mwyn parhau â'r gwaith o genhadu. Am ei fod wedi colli'r brwydrau ynghylch tiriogaeth, fe ddefnyddiodd ei egnïon nawr i sicrhau addysg dda i'w bobl. Roedd yn awyddus i'w galluogi i ddelio â'r dyn gwyn ar ei delerau ei hun, ac ar yr un pryd i'w cynnal eu hunain yn ariannol. Roedd am weld ei bobl yn rhoi'r gorau i'w dibyniaeth ar 'anrhegion' yr asiant, a chredai fod ganddyn nhw'r dewis o adfer eu balchder neu o suddo i ferddwr. Am ei fod yn ei ystyried ei hun cystal ag unrhyw ddyn gwyn roedd am i bob un o'i bobl fabwysiadu'r un agwedd meddwl. A'r allwedd i hynny yn ei dyb ef oedd addysg dda.

Ceir cyfeiriad ym mhennod 12 at ymweliad â'r Alban yn 1845 yng nghwmni ei wraig a'r bechgyn. Dywedir iddo ysgrifennu llythyrau maith a disgrifiadau manwl o'i argraffiadau. Ond doedd dim sôn iddo daro draw i Gymru. Ar ôl dychwelyd i Ganada penderfynodd symud i gartref newydd ei bobl yn New Credit ger Brantford yn 1847. Ar ôl methu canfod unrhyw diriogaeth addas i symud iddo penderfynodd yr Ojibwe dderbyn gwahoddiad arweinwyr y Chwe Chenedl i feddiannu darn o dir yn eu hymyl. Yno fe anwyd dau grwt arall—George Dunlop neu Wuhyahsakung (yr un sy'n disgleirio) ac Arthur Field neu Wawanosh. Ond deellir mai siomedig oedd Peter Jones ynghylch yr ysgol breswyl y bu'n daer dros ei sefydlu. Am nad oedd yr athrawon yn barod i werthfawrogi na pharchu cefndir y disgyblion, ni fu'r un o feibion Peter ac Eliza yn mynychu'r ysgol.

Dechreuodd y teithwyr eraill ddadebru, a daeth y gweinyddesau o amgylch yn gwenu o glust i glust wrth estyn cyfarchion y bore. Doeddwn i ddim yn teimlo'n arbennig o serchog. Roedd huwcyn cwsg yn dechrau fy ngoddiweddyd ac roedd rhwystredigaeth yn fy ngwneud yn bigog. Doeddwn i fawr callach ynghylch cefndir Cymreig Plu Sanctaidd. Ai'r awdur a ddewisodd beidio â sôn amdano neu a oedd heb ddod ar draws unrhyw fanylion, er gwaethaf y ffaith iddo chwilota'n drwyadl yn ôl tystiolaeth y troednodiadau sy'n ymestyn dros 77 o dudalennau? Caton pawb! Mae gen i ddwy bennod ar ôl i'w darllen sy'n dwyn y penawdau 'Y Blynyddoedd Olaf' a 'Gwaddol Peter'. Sgwn i a fydd Kahkewaquonaby yn dychwelyd i Gymru yn ei hen ddyddiau? A fydd yn teimlo rhyw ysfa i weld ei dylwyth naill ai yng Nghwm Gwendraeth neu Ddyffryn Ogwen? A ddaw yna fwy o wybodaeth am ewythrod neu fodrybedd neu gefnderwyr i'r fei? Fydd yna dylwyth o Gymru yn ymweld ag ef a'i deulu yn Brantford? Er bod amrannau fy llygaid yn trymhau, daw rhyw ysfa o rywle i fy nghynddeiriogi i ddal ati. Gwibiaf yn frysiog dros bob tudalen yn y gobaith o weld enw a fydd yn dal fy sylw, boed Gydweli, Llannerch-y-medd neu Resolfen. Ac eto mae ambell gymal yn mynnu fy mod yn oedi wrth i wybodaeth newydd gael ei datgelu am ŵr sydd wedi fy swyno.

Ar gyfer ei flynyddoedd olaf fe gododd Peter Jones gartref newydd o'r enw Echo Villa yng nghanol 30 cyfer o dir ar y ffordd rhwng Brantford ac Ancaster. Sgwn i a wnes i ei basio pan oeddwn yn ymweld â'r *pow wow* neu'r pasiant? Roedd y tŷ'n hynod o foethus o'i gymharu â chartref ei blentyndod yn Afon Credit. Roedd yna le tân mewn wyth o'r ystafelloedd a gwaith pren cerfiedig cywrain i'w weld ymhob man. Ymddengys fod y pregethwr Methodist yn ŵr ar ben ei ddigon. Roedd arwyddion llwyddiant i'w gweld ymhob man. Ond roedd ef ac Eliza wedi colli eu plentyn ieuengaf, Arthur Field, a gwaethygu a wnâi iechyd Peter.

Treuliodd ei amser yn ysgrifennu 'Hanes yr Indiaid Ojebway' a darllenai'n eang am hynt pobl frodorol mewn gwledydd eraill. Byddai'n mynd ar ambell daith genhadu, a manteisiai ar bob cyfle i hyrwyddo achos ei bobl gerbron yr awdurdodau. Bu'n dadlau dros hawliau ei bobl gerbron swyddogion yr Adran Indiaidd yn Québec droeon. Ond mae'r dyfyniad o'i 'Hanes yr Indiaid Ojebway' yn profi ei fod wedi adnabod y gelyn ac nad oedd dim yn ymgreiniol ynddo o ran natur: '. . . ar y dechrau roedd Prydain yn ystyried yr Indiaid yn gydradd â'r genedl Brydeinig . . . ac nid fel ei deiliaid . . . ond ar ôl i'r mewnlifiad wneud yr Indiaid yn lleiafrif roedd y llywodraeth drefedigaethol yn eu trin fel eu plant.'

Nodir hefyd fod Peter Jones yn hynod siomedig pan na chafodd ei benodi'n Arolygwr yr Adran Indiaidd yn dilyn diswyddiad y swyddog am iddo dwyllo'r adran o $40mil. Credai Peter y medrai gyflawni diwygiadau oddi mewn a fyddai o fantais i'w bobl. Ond er bod yna gefnogaeth gref dros ei benodi ar sail ei brofiad a'i ddidwylledd, nid felly y bu. Penodwyd gŵr prin ei brofiad a fyddai'n sicr o gynnal y drefn fel yr oedd hi. Siom arall i Peter Jones oedd yr arfer cynyddol ymhlith y Methodistiaid o benodi cenhadon nad oeddynt yn gyfarwydd â ffyrdd yr Indiaid nac yn barod i ddysgu eu hieithoedd. Tebyg fod arweinwyr yr enwad yr un mor drefedigaethol eu hagwedd â swyddogion y llywodraeth, ac wrth i'r Indiaid gael eu diddyfnu oddi ar eu hen arferion, roedd disgwyl iddyn nhw gofleidio'r Saesneg. Wrth gwrs, gofalu am anghenion eneidiau'r bobl wynion oedd flaenaf ym meddyliau'r crefyddwyr erbyn hyn.

Does ryfedd fod Plu Sanctaidd yn troi fwyfwy at ei deulu am swcwr o sylweddoli nad oedd ei lafur oes yn dwyn ffrwyth. Treuliai oriau yn eu difyrru gyda straeon am lwyth Ojibwe ac yn eu dysgu i siarad iaith y llwyth. Fe fyddai hynny'n plesio 'kokomis', eu mam-gu oedrannus, Tunbenahneequay, yn fawr iawn pan ddeuai i aros, gan fynnu cysgu ar flanced ar y llawr caled yn hytrach nag mewn gwely cyffyrddus. Ond tybed a fyddai'r bechgyn weithiau'n holi am bobl eu tad-cu Cymreig? Fydden nhw'n cael clywed straeon am y Twrch Trwyth? Fydden nhw'n cael clywed am y toili a'r ladi wen? Oedden nhw'n medru canu ambell gân werin? Oedden nhw'n medru dweud ambell adnod yn Gymraeg?

Egyr y bennod olaf gyda dyfyniad o eiddo Peter Jones yn ei ddisgrifio'i hun yn 1856, ac yntau'n 54 oed ers dydd Calan, fel coeden dderw yn gwanychu ac yn plygu o dan bwysau'r canghennau tua'r llawr. Ymhen chwe mis fe fyddai wedi marw o salwch ar ei arennau. Fe'i claddwyd ym mynwent Brantford. Pam na fyddai rhywun o blith y Mississauga yn y *pow wow* wedi fy anfon yno? Bu myrdd yn ymweld ag ef yn ei gystudd olaf, a bu llawer yn canu'r emynau a gyfieithodd ef ei hun i Ojibwe. Ac fel prawf nad oedd yr hen ffyrdd wedi eu llwyr ddisodli, fe drefnwyd i feddyg traddodiadol ddod i'w weld. Yn ôl yr adroddiad yn y *Toronto Globe*, doedd Brantford erioed wedi gweld angladd mor fawr.

Fe ystyrid Peter Jones yn ŵr a wnaeth ddiwrnod da o waith. Trwy gynorthwyo ei bobl i gymathu â'r ffordd Ewropeaidd o fyw dywedir iddo eu hachub rhag mynd i ddifancoll. Ond ymddengys fod troeon ei yrfa wedi ei argyhoeddi hefyd nad da o beth fyddai i'w bobl eu huniaethu eu hunain yn llwyr â'r Ewropeaid gwyn. Roedd e am i'r brodorion gynnal eu hunaniaeth, ac yn hynny o beth, cystwyai swyddogion y llywodraeth am anwybyddu eu hanghenion. Ni wrandawent ar ei gyngor nac ymateb yn ffafriol i'w ddeisyfiadau. Gwell ganddyn nhw wneud yr hyn oedd fwyaf hwylus er mwyn gorseddu eu grym a'u hawdurdod dros y brodorion.

Am na roddwyd perchenogaeth y gwarchodfeydd i'r Indiaid, am na roddwyd tir ffrwythlon iddyn nhw i'w amaethu, am na roddwyd ysgolion cymwys iddyn nhw i addysgu eu plant, ac am na roddwyd yr un hawliau sifil iddyn nhw ag i'r dynion gwyn, doedd yr Indiaid ddim yn cael chwarae teg yn eu gwlad eu hunain. A doedd Peter Jones ddim yn ystyried yr amodau hynny yn freintiau ond yn hawliau. Roedd wedi gwneud hynny'n gwbl glir i'r Frenhines Victoria ac i bob swyddog o'i llywodraeth. A chyfyngu pellach fu ar hawliau'r Indiaid yn ystod y can mlynedd dilynol.

Ymddengys mai'r bwriad oedd diddymu'r Indiaid trwy wrthod unrhyw hawliau iddynt fel casgliad o bobl, boed fel cymuned, fel llwyth neu fel cenedl, a chynnig briwsion o hawliau iddynt fel unigolion. Er enghraifft, un o gymalau Deddf Indiaidd 1857 oedd caniatáu 50 cyfer o dir i Indiad a ystyrid yn ddilychwin ei gymeriad, yn addysgiedig ac yn rhydd o ddyled. A chanlyniad hynny fyddai ei orfodi i dorri cysylltiad â'i lwyth ar warchodfa a byw yn union fel y dyn gwyn. Pris mymryn o urddas ffals oedd efelychu ffordd y dyn gwyn. Trwy'r dull hwn y bwriadai'r llywodraeth sicrhau na fyddai yna 'broblem Indiaidd' ymhen ychydig o genedlaethau. Roedd y dyn gwyn yn rhoi'r 'cyfle' i'r Indiaid i brofi eu bod yn 'uwch nag anifeiliaid' trwy fabwysiadu ei ddull ef o fyw.

Er ei fod am weld ei bobl yn gwella eu byd, doedd a wnelo Peter Jones ddim â'r ffordd yma o feddwl. Yn 1876 cafwyd sarhad pellach pan ychwanegwyd cymal at y ddeddf yn nodi na ellid ystyried plant benyw Indiaidd a gwryw gwyn yn Indiaid. Petai hynny wedi ei ddeddfu yn 1802 yna ni ellid ystyried Peter Jones yn Indiad. Yn 1885 rhoddwyd caniatâd i ddynion Indiaidd bleidleisio mewn etholiadau ffederal, ond diddymwyd yr hawl yn 1893 ac ni chafodd ei ailgyflwyno tan 1960.

Cyflwynwyd y rheolau yma flwyddyn ar ôl marwolaeth Kahkewaquonaby. Petai'n fyw byddai wedi eu gwrthwynebu. Petai wedi ei benodi'n Arolygydd yr Adran Indiaidd byddai wedi gwneud ei eithaf i rwystro eu llunio. Ond tebyg na fyddai hynny wedi cyflawni fawr mwy na gohirio eu cyflwyno. Tebyg fod yna bobl o dras Indiaidd wedi eu penodi cynt yn swyddogion yn yr Adran Indiaidd ond roedd Peter Jones yn ormod o Indiad i'w benodi i'r fath swydd. Roedd ei ddylanwad yn rhy rymus a'i weledigaeth yn rhy lachar.

Un o'r cymalau mwyaf damniol yn y ddeddf oedd y gwaharddiad ar unrhyw Indiad oedd yn byw ar warchodfa i feddu hawl cyfreithiol ar ei dir. Ac am nad oedd ganddo eiddo i'w enw roedd yn amhosib iddo sicrhau benthyciadau ariannol, a hynny'n fwy na dim sy'n gyfrifol am y tlodi ar y gwarchodfeydd ledled Canada. Y dewis a roddwyd gan y dyn gwyn i'r Indiad oedd naill ai gwerthu ei enedigaeth-fraint am 50 cyfer o dir, neu wynebu bywyd ar warchodfa yn cael ei reoli gan fyrdd o gymalau deddf yr oedd hyd yn oed ei bodolaeth yn sarhad ar bob Indiad.

Mae'n debyg fod yna faen coffa marmor i Peter Jones uwchben allor Eglwys Gwarchodfa New Credit. Pe cawn gyfle rywbryd i'w weld, er mwyn talu gwrogaeth i'r gŵr o dras Cymreig, tybed a ddeuai yna friwsionyn o wybodaeth i'r golwg a fyddai yn fy arwain at ei gyndeidiau Cymreig? Ei eiriau wrth weinidog o Sais ar ei wely angau oedd: 'Dywedwch wrth fy ffrindiau yn Lloegr fy mod yn marw yng ngorfoledd gwaed Gwaredwr croeshoeliedig.' Tebyg y byddai'r geiriau wedi taro tant yng nghlustiau unrhyw gyfeillion o Gymry hefyd.

Wrth baratoi i adael yr awyren ni fedrwn ond dyfalu ynghylch cysylltiadau Cymreig Plu Sanctaidd.

197

14

Wrth aros fy nhro i fynd trwy'r tollau, y ddelwedd sy'n aros yn fy nghof yw'r llun o'r milwr Mohawk a'r milwr Canadaidd yn syllu i fyw llygaid ei gilydd ar wal clwb Joe'r Gwyddel yn Nhoronto. Mae yna olwg ddi-ildio yng nghannwyll llygaid y Mohawk. Fe gymerodd ddegawdau i'r Indiaid fagu plwc i herio awdurdod y dyn gwyn, ac nid ar chwarae bach y penderfynodd ei herian ddryll am ddryll. Y tu ôl i filwr y wladwriaeth roedd yna hyfforddiant proffesiynol a siars i gyflawni jobyn o waith. Y tu ôl i filwr y Mohawk roedd yna hyfforddiant ysbrydol a sialens i adfer urddas. Petai hi wedi mynd yn ymladdfa agored, fyddai'r Mohawks ddim wedi para mwy na deng munud, yn ôl Joe David, am nad oedd ganddyn nhw na'r arfau na'r bwledi. Sioe yn deillio o'u hymroddiad i amddiffyn eu hetifeddiaeth oedd y chwifio drylliau a'r lifrai milwrol; gwyddent fod y gwrthdystiadau heddychlon gynt wedi profi'n hawdd i'r awdurdodau ddelio â nhw. Am fod barn gyhoeddus o'u plaid, roedden nhw'n medru herio'r awdurdodau â'r un grym ag oedd yn eu hwynebu. Pwysleisient ar hyd yr amser mai amddiffyn tir oedden nhw yn hytrach na cheisio meddiannu tir. Deallais yn ddiweddarach fod dau o'r Rhyfelwyr Mohawk wedi eu dedfrydu i 14 mlynedd yng ngharchar ond bod y 34 a gyhuddwyd o dresmasu ac o gludo arfau wedi eu rhyddhau. Roedd y rheithgor o'r farn fod yna bob cyfiawnhad dros eu hymddygiad am eu bod yn amddiffyn eu tir a'u gwerthoedd. Yn eu plith roedd Joe David a'i chwaer, Denise David Tolley.

Mae'n anodd i ddyn gwyn, oni bai ei fod yntau'n perthyn i leiafrif nad yw chwaith wedi cael cyfle i'w fynegi ei hun, ddeall yr hyn sydd yng nghalon y brodor newyddanedig. Fe gymer yn hir i'r dyn gwyn ddileu o'i feddwl y syniad o'r brodor fel dihiryn dywedwst byd y ffilmiau sy'n byw ar ei gyneddfau anifeilaidd. Nid Tonto, na chysgod yn hofran liw nos o gwmpas sgubor y Ponderosa neu gyrion gwersyll Rawhide yn cynddeiriogi Hoss Cartwright neu Wishbone mo'r brodor.

Mae gan y cerddor John Cale o'r Garnant, sy'n sefydlog yn Efrog

Newydd, gân sy'n cyffelybu bywyd yr Indiaid i eiddo ffermwyr Dyffryn Tywi. Mae rhythm y geiriau 'eistedd yn haul canol dydd' yn creu darlun mwy cywir o fyd hamddenol pobl y tir na'r darluniau a grëwyd gan fyd y ffilmiau dros y blynyddoedd. Nid rhuthro dros bant a dôl yn hanner noeth gan floeddio ebychiadau rhyfel oedd byw bob dydd y brodorion. Mae'n anodd treiddio trwy'r ddelwedd Hollywoodaidd a sylweddoli fod y mêr wedi ei sugno o'u hesgyrn wrth i nifer o'u harweinwyr gael eu troi'n gyff gwawd ar droad y ganrif ddiwethaf. Sawl tro y clywyd John Wayne yn datgan mai'r unig 'injun' gwerth chweil yw 'injun' wedi trigo? Arferid ystyried Indiad yn nhermau 'gwyllt' neu 'ddof', fel petai'n anifail. Geiriau John Wayne ar ddiwedd y ffilm *Hondo*, ar ôl trechu'r Apache, yw: 'Mae'n ddiwedd ar ffordd o fyw—ffordd dda o fyw . . . nawr, symudwch y wagenni 'na.' Y meddylfryd y tu ôl i hyn oedd bod rhaid wrth gynnydd ac na fedrai ffordd 'dda' o fyw yr Indiaid wrthsefyll y rheidrwydd hwnnw.

Mae geiriau Bobby Billie, aelod o lwyth Seminole, yn pwysleisio'r gagendor sydd rhwng ffordd yr Ewropead a ffordd y brodor o ymagweddu: 'Y ddaear yw ein cartref. Dydyn ni ddim yn dewis mangre. Does gennym ni ddim ffin. Dyna pam nad ydym yn deall y dyn gwyn pan fydd yn gofyn, "O ble ydych chi'n dod?" Ac i'r brodor sy'n arddel y ffordd draddodiadol o feddwl, mae clywed y dyn gwyn yn brygowthan am fuddsoddi arian mewn prynu tai er mwyn gwneud elw maes o law trwy eu gwerthu pan fydd pris tir wedi codi, yn anodd ei amgyffred. Nid eiddo i'w ddefnyddio er mwyn creu elw ariannol yw tir i'r brodor, ond gweryd sy'n meddu ar werthoedd ysbrydol. Rhannu cyfoeth y Fam Ddaear a wnânt, ac nid ei pherchenogi a'i ffeirio er mwyn creu ffortiwn.'

Does ryfedd fod rhai o'r llwythau brodorol wedi gwrthwynebu bwriadau cwmnïau mawrion i ddifa coedwigoedd ac i sychu gwelyau afonydd. Roedden nhw'n gwrthwynebu, nid yn gymaint am eu bod nhw'n ddibynnol ar y tiroedd a'r dyfroedd hynny, ond am eu bod yn ymwybodol na ellir ymyrryd â chydbwysedd naturiol natur heb dalu'n ddrud yn ecolegol. Dyw eogiaid ddim yn ymwybodol o ffiniau gwledydd a thaleithiau pan fyddan nhw'n

199

gadael eu gwelyau deor; maen nhw'n dilyn eu greddf ac yn dilyn y dŵr. Dyw penbleth talu iawndal i gymunedau brodorol am nad ydyn nhw'n dilyn yr un llif mwyach o ddim consárn iddyn nhw. Tra bod y biwrocratiaid yn dadlau pa adrannau o'r llywodraeth sydd â chyfrifoldeb dros y samwn, mae'r rheidrwydd i gynnal cydbwysedd ecolegol yn mynd yn angof. Mae'n rhan o ffordd y brodor o feddwl i beidio â difwyno, llygru a gwenwyno'r amgylchedd, rhag cythruddo'r Fam Ddaear. Mae'n anodd dirnad yr ymlyniad wrth y Fam Ddaear sydd gan y sawl sy'n cynnau tybaco i gyfarch pob toriad gwawr ac sy'n diolch i'r haul am oleuni a gwres ar derfyn pob diwrnod. Cofiaf am eiriau Elijah Harper yn rhybuddio mai canlyniad dinistrio awyr a dŵr fydd ein dinistrio'n hunain.

Fedra i ddim llai na pharhau i ryfeddu at faint Canada. Mae'n rhyfedd meddwl fod Parc Cenedlaethol y Byffalo ddwywaith maint Cymru. A rhyfeddach fyth yw ymlyniad rhai o'r brodorion traddodiadol wrth y byffalo fel ffigur ysbrydol. Mae'n wrthun iddyn nhw feddwl am ffermio byffalo a'u troi'n olwython ac yn fyrgers ar ofyn bwydlenni tai bwyta. Nid anifail i'w ddefnyddio er mwyn gwneud bywoliaeth ac elw mohono, meddir, ond anifail sydd ar gael i'w gynnal a'u cadw. Mae yna gymundeb rhyngddyn nhw a'r anifail.

Ond tybed onid yw'r damcaniaethu yma yn ymwneud mwy ag emosiwn nag â realiti? Ydyn ni'n ymylu ar fyd y cyfriniol sydd y tu hwnt i gyrraedd y rhelyw o feidrolion? Neu efallai mai dyna sy'n naturiol i'r sawl sydd wedi byw'n agos i'r ddaear erioed ac wedi etifeddu'r cof o bobl yn dilyn yr un patrwm ers cenedlaethau. Efallai fod y sawl nad yw erioed wedi mesur llwyddiant yn nhermau elw a cholled yn gwbl gartrefol a bodlon yng nghwmni cysgodion ac awelon. Ond rhaid fod yna amheuaeth iach yn agwedd Alastair Paterson pan holodd, 'Pa ddiwylliant ceffylau gwych y gwastadeddau bondigrybwyll?' Ac yn wir, pam gwneud cymaint o sylw o ffordd o fyw nad oedd wedi para mwy na chanrif? Roedd pobloedd eraill wedi datblygu gwareiddiadau dros gyfnod o ganrifoedd. Unig gamp y brodor Indiaidd oedd defnyddio ceffylau i hwyluso'i ffordd o deithio a'i ffordd o hela'r byffalo. Beth oedd yn syfrdanol yn hynny?

Tebyg mai Robert Paterson, dros yr un bwrdd swper, a roes y cyfan mewn persbectif. Pwysleisiai mai'r brodorion oedd deiliaid cyntaf Canada waeth beth oedd eu rhinweddau neu eu gwendidau. Ac yn ôl unrhyw linyn mesur, meddai, prin fod dull y dyn gwyn o'u trin yn anrhydeddus. Deil ei eiriau yn glir yn fy nghof.

'Doedd y dyn gwyn ddim yn ymddwyn fel y disgwylir i ymwelydd ymddwyn mewn gwlad ddieithr. Ond wedyn, rhaid derbyn fod y dyn gwyn yn ystyried ei fod wedi "darganfod" America. Pe na bai Columbus wedi cyrraedd y cyfandir yn 1492 fe fyddai rhywun arall wedi gwneud yn fuan ar ôl hynny, a'r un fyddai'r agwedd. Ac am nad oedd y brodorion wedi dyfeisio nac olwyn nac aradr, fe'u hystyrid yn israddol. Ond wrth gwrs, heb ych neu geffyl doedd yna fawr o ddefnydd i'r naill na'r llall. Mae haneswyr Ewropeaidd yn anghofio hynny'n gyfleus iawn a hyd yn oed yn *The Pelican History of the World* (1987) dyw'r gwareiddiadau brodorol ar gyfandir America ddim yn haeddu mwy na throednodyn—"chwilfrydedd prydferth heb epil" yw'r dyfarniad.

'Ystyrid yr Indiaid yn "gythreuliaid anwybodus" a bu yna bolisi bwriadol o'u herlid am gyfnod trwy ymosod arnyn nhw a'u lladd. Roedd hyn yn arbennig o wir yn yr Unol Daleithiau. Tebyg fod y damcaniaethau ynghylch natur hil a rhywogaeth ar y pryd yn ei gwneud hi'n hawdd derbyn y disgrifiad "cythreuliaid anwybodus" fel disgrifiad cwbl resymol. Câi milwyr eu hannog i dderbyn fod pob Indiad yn elyniaethus, ac mae'n rhyfedd sut roedd pob brwydr a enillid gan y dyn gwyn yn cael ei hystyried yn fuddugoliaeth, a phob brwydr a enillid gan y brodorion yn cael ei hystyried yn gyflafan. Eithriadau oedd y bobol hynny a âi ati i astudio trefniadaeth yr Indiaid. Fe sylweddolodd y sawl a wnaeth yr ymdrech fod llywodraeth Tŷ Hir yr Iroquois mor soffistigedig ag eiddo unrhyw wareiddiad arall a dyw hi ddim yn ormodiaith i ddweud fod elfennau o'r Tŷ Hir i'w gweld yng nghyfansoddiad yr Unol Daleithiau.

'Ond nid yw hynny'n golygu nad yw'r Indiaid heb eu beiau; doedd hi ddim y tu hwnt iddyn nhw i gyflawni erchyllterau mewn brwydr. Dywedir i'r Iroquois rostio a bwyta calon un o'r Iesuaid, Jean de Brebeuf, pan ymosodwyd ar lwyth yr Huron yn 1649.

'Ond faint bynnag o barddu sy'n cael ei daflu at yr Indiaid, does gan y dyn gwyn fawr ddim i ymfalchïo ynddo wrth ystyried ei ymwneud â'r brodorion. Tebyg mai dyna pam y mae'r fath beth â chydwybod genedlaethol yn dod i'r golwg erbyn heddiw, ac awydd i gywiro rhai o gamweddau'r gorffennol. Mae'r ffaith fod yna rai brodorion yn barod i sefyll dros eu hawliau, fel y dangoswyd gan safiad Elijah Harper ar fater Cytundeb Llyn Meech, a'r Rhyfelwyr Mohawk ar fater diogelu mynwent eu cyndeidiau, yn dwysbigo'r gydwybod genedlaethol ymhellach.'

Roedd gen i le i ddiolch i Robert Paterson, nid yn unig am esbonio natur cymdeithas yng Nghanada ar ddiwedd yr 20fed ganrif, ond hefyd am ei dangos i mi, yn arbennig yr agweddau hynny sy'n ymwneud â'i Brodorion Cyntaf. Roedd ambell friwsionyn o wybodaeth annisgwyl, o'i ystyried ymhellach mewn llonyddwch, yn ychwanegu at fy nealltwriaeth. Cofiwn amdano'n traethu am arwyddocâd enwau arweinwyr y brodorion gan ddefnyddio Sitting Bull fel enghraifft. Roedd y syniad o darw byffalo yn eistedd yn ddisyfl yn awgrymu cadernid. Doedd y tarw hwnnw ddim yn mynd i droi ar ei sodlau a ffoi, waeth beth a ddeuai i'w gyfarfod; roedd yn benderfynol o sefyll yn stond i amddiffyn ei hawliau, ac fe fyddai'r ddelwedd honno'n cael ei hargraffu ar feddyliau'r dyn gwyn bob tro y clywai'r enw Sitting Bull. Roedd hefyd yn cadarnhau'r berthynas a fodolai rhwng y brodorion a'u hamgylchfyd. Yn eu stad wreiddiol mae'n rhaid fod y berthynas rhyngddynt ag anifeiliaid ac adar yn ymylu ar y cyfriniol. Roedden nhw'n byw ar delerau cyfartal.

Wrth i'r dyn gwyn ddylifo i'w tiroedd, roedd yn rhaid iddyn nhw ymateb ac ymaddasu mewn byr amser. Mewn ardaloedd fel Toronto, roedd yn ofynnol iddyn nhw, o fewn dwy genhedlaeth, naill ai gydymffurfio â ffyrdd y dyn gwyn neu symud i diroedd ymhell o'i afael. Bu'n rhaid iddyn nhw ddygymod â heintiau marwol, a doedd ganddyn nhw mo'r cyfansoddiad i wrthsefyll anhwylderau cyffredin fel annwyd trwm heb sôn am y frech wen. Roedd lledaenu afiechydon yn arf y bu'r dyn gwyn yn ddigon parod i'w defnyddio i ddifa'r sawl oedd yn rhwystr iddo feddiannu miloedd o erwau o dir. Doedd hi'n ddim i Arglwydd Jeffrey Amherst ddosbarthu blancedi wedi eu taenu â chlefyd gwenerol ymhlith yr Indiaid ar ddiwedd y 16eg ganrif, ac roedd arllwys galwyni o whisgi a brandi i lawr corn gyddfau'r brodorion yn cyflawni'r un pwrpas. Bu'n rhaid iddyn nhw ddelio â sefyllfaoedd na chawsant eu creu ganddyn nhw eu hunain. Nid yr un oedd eu gwerthoedd, ac am eu bod o'r farn mai rhywbeth i'w rannu ac nid ei feddiannu oedd tir, roedd dehongli arwyddocâd cytundebau yn peri dryswch.

Yr hyn mae'r brodorion yn ei ddeisyf yw adfer cytundeb y *wampwm* ddwy res. Mae'r ddwy res o leiniau'n cynrychioli canŵ o eiddo'r brodorion a chwch o eiddo'r mewnfudwyr yn hwylio ar hyd yr un afon. Dyw rhwyfwyr y naill na'r llall ddim yn ymyrryd yn ei gilydd er eu bod yn teithio i'r un cyfeiriad. Felly maen nhw am fodoli'n gyfochrog ond gyda mesur o annibyniaeth yn y Ganada fodern. Yr her sy'n wynebu llywodraethau'r wlad yw canfod dull o reoli sy'n adlewyrchu'r meddylfryd hwnnw.

Wrth groesi Pont Hafren ceisiwn ddyfalu a fu Plu Sanctaidd, yn ystod un o'i dair taith genhadol ym Mhrydain, yn annerch Methodistiaid yng Nghasnewydd, Caerdydd neu Ferthyr? Gan iddo fod ym Mryste am gyfnod ni fyddai'n amhosibl, o gofio'r cysylltiadau masnach rhwng porthladdoedd arfordir Gwlad yr Haf a De Cymru, iddo fod wedi croesi'r dŵr. Er bod ei union gysylltiadau Cymreig yn dal yn ddirgelwch, teimlwn yn falch ohono o weld bod ei fywgraffiad yn ei ddisgrifio fel gŵr duwiol oedd yn awyddus i sicrhau'r gorau i'w bobl heb iddyn nhw orfod ildio'u hunaniaeth. Pe bai ei syniadau ynghylch hawliau wedi eu mabwysiadu, fyddai'r Ddeddf Indiaidd ddim wedi ei llunio. Fe fyddai ei bobl wedi cymryd eu lle fel dinasyddion cyfartal yn y Ganada newydd.

Ganrif a hanner yn ddiweddarach, ar ysgogiad to newydd o arweinwyr brodorol, y mae'r hawliau hynny'n cael eu hildio. A dyw George Erasmus ac Ovide Mercredi a'u tebyg ddim yn hawlio dim mwy na'u lle o fewn cyfansoddiad y wlad. Maen nhw am gydnabyddiaeth i'w harwahanrwydd o fewn y cyfundrefnau llywodraethol taleithiol a ffederal. Er, mae'n debyg, bod yna elfennau o fewn cenedl y Mohawk sydd yn ffafrio arwahanrwydd llwyr ac sydd ond yn barod i drafod gweinyddiaeth unwaith y bo arweinwyr fel Ovide Mercredi wedi dod i ddealltwriaeth â'r awdurdodau taleithiol a ffederal. Ond does dim dwywaith bellach fod llais y brodor i'w glywed yn huawdl ym mhrif lif gwleidyddol Canada. Mater arall yw penderfynu ei union ran yn y llif gwleidyddol. Mae materion iawndal am diroedd heb eu setlo, a gall hynny gostio biliynau o ddoleri. Mae mater addysg i'r brodorion heb ei setlo, a dadleua'r brodorion mai nhw yn unig all ddarparu addysg berthnasol i'w plant gan ddefnyddio'r adnoddau a ddarperir gan y wladwriaeth.

Mae Canada yn wlad ieuanc sy'n wynebu pennod newydd yn ei hanes. Rhoddodd yr arweinwyr y gorau i'r arfer o sôn am Ganada fel gwlad a ffurfiwyd gan ddwy genedl, sef y Saeson a'r Ffrancwyr; mae'r brodorion bellach yn rhan o'r hafaliad. Yn 1991 cyhoeddwyd sefydlu comisiwn brenhinol i ystyried hawliau'r Brodorion Cyntaf ac fe benderfynodd yr Adran Materion Indiaidd ystyried ceisiadau am iawndal yn ymwneud â chytundebau a luniwyd cyn 1867. Ond hyd yma dyw'r Adran Materion Indiaidd ddim wedi ei hailenwi yn Adran Materion Brodorion Cyntaf. Mae'n bosib mai mesur dros dro fydd hynny oherwydd ryw ddydd, efallai, fe fydd gan y Brodorion Cyntaf fesur digonol o hunanreolaeth i alluogi gwacáu swyddfeydd yr Adran Materion Indiaidd a chladdu arwyddion yr adran unwaith ac am byth.

Wedi'r cyfan, nid lleiafrif ethnig wedi bwrw eu gwreiddiau yn y wlad mo'r brodorion. Canada yw eu cartref. Does ganddyn nhw unman arall i encilio iddo. Nid y nhw sydd wedi bathu'r ymadrodd 'Indiaid Cochion' i'w disgrifio'u hunain. Bathiad y dyn gwyn yw'r ymadrodd, ac mae'r brodorion bellach yn cyhoeddi'n groch eu

bod wedi blino byw ar delerau'r dyn gwyn. Maen nhw'n ail-
ddarganfod fod sawr gwair melys a'r bythynnod chwys yn fannau
gwell i gynghori eu pobl na chyffesgelloedd y dyn gwyn. Wrth
ddychwelyd at y traddodiadol maen nhw'n magu nerth o'r
newydd, ac mae hyd yn oed rai o Indiaid y stryd yn profi tro ar
fyd.

Mae'r llywodraethau taleithiol a ffederal yn wynebu'r her o
lunio cyfansoddiad a fydd yn creu harmoni rhwng y Brodorion
Cyntaf, y Canadiaid Seisnig a'r Canadiaid Ffrengig. Yn eu plith
mae myrdd o Gymry sydd wedi ymfudo naill ai i ehangu eu
gorwelion, i osgoi rhyw adfyd, i greu gwell byd iddyn nhw eu
hunain, neu i ddianc rhag cywilydd. Gobeithio y byddan nhw'n
gwneud eu rhan i orseddu harmoni a chwarae teg ac y byddan
nhw'n cael eu hysgogi o'r newydd gan y frawdoliaeth i ddal at eu
gwreiddiau eu hunain. Ffurfio rhan o'r patrwm ethnig a wna'r
Cymry.

Erys un cwestiwn heb ei ateb. Yn wyneb y datblygiadau o fewn
y wlad a'r newid persbectif parhaus, pwy bellach biau dail y
fasarnen fach? Mentraf ddweud yn ddibetrus mai'r sawl biau'r dail
yw'r sawl sy'n codi'r bore gyda'r gwlith ac sy'n gwybod yn ôl
patrwm y porfeydd pwy neu beth fu'n tramwyo liw nos. Mae
perchen dail y fasarnen fach yn gartrefol yng nghwmni'r tarth
plygeiniol. Y sawl biau deilen y fasarnen fach yw'r sawl sy'n anadlu
purdeb y pinwydd yn hytrach na sawr artiffisial chwistrellyddion.
Mae perchen y dail yn gartrefol yng nghwmni'r arogleuon sy'n
cael eu creu gan newidiadau'r hin. Pan gyll dynoliaeth gysylltiad
â'r greadigaeth ar doriad gwawr, waeth beth a wna weddill y dydd,
fe gyll lawer. Y sawl biau'r fasarnen fach yw'r sawl sydd â rhuddin
ei fynwes yn gymesur â rhuddin y rhisgl.

NODYN YNGHYLCH ACHAU

Mae'r stori am yr Americanwr hwnnw yn cyrraedd Cymru ar drywydd ei berthnasau wedi ei arfogi â'r wybodaeth mai 'Jones' oedd eu cyfenw yn adnabyddus. Roedd e'n ffyddiog o fedru cofleidio ei dylwyth o fewn chwarter awr. Ymhen hanner awr roedd e'n dechrau teimlo'n rhwystredig. Tebyg oedd fy nheimlad innau wrth geisio olrhain achau Peter Jones neu Kahkewaquonaby. Er i mi ddod o hyd i orwyr llysfam Peter Jones doedd Harold P. Senn o Victoria ddim yn gwybod unrhyw fanylion am y cysylltiad Cymreig. Deuthum i sylweddoli'n fuan iawn fod cyndeidiau'r hanner Cymro wedi ymfudo cyn y Rhyfel Cartref Americanaidd (1775-1783) a phrin yw'r dogfennau sy'n dyddio'n ôl cyn hynny. Fodd bynnag, trwy gryn lythyru a chymdeithasau achyddol, a chyda chymorth Dexter Hawn, chwilotwr arbenigol o Ottawa, llwyddwyd i gadarnhau fod yna Ebenezer Jones yn byw yn Mile Square, Westchester, Talaith Efrog Newydd ar ddiwedd y 17eg ganrif. Gellir credu i gryn sicrwydd mai'r gŵr yma oedd tad-cu Peter Jones. Ond, ysywaeth, ni chafwyd unrhyw awgrym o ba ran o Gymru yr ymfudodd y Jonesiaid. Ymddengys y bydd yn rhaid i hynny barhau'n ddirgelwch.

LLYFRYDDIAETH

Rhai llyfrau a fu o gymorth wrth lunio'r gyfrol a rhai llyfrau a fyddai'n werth chweil pori ynddyn nhw os am wybodaeth bellach am Ganada a'r Brodorion Cyntaf.

Aur y Byd, Roy Davies a Dic Jones (Gomer)

Canada's First Nations—A History of Founding Peoples from Earliest Times (Toronto; Mclelland and Stuart)

Dictionary of Hamilton Biography, ed. T. Melville Bailey (Hamilton)

Drumbeat—Anger and Renewal in Indian Country, Boyce Richardson (Summerhill Press)

Great Plains, Ian Frazier (Faber)

Hide the Heavens: A History of Indian-White Relations in Canada (University of Toronto)

Indigenous Peoples and Protected Areas—The Law of Mother Earth, Elizabeth Kemf (Earthscan)

One Nation Under the Gun—Inside the Mohawk Civil War, Rick Hornung (Stoddart)

'Sacred Feathers': The Reverend Peter Jones (Kahkewaquonaby) and the Mississauga Indians, Donald B. Smith (University of Toronto Press)

Six Nations Reserve, Bruce Hill, Ian Gillen & Glenda Mac Naughton (Fitzhenry and Whiteside)

Strangers from a Secret Land, Peter Thomas (Gomer) (Hanes y Cymry yn ymfudo o Geredigion i ddwyrain Canada)

Stolen Continents—The Indian Story, Ronald Wright (John Murray)

The Welsh Church in Toronto, Rev. J. Humphreys Jones